网络舆情事件检测技术

彭　浩　余正涛　黄于欣　著

科学出版社

北京

内 容 简 介

本书深入探讨数字化时代迅速发展的社交媒体和网络平台中广泛应用的舆情识别技术。全书共 7 章，第 1 章详细介绍网络舆情事件检测的概念、意义、主要应用场景和目前面临的挑战。第 2 章系统介绍数据建模、基础模型和优化技术，为读者奠定扎实的理论基础。基于这些基础理论知识，第 3~7 章对网络舆情事件检测技术涉及的事件建模与表示、流式事件检测、社会事件检测、特征驱动的事件检测、无监督式的社交网络表示学习及事件检测等多个领域进行详细介绍，帮助读者理解如何将理论应用于实际问题，全面探讨网络舆情事件检测技术的多样性和复杂性。

本书可供高等院校计算机相关专业本科生、研究生使用；也可供具有较扎实计算机相关专业基础知识并正在从事人工智能、数据挖掘等领域研究工作的读者，或有志于学习了解网络舆情事件检测相关技术的读者参考。

图书在版编目(CIP)数据

网络舆情事件检测技术 / 彭浩，余正涛，黄于欣著. --北京：科学出版社，2025.6. -- ISBN 978-7-03-081383-1

Ⅰ. G206.2

中国国家版本馆 CIP 数据核字第 2025810T4M 号

责任编辑：孟　锐 / 责任校对：彭　映
责任印制：罗　科 / 封面设计：墨创文化

科 学 出 版 社 出版

北京东黄城根北街16号
邮政编码：100717
http://www.sciencep.com

成都锦瑞印刷有限责任公司 印刷
科学出版社发行　各地新华书店经销

*

2025 年 6 月第　一　版　　开本：787×1092 1/16
2025 年 6 月第一次印刷　　印张：11 1/2
字数：273 000

定价：128.00 元
(如有印装质量问题，我社负责调换)

前　　言

网络舆情事件检测技术一直是互联网时代信息传播领域备受关注的热点问题,随着网络技术的不断发展和普及,人们对互联网舆情的关注度和重视程度也在不断提高。网络舆情事件检测技术的应用,不仅可以帮助企业和政府了解公众对其的看法和评价,还可以帮助舆情工作者及时发现和应对网络谣言,保护公众的合法权益。随着近几年各方面技术的日益成熟和研究人员规模的发展壮大,总结一部体系完整、内容先进、紧跟科学技术新发展的专著尤为重要。本书为对网络舆情事件检测这一新兴领域有兴趣的专业人士和对该领域感兴趣的本科生及研究生较为详尽地叙述网络舆情检测当前的研究情况、基础性工作和涉及的关键性技术,目的是为日后开展人工智能、大数据技术方面的进一步研究做好准备。

本书通过对网络舆情事件检测技术基本概念、发展现状及其核心技术的总结,对网络舆情事件检测领域的理论基础和技术发展进行全面细致的介绍,为读者提供详细的舆情事件检测解决方案,为读者应对大数据时代人工智能领域的新问题和新挑战扫除障碍,希望能够对未来这方面的人才培养起到基础性的"垫脚石"与"敲门砖"的作用。

本书基于国内外舆情事件检测技术的发展历程及作者多年研究成果系统总结而成。全书共分为 7 章。第 1 章介绍网络舆情事件检测技术的基本概念、意义、应用和面临的挑战;第 2 章主要介绍数据建模、基础模型和优化技术等基本概念和相关基础算法;第 3 章主要介绍事件建模与表示技术及相关算法;第 4 章介绍流式事件检测技术及相关算法;第 5 章介绍社会事件检测技术及相关算法;第 6 章介绍特征驱动的事件检测技术及相关算法;第 7 章介绍无监督式的社交网络表示学习及事件检测技术及相关算法。本书旨在记录网络舆情事件检测领域学者们的探索和实践成果,最终形成一个较为全面的知识体系,为这一领域的工作开展做一个良好的引导。

我们在撰写本书的过程中力争做到全面、客观、严谨,但囿于团队能力水平且时间相对仓促,如有不足之处,欢迎相关学者、专业人员、学生对本书提出宝贵意见和建议,也期望更多相关人士加入本书后续的修订工作中。

目　　录

第1章 绪 论

随着各种信息技术和人类生产生活日益交汇融合，人们已经身处互联网大数据时代。如今全球信息化数据呈现出爆发增长、海量集聚、传播迅速的特点，与人类的社会生活、经济发展、文化传播等方方面面密不可分。在当今社会，互联网的普及和发展使得网络舆情具有了前所未有的影响力和重要性。网络舆情可以说是一把"双刃剑"，既能成为推动社会发展的强大力量，也可能引发各种问题。互联网作为信息时代的产物，在传播信息的速度、广度和深度上有着巨大的优势。随着各社交平台，如论坛、微博、微信等的兴起，每个人都可以成为信息的制造者和传播者，也就意味着每个人都有可能成为网络舆情的受益者或受害者。因此，网络舆情事件检测成为当今时代的重要任务。然而，网络舆情事件的检测和分析也存在一些挑战。网络舆情数据的庞大和复杂使得研究人员对其进行有效的挖掘和分析变得困难。互联网上的信息如海洋般广阔，如何从中找到有价值的信息成为一个难题。网络舆情信息的真实性和可信度也是一个重要问题。网络上存在大量的虚假信息，这给准确识别信息真伪以及判断舆情发展趋势带来了新的挑战。

为了解决网络舆情事件的检测和分析问题，人们利用人工智能和大数据技术，研发出了一系列网络舆情事件检测和分析的方法和工具。基于文本挖掘和自然语言处理技术，使用海量的文本数据进行情感分析、情绪识别、观点挖掘等，并通过统计和机器学习算法发现关键词、趋势和规律，为决策者提供科学依据。此外，还可以通过社交网络分析技术构建和分析用户之间的关系，揭示网络舆情的传播规律和影响机制。

本章将初步介绍网络舆情事件检测的概念和意义，弄清楚什么是网络舆情事件检测，为什么要做这项工作，网络舆情事件检测的应用场景有哪些，以及目前面临的挑战有哪些。

1.1 网络舆情事件检测的概念

网络舆情事件是利用网络平台传播大众对某种事件的评价或表达的带有某种倾向性和影响力的观点、感受、评价的表达结果，是网络空间的一类具有快速扩散、影响力极大的群众性社会事件。网络舆情事件检测通过监测和分析网络上的大量数据，识别和理解网络上的舆情事件信息及其变化趋势。在互联网时代，信息的传播速度快、范围广，网络舆情事件的形成和传播速度更是迅猛。因此，准确及时地了解和分析网络舆情事件对政府、企业和个人都具有重要意义。

实际的网络舆情事件检测主要采用大数据分析、文本挖掘和自然语言处理等技术和方法。首先，网络舆情事件检测对大量的网络数据进行搜集和整理，建立庞大的数据库；其次，网络舆情事件检测运用文本挖掘技术，对数据进行清洗、筛选和分类，提取关键信息；再次，网络舆情事件检测利用情感分析和情绪识别等自然语言处理技术，对文本进行情感倾向和情绪态度的判断，以及观点的挖掘和分析；最后，网络舆情事件检测通过统计和机器学习算法，揭示网络舆情的趋势和规律。

1.2　网络舆情事件检测的意义

随着互联网的快速普及和发展，人们越来越多地将信息发布和获取的活动转移到了网络平台上。社交媒体(如论坛和博客)、新闻网站等网络媒体成为人们获取信息和表达意见的主要渠道，网络已经成为大众传媒的重要一环。互联网的普及使得每个人都具备了信息发布和传播的能力，社交媒体平台的兴起更是让信息的传播范围变得更广。人们通过互联网发布各种言论、评论或动态，信息在瞬间传播到全球各个角落，网络舆情也因此迅速形成。互联网的出现使得舆论参与者的范围大大拓宽。传统媒体主要由少数的媒体机构或人物掌握，很难实现全民参与舆论的目标。互联网的出现改变了这种单一格局，任何人都可以通过互联网发表言论、分享看法，成为舆论的参与者，使得网络舆情更加多元化和复杂化。网络舆论逐渐成为社会舆论的重要组成部分。人们通过网络表达和传播自己的意见和情感，网络平台上的评论、点赞和分享等互动行为形象地反映了公众对某一事物的态度。对政府而言，政府可以通过网络舆情事件检测了解民众关注的焦点、热点问题，并及时采取措施应对，增强社会的稳定性和可控性。例如，在突发公共事件中，政府通过网络舆情事件检测及时了解民众的情绪和需求，调整应对策略，提高应急响应能力。对企业而言，网络舆情事件在很大程度上反映了消费者对企业产品和服务的评价和态度。企业可以通过监测和分析网络舆情事件及时了解消费者的反馈意见，进行产品改进和服务优化，提升品牌形象和用户满意度。对个人而言，网络舆情事件检测可以帮助人们了解社会热点和公共话题的演变趋势。个人通过关注网络舆情事件可以掌握社会动态、拓宽思路，提高自己的信息素养和舆论应对能力。此外，个人在网络上的言论和行为也可能成为网络舆情的对象。因此，了解和掌握网络舆情事件的发展变化，有助于个人更好地把握网络言论的态势和走向，避免不必要的争议和风险。网络舆情事件的快速产生和传播性质决定了其具有突发性和时效性。当重大社会事件发生时，网民能在第一时间通过各种渠道表达自己的意见，形成一股强大的舆论声势。对于政府和有关机构来说，及时捕捉和分析网络舆情事件，能够更好地了解和应对公众的关切，制定正确的应对策略。同时，随着人工智能、大数据和自然语言处理等技术的迅速发展，网络舆情事件检测的技术手段也得以显著提升，人们可以对网络上的大量信息进行自动化分类、挖掘和分析，从中提取有价值的信息，为网络舆情事件检测提供可靠的技术支撑。

网络舆情事件检测可以在早期发现和追踪潜在的问题和危机。通过对大量信息的搜集和分析，相关人员可以发现问题的早期信号和线索，及时采取措施进行解决，避免问题扩大化和危机演变。

此外, 网络舆情事件检测可以及时掌握社会动态, 了解公众对某一事件或问题的看法和态度。通过对事件的分析和研究, 相关人员可以发现公众的关注点和热点问题, 为政府部门制定决策提供参考和依据。在重大事件或突发事件发生后, 政府可以通过网络舆情事件检测及时掌握公众的情绪和态度, 制定更科学、合理的应对措施, 提高决策的效率和质量。

通过对舆情数据的分析, 企业可以了解公众的意见和需求, 预测市场趋势, 评估政策措施的效果, 优化产品设计和服务模式, 做出更明智的决策和规划, 降低风险, 提高效率和竞争力。

网络舆情事件检测还可以促进信息的开放和透明, 为公众提供更多的参与和表达机会。相关人员通过对舆情事件的分析, 可以了解公众对政府决策和事件进展的关注和评价情况, 增加政府与公众的沟通和互动, 提高决策的民主化和参与度。

最后, 网络舆情事件检测可以加强网络安全管理, 保护公民隐私。例如, 在网络诈骗等违法行为发生后, 政府可以通过网络舆情事件检测及时发现并采取措施进行防范和处理, 保护公民的隐私和财产安全。

1.3 网络舆情事件检测的应用

1.3.1 社交媒体情感分析

社交媒体情感分析是一种利用自然语言处理和机器学习技术来分析社交媒体文本中的情感和情感倾向的方法。社交媒体情感分析可以帮助了解人们对特定话题、事件、产品或服务的情感态度, 从而更好地做出决策、改进产品、优化营销策略等。如果一家手机制造公司想要了解公众对其最新发布的智能手机的情感倾向, 公司可以使用自然语言处理技术对社交媒体平台上关于该智能手机的帖子进行情感分析。相关人员可以设置一个变量表示对文本进行情感分析的过程, 分析每个帖子的情感倾向, 将帖子分为积极、消极和中性三种类型, 然后追踪时间序列中情感倾向的变化趋势。基于情感数据, 该手机制造公司可以判断公众对手机的整体情感态度, 并相应地调整品牌管理和市场营销策略, 提升消费者的兴趣和认可度。这个过程大致步骤如下。

(1) 相关人员从社交媒体平台获取相关的文本数据, 如帖子、评论、推文等。

(2) 将搜集到的文本数据进行清洗和预处理, 包括去除特殊字符、标点符号等, 进行词干化或词形还原, 并进行分词操作, 将文本拆分为词或短语。

(3) 基于预处理后的文本数据, 构建情感分析模型, 如支持向量机 (support vector machine, SVM)、朴素贝叶斯 (naive Bayes)、卷积神经网络 (convolutional neural network, CNN)、循环神经网络 (recurrent neural network, RNN) 以及现代的预训练模型等。

(4) 将文本数据输入情感分析模型中, 模型将对每条文本进行情感分类, 通常分为积极、消极或中性, 一些模型还可以提供更详细的情感分类, 如愤怒、喜悦、悲伤等。

(5)在情感分类的基础上，进行情感倾向分析，即确定文本中表达的情感程度，例如判断积极文本是强烈的积极还是相对中性的积极。

1.3.2 舆情预警

舆情预警是一种通过监测和分析社会媒体、网络平台等多种渠道的信息，应用数据分析和机器学习技术及早发现或预测可能引发公众关注的事件、话题或情感倾向的过程。舆情预警旨在使组织(如企业、政府等)能够在事件发生之前获得关键信息，从而及时采取行动，减少负面影响，或者获得最大化利益。例如，政府部门监测社交媒体平台上关于城市交通问题的帖子，并建立舆情事件检测模型。如果在特定时间段内发布的有关交通问题的帖子数量超过了舆情预警的阈值，系统会发出预警，帮助政府部门及时了解潜在的舆情危机，并采取措施，如提供实时交通信息、加强交通管理等，减轻危机影响。舆情预警的流程如下。

(1)收集来自社交媒体、新闻网站等多个数据源的信息，获取广泛的舆情数据。

(2)对搜集到的数据进行整理和分析，涉及文本挖掘、情感分析、关键词提取等技术，利用统计学和机器学习方法识别舆情事件。

(3)基于数据分析，识别出具有潜在舆情影响的事件、话题或情感倾向，涉及监测特定关键词、热门话题的变化趋势等。

(4)设定舆情预警的阈值，即在什么情况下触发预警。

(5)当数据分析超过预设阈值时，系统生成舆情预警，预警通过通知、报告等方式传达给相关机构和人员。

(6)在收到舆情预警后，组织(如企业、政府)可以采取相应的应急措施，如发布正式声明、调整应对策略等。

1.3.3 突发事件监测

突发事件监测是一种利用各种数据源和技术手段来实时监测和追踪突发事件(如自然灾害、社会事件、健康危机等)的发生和发展情况的过程。突发事件监测旨在帮助政府和公众能够更快速地了解事件的情况，采取适当的应对措施，减轻负面影响并保护公众安全。通过使用自然语言处理技术和机器学习模型监测社交媒体上与突发事件相关的帖子，政府可以定义一个变量表示与突发事件相关的关键词列表，用于过滤和检测相关帖子，然后构建监测模型，监测帖子的出现频率，并设置另外一个变量表示舆情预警的阈值。如果在特定时间段内有关突发事件的帖子数量超过了阈值，系统将生成舆情预警，政府可以立即采取危机管理措施，如发布紧急通知、调动救援资源等。突发事件监测的流程如下。

(1)搜集来自多个数据源的信息，如社交媒体、新闻、气象数据、传感器数据等，这些数据来自不同的渠道，可以提供多方面的信息。

(2) 为了监测特定类型的突发事件，设定相关的关键词或短语，如地震监测关键词可能包括"地震""震感""震源"等。

(3) 使用技术工具，如网络爬虫、应用程序接口（application program interface，API）等，实时地从数据源中抓取信息，如社交媒体上的帖子、新闻文章、传感器数据等。

(4) 对搜集到的数据进行整理和过滤，去除无关信息，准确地捕捉与突发事件相关的数据。

(5) 利用数据分析和机器学习技术，如文本挖掘、情感分析、关键词匹配，识别突发事件。

(6) 对突发事件进行时空分析，以了解事件的发生时间、地点和影响范围。

(7) 基于事件的识别和分析，建立预警系统，当监测到特定事件出现时，系统会触发预警通知。

(8) 收到突发事件监测的预警后，政府和公众可以采取应急措施，如发布警报、调动救援资源、采取避险措施等。

1.3.4　新闻媒体监测

新闻媒体监测是一种通过搜集、分析和跟踪新闻报道，了解公众关注的事件、话题及其发展趋势的方法。新闻媒体监测可以帮助组织和个人及时了解新闻报道中的信息，做出更好的决策、调整策略、改进公关和营销活动等。例如，企业利用新闻媒体监测技术，实时跟踪新闻报道中与自身相关的事件和话题，及时发现和回应潜在的声誉问题，调整沟通策略，维护品牌形象。新闻媒体监测的流程如下。

(1) 搜集来自各种新闻媒体渠道的报道，包括报纸、新闻网站、新闻应用、电视新闻等。

(2) 为了监测特定事件、话题或关键词，设定相关的关键词、短语或标签，用于过滤和捕捉感兴趣的新闻报道。

(3) 使用技术工具，如网络爬虫、应用程序接口（API）等，实时地从各个新闻源中抓取信息。

(4) 对搜集到的新闻报道进行整理和过滤，以去除重复、无关或低质量的内容。

(5) 利用自然语言处理和机器学习技术，识别新闻报道中的事件和话题并将其分类。

(6) 分析新闻报道中的趋势和变化，了解特定事件或话题的发展趋势、受关注程度等。

(7) 对报道的情感倾向进行分析，了解媒体对特定事件、话题或组织的情感态度。

(8) 评估报道的覆盖范围，包括报道数量、媒体类型、报道地区等。

(9) 了解报道对公众、市场和组织的影响，包括知名度、声誉、品牌认知等。

1.4　网络舆情事件检测面临的挑战

虽然网络舆情事件检测在许多方面具有重要意义，但它也面临着一些挑战。网络舆情事件检测目前面临的几个主要挑战如下。

(1) 数据来源的不确定性。在进行网络舆情事件检测时，数据来源的真实性和准确性是十分重要的。然而，由于网络的匿名性，很多数据并不可靠，这就给检测工作带来了一定难度。

(2) 信息过载。随着社交媒体和网络信息的爆炸式增长，网络舆情事件检测需要处理的数据量越来越大，这就要求检测系统具备高效的处理能力和智能的筛选技术。互联网上的内容庞大而复杂，在短时间内无法完全搜集和分析。大量的信息流使得有效的数据筛选和处理变得困难，容易出现检测任务信息过载和噪声干扰。因此，如何快速有效地获取、筛选和分析有价值的信息，成为一个重要的挑战。

(3) 信息的多样性和复杂性。网络上的信息涉及各种语言、地区和文化，这就给网络舆情事件检测的语义分析带来了很大的挑战。如何准确地理解和解读不同语言和文化背景下的信息，是网络舆情事件检测工作的难点之一。网络舆情事件包含各种各样的内容类型，涵盖了不同的语言、观点和情感。不同的人群在网络上表达自己的意见和情感的方式也有所不同，增加了信息分析和理解的难度。同时，虚假信息、恶意攻击和舆情操纵等也使网络舆情事件检测更为复杂。此外，网络舆情事件检测需要对文本进行语义理解和情感分析，正确理解内容中的情感、观点和意图。然而，语义理解是自然语言处理中的一个复杂任务，尤其是在处理不同文化、不同表达方式和隐含意义的情况下。因此，如何有效地进行语义理解和情感分析并进行检测，是一个具有挑战性的问题。

(4) 实时性与准确性的平衡。实时性和准确性是网络舆情事件检测的两个关键要素。在网络舆情事件检测中，实时性和准确性之间的平衡是一个困难的问题，因为追求实时性可能会导致信息质量的降低，而追求准确性则可能导致反应的延迟。网络舆情事件检测的目的是及时了解公众的态度和观点，以便进行相应的应对和调整。然而，在信息传播速度快和多样化的情况下，如何及时准确地反馈和应对舆情，也是一个难题。

(5) 隐私和道德问题。网络舆情事件检测涉及大量的个人信息搜集和分析，因此涉及隐私和道德问题。如何在网络舆情事件检测中保障用户隐私的安全，同时合法合规地获取和使用数据，是一个重要的挑战。

1.5 本 章 小 结

社交媒体可以为人们提供及时、精准的消息，并反映社会信息、民众反应、舆论导向、突发性事件、有争议的观点等。在人工智能领域，网络舆情事件数据特征的表示学习和社交网络事件挖掘已经成为极具影响力的研究重点。可以说，针对该领域的研究具有很强的理论意义和现实意义。

(1) 网络舆情事件是大众利用网络平台传播对某种事件的评价，或是表达带有某种倾向性和影响力的观点、感受、评价的结果，是网络空间的一类具有快速扩散、影响力极大的群众性社会事件。相关人员通过对网络上的大量数据进行监测和分析，识别和理解网络上的舆情信息及其变化趋势。

(2) 在互联网快速发展、网络舆情多元化与复杂化的背景下，迫切需要用科学的方法和技术手段来监测和分析网络舆情事件。相关人员通过对网络上大量数据的搜集和分析，可以了解社会热点、公共关注点，发现问题并解决问题，有助于政府、企业和个人做出明智的决策，制定应对措施。

(3) 网络舆情事件检测为社会各界提供了全新的信息获取和分析手段，对于改进治理方式、提高公众参与度、维护社会稳定非常重要。同时，网络舆情事件检测也需要注意保护用户隐私，确保数据获取和使用的合法性与道德性。通过合理利用网络舆情事件检测的结果，各方可以更好地理解社会动态、预测趋势，提升决策的科学性和公正性，实现信息化时代舆情管理的创新和进步。

(4) 在网络舆情事件检测相关领域，我们仍面临许多挑战：如何对舆情数据进行有效表示；如何推进流式数据的表示学习与检测；如何进一步开发和扩展事件检测模型等。

第2章 网络舆情事件检测基础

本章将介绍关于网络舆情事件检测技术的一些基础知识,大致分为3个部分:数据建模,主要包括异构信息网络建模和多关系图建模;基础模型,主要包括图神经网络方法、聚类技术、流式聚类技术、深度强化学习、多智能体强化学习;优化技术,主要包括交叉熵损失、对偶学习、对比学习、不均衡分布表征优化技术。网络舆情事件检测是一个多层次、多方面的技术,需要在数据建模、基础模型和优化技术等方面打下坚实的基础。在数据建模方面,如何有效地表示数据是网络舆情事件检测技术中的关键问题。在基础模型方面,则需要根据实际的应用场景选择合适的模型,并进行必要的结构优化。对于不同的问题和数据类型,需要选择最适合的模型来进行处理。优化技术通常用于提高模型性能、减少过拟合、提升模型训练速度等。综合考虑模型的结构和数据的特点,我们要在提升模型训练速度、提高模型的准确性和通用性等方面进行有针对性的设计和改进。这些基础可以帮助我们更好地分析和处理网络舆情信息,从而更好地应对各种网络舆情事件。

2.1 数 据 建 模

数据建模是网络舆情事件检测技术的一个基础部分,其核心任务是将原始的、海量的、异构的网络舆情数据转换为机器可处理、可利用的数据表示形式,这些表示形式能够保留数据的关键信息,以便后续分析和建模处理。本章主要对异构信息网络建模和多关系图建模进行阐述。需要先了解这些方法的理论内容和发展历程,提高后续数据处理和建模的能力,为后续任务的实施奠定重要的基础。

2.1.1 异构信息网络概述

异构信息网络(heterogeneous information network,HIN)是一种包含多个类型节点和多种类型边的图形结构 $G = (V, E)$,每个节点可以代表不同的实体,如文本、图像、用户等,每种类型的边代表不同的关系类型,如相似性、共同出现等。异构信息网络具备实体类型映射 $\phi: V \to A$ 和关系类型映射 $\psi: E \to R$ 的特征。其中,V 表示包含多个实体类型的集合,E 表示包含多个关系类型的链路集合,A 表示实体类型的集合,R 表示链接关系类型的集合。如果两个链接属于相同的关系类型,那么这两个链接共享相同的起始对象类型和结束对象类型。

　　实际上，大量信息网络的分析研究通常仅考虑一种类型的对象之间的一种类型关系，忽略实体和链接的异质性。然而，真实世界中存在着各种类型的复杂交互关系，需要用不同类型的对象和链接进行精确表达，在此基础上，便得出同构信息网络和异构信息网络的定义。同构信息网络是指网络中只存在一种类型的对象和关系。例如，社交网络中的用户和用户之间只存在一种类型的关注关系。同构信息网络可以采用图结构表示，节点代表对象，边代表关系，从而进行网络分析和推理。异构信息网络则涉及多种类型的对象和关系，每种对象和关系都具有特征和语义含义。例如，在电子商务平台中，可以同时考虑商品、用户、评论、订单等不同类型的对象以及它们之间的各种关联关系。异构信息网络可以使用异构图或元图来表示，节点和边被嵌入不同的类型域中，从而能够更精确地表达不同类型的实体和链接之间的关系。简单来说，如果信息网络的对象类型 $|A|>1$ 或关系类型 $|R|>1$，则被称为"异构信息网络"；$|A|=1$ 且 $|R|=1$ 的信息网络，则被称为"同构信息网络"。

　　异构信息网络能维护各实体之间的多种关系和属性，并能够帮助人们理解实体之间的复杂关系，进行信息检索、推荐、分类等任务。常见的异构信息网络包括社交网络、推荐系统、知识图谱等。在异构信息网络中，实体可以与其他实体建立链接，这些实体可能属于不同的类型，并且链接使用的关系也可能不同。与同构信息网络相比，异构信息网络具有复杂性和多样性的特点，能够更好地表达现实世界中多元、复杂的实体和关系之间的联系。因此，使用异构信息网络进行数据建模和分析已经成为现实世界中解决各类实际问题的重要手段。掌握异构信息网络的基础理论和方法，能够有效地实现多类型实体之间的关联、信息融合和关系预测等目标，为解决需要多方面信息支持的实际问题提供了新的解决方案。

　　异构信息网络是一种包含不同类型节点和链接的网络形式，可以在广义上理解为更通用的网络形式。相比之下，同构信息网络是通过忽略对象异质性而从异构信息网络转换而来的一种特殊化形式，但在这个转换过程中会丢失许多信息。因此，异构信息网络具有强大的信息涵盖性，并且在相似性度量、聚类分析、信息融合、排名分析、推荐系统等诸多重要领域有广泛应用。

2.1.2　异构信息网络建模

　　采用异构图来建模真实世界的复杂数据挖掘问题已被证明是非常有效的方法。一般的图结构包含节点和连接各节点的连边这两个要素，而异构图考虑了不同类型节点和不同类型连边等异质性属性，能够反映更为丰富的网络联系。建模异构信息网络的目的是更准确地学习各个节点的特征表达。与传统方法中以挖掘节点内在属性为代表的特征工程不同，异构图通过利用节点之间的异质性和异质关系来建模节点的外部关系。融合节点内在属性和外连关系的半监督图神经网络已成为当前数据挖掘和人工智能领域最热门的研究方向之一。异构图能够很好地应用于社交数据的建模，涵盖了社交用户网络、社交文本中的关键词、实体和关系、主题等信息。

影响网络事件的数据包括社交文本、社交用户、内容图像和地理位置等多模态数据。使用异构信息网络来建模多媒体数据能够提供元路径和元图等解释性强的事件关联线索。同时，随着图神经网络和注意力神经网络等模型的流行，通过时空双优化的高效社交数据表征计算，可以为复杂在线场景的事件挖掘提供基础性特征表示。随着更先进和更复杂的图神经网络模型的快速发展，大量的异构图神经网络学习模型增加了计算复杂度，并且高度依赖于元路径选择来优化图神经网络。因此，设计一个既能满足数据建模广泛的异质性，又能端到端高效利用各种图神经网络学习模型的框架，是当前异构图神经网络学习领域的重要方向之一。利用异构图对社交消息进行建模能全面捕捉各异质要素和异质关系，进而实现半监督的社交消息聚类和分类等。

异构信息网络建模是一种由多种类型节点和关系组成的异构网络技术。异构信息网络可以包含不同种类的节点和边，每个节点可能具有不同的属性和类型，连接节点的边也有不同的类型和权重。异构信息网络建模主要涉及以下几个方面。

(1) 异构信息网络的表示和嵌入。异构信息网络中存在多种类型的节点和边，如何表示和嵌入这些节点和边是一个重要问题。传统的网络表示学习方法难以应对异构信息网络中的多类型节点和边的问题，因此需要使用更加复杂的嵌入技术来描述嵌入异构信息网络中的节点和边，例如基于深度学习的节点表示学习和图神经网络。

(2) 异构信息网络中的相似性计算。由于异构信息网络中存在不同类型的节点和边，如何计算节点和边之间的相似性也是一个具有挑战性的问题。一般可以使用基于相似性传播的方法或者基于路径的方法来计算节点和边之间的相似性。

(3) 异构信息网络中的预测和推荐。异构信息网络建模可以用于预测和推荐任务。例如，针对社交网络中的用户、商品、标签等多种节点类型，可以使用异构信息网络建模方法来预测用户对某个商品的评分或推荐给用户一个合适的商品。

(4) 底层结构和信息动态性变化。异构信息网络建模还需要考虑底层的网络结构和信息的动态变化。如何处理网络结构的层次性和异构性、如何处理异构信息网络中信息的动态变化问题，是异构信息网络建模的重要问题。

近年来，异构信息网络建模成为数据挖掘和机器学习领域的一个热点研究方向。在异构信息网络建模中，研究人员需要克服多类型节点和边的异构性、采集和嵌入有结构的多路径信息、处理复杂的交叉网络和提高异构图嵌入技术的稳定性等问题。早期，异构信息网络建模的研究缺乏统一的理论模型和全面的方法体系。自 2010 年以来，随着各种深度图嵌入模型和网络表示学习技术的出现，异构信息网络建模进入了一个新的阶段。在 2011 年，伊利诺伊大学厄巴纳-香槟分校的 Han 等[1]首次提出了异构网络研究的概念，并倡导使用图神经网络对异构信息网络进行建模和分析，这标志着异构信息网络建模的起步。2018 年，加州大学洛杉矶分校的 Hosseini 等[2]提出了一个异构信息网络 HeteroMed，并将其用于稳健医疗诊断，该网络使用元路径捕捉有助于疾病诊断，并根据疾病诊断目标采用联合嵌入框架进行临床事件表示。同期，伊利诺伊大学厄巴纳-香槟分校的 Shi 等[3]提出了一种 HIN 嵌入方法，即基于连边表示的异构信息网络嵌入 (heterogeneous information network embedding via edge representations, HEER)，通过边表示嵌入 HIN，使边表示与正确学习的异构度量相耦合，解决了对 HIN 的综合转录问题。HEER 算法不需要额外的监督、专业知识，就能够在实际应用中发挥作用。2020 年，清华大学的 Li 等[4]提出了一种新的图聚合异构网络嵌入(graph-aggregated heterogeneous network embedding，GAHNE)模型，用于提取异构信息网络的全面语义，并改善下游任务结果，该模型开发了多种机制，可以聚合不同单一类型子网络的语义表示，并融合全局信息。2022 年，国防科技大学的 Fang 等[5]提出了 PF-HIN 框架，它是一个自我监督的预训练和微调框架，用于捕捉异构信息网络的特征。与传统的网络表示学习模型需要对每个下游任务和数据集重新训练整个模型不同，PF-HIN 只需要对模型和少量额外的特定子任务的参数进行微调，从而提高模型的效率和有效性。2023 年，昆士兰大学的 Imran 等[6]提出了异构信息网络的去中心化嵌入框架(decentralized embedding framework for heterogeneous information network，DeHIN)，它是一个去中心化的异构信息网络(HIN)嵌入框架，用于解决大规模 HIN 上的节点嵌入问题，DeHIN 采用超图分布式并行流水线；还提出了上下文保留分区机制以有效地划分 HIN。2023 年，伊斯兰阿扎德大学的 Sajjadi 等[7]提出了一种混合聚类方法，用于异构信息网络中的链路预测，该方法确定每个节点的邻接向量，并使用直接边权重和相邻向量之间的相关性来计算相似性度量。2023 年，中国人民解放军战略支援部队信息工程大学的 Tan 等[8]提出了一个基于元路径融合的神经推荐(meta-path fusion based neural recommendation，MNRec)框架，在提取和融合不同元路径下的用户和项目嵌入进行推荐方面取得成功。

上述异构信息网络建模已经在多个领域得到了广泛应用，在社交网络分析、电子商务推荐、知识图谱等场景中均有着出色的表现。

2.1.3　多关系图建模

多关系图建模是一种图数据建模方法，用于描述多个实体之间的复杂关系。在多关系图中，节点代表实体，边代表实体之间的关系。与传统的单关系图建模不同，多关系图建模可以捕捉实体之间的多个互相关联的属性或关系，提高数据建模的精度和可解释性。在多关系图中，一个图表示为 $G=(V,E,R)$，其中 V 是节点集，E 是边集，R 是关系集。每个节点 $v_i \in V$ 代表一个实体，每条边 $(v_i,v_j) \in E$ 表示节点 v_i 和节点 v_j 之间的关系。每条边 $(v_i,v_j) \in E$ 都与一个关系 $r_{ij} \in R$ 相关联，关系 r_{ij} 表示这条边代表的关系类型。每个节点 $v_i \in V$ 都有一个属性向量 $x_i \in R^{d_f}$，其中 d_f 是节点的特征维度。每条边 $(v_i,v_j) \in E$ 也可能有一个属性向量 e_{ij} 表示边的特征。在多关系图建模中，节点可以具有多个属性，每个属性代表节点的某个特定方面。例如，一部电影可以具有多个属性，如标题、导演、演员、类型等。此外，节点之间的边可以代表不同类型的关系或连接。例如，两部电影之间可以有"同一导演"的边或"相似类型"的边。在某些情况下，边上可能还带有属性，如边的权重或距离。多关系图建模的实际应用非常广泛，其中一个典型的应用是推荐系统，推荐系统通过建模用户对商品、新闻、音乐等不同类型物品的行为，如点击、购买、评论，建立用户与物品间的多关系图，让用户获得更准确的推荐结果。此外，多关系图建模还可以用于社交网络分析、生物信息学、知识图谱等领域。

多关系图建模主要围绕如何在一个含有多个实体和关系的图中进行节点嵌入的学习。

在多关系图建模中，节点和边含有不同的属性，且图中包含多种不同类型的关系边。因此，多关系图建模需要面对以下几个问题。

（1）节点和边的异构性问题。在多关系图中，节点和边往往具有不同的属性，需要设计能够处理多种异构信息的模型。

（2）不同关系类型的影响问题。多关系图中存在多种不同类型的关系边，需要寻求一种方法来辨别不同类型的关系边，并对其进行有效的嵌入学习。

（3）高维、稀疏数据的效率问题。多关系图往往是大规模、高维、稀疏的，需要设计高效的算法来处理这种数据。

为了解决这些问题，围绕多关系图建模的理论研究主要聚焦于以下几个方面。

（1）适应多种异构信息的嵌入学习模型。根据节点和边的属性类型，设计不同的嵌入学习模型来适应不同类型的异构信息，如图卷积网络、网络嵌入等。

（2）区分不同类型关系边的嵌入学习方法。通过定义不同类型的关系边的权重或距离等测度，或者通过一些特殊的计算方式来区分不同类型的关系边。

（3）高效的算法。为了解决高维、稀疏的数据问题，研究者提出了很多高效的算法，如采样方法、分布式并行计算方法等，以提高学习效率。

随着社交网络、推荐系统和知识图谱的不断发展，多关系图建模也得到了越来越广泛的应用。2018 年，阿姆斯特丹大学的 Schlichtkrull 等[9]将图卷积网络应用于知识图谱中的多关系分类问题，提出了一个名为关系图卷积网络（relational graph convolutional network，R-GCN）的算法，该算法通过在图上进行卷积操作，学习每个节点的特征表示，并考虑了多关系类型对节点嵌入的影响。2019 年，卡内基梅隆大学的 Vashishth 等[10]提出了一种新的基于组合的多关系图卷积网络（composition-based multi-relational GCN，CompGCN），该框架可以联合嵌入关系图中的节点和关系，基于知识图谱嵌入技术实现实体关系组合操作。2021 年，北京航空航天大学的 Peng 等[11]提出了一种强化邻域选择引导的多关系图神经网络（reinforced neighborhood selection guided multi-relational graph neural network，RioGNN），用于驾驭定制神经网络结构的复杂性，该结构在实际任务中取得了较好的效果和可解释性，它使用标签感知的神经相似度度量和增强的关系感知邻居选择机制，有效地学习多关系图中更有判别力的节点嵌入。同期，伊利诺伊大学芝加哥分校的 Wang 等[12]提出了一种在混合曲率空间中嵌入多关系知识图以完成知识图补全任务的通用方法，即混合曲率多关系图神经网络（mixed-curvature multi-relational graph neural network，M2GNN），它通过组合多个单曲率空间，并将混合曲率设置为可训练参数来更好地捕捉知识图的异质结构；还提出了一种图神经更新器来提高嵌入质量。2021 年，伦敦大学学院的 Chen 等[13]提出了一种基于关系预测的自监督训练目标，用于学习多关系图上的良好表示，特别是在知识库完成上，该方法可以显著提高实体排名，并且能够使用更大的嵌入大小生成更好的表示。2022 年，深圳大学的 Dai 等[14]提出了一种适应异构多关系连接的多关系图注意力网络（multi-relational graph attention network，MRGAT），它能够通过自注意机制计算不同相邻节点的重要性，显著提高了节点嵌入的性能和可解释性。同期，中山大学的 Chen 等[15]提出了一种新的多关系图高斯过程网络，基于贝叶斯高斯过程网络的多关系图表示学习（multi-relational graph representation learning with Bayesian Gaussian process network，

GGPN)旨在通过同时学习一系列随机嵌入函数，提高图神经网络方法的灵活性，该方法通过贝叶斯-高斯过程来建模随机函数的分布，并采用新的核函数进行自适应学习。2023年，华东师范大学的 Cui 等[16]提出了一种用于知识跟踪的多关系转换器(multi-relational transformer for knowledge tracing，MRT-KT)，它能够细粒度地建模问题-响应对之间的交互，以更好地情境化问题-响应表征，并支持更好的学生建模，通过新型关系编码方案进行建模。同期，北京理工大学的 Fang 等[17]提出了一种关系感知图卷积网络(relation-aware graph convolutional network，RGCN)，它配备了实体卷积和关系卷积，以充分利用多种类型关系信息，同时学习实体嵌入和关系嵌入，基于关系感知图卷积网络的对齐框架(alignment framework based on relation-aware graph convolutional network，AFRGCN)用于多关系网络对齐任务，通过最小化锚点之间的距离并生成新的跨网络三元组等方式建立桥梁，提高对齐性能。

多关系图建模是计算机科学中的一个重要领域，这是因为许多现实世界的应用都涉及多个对象之间的复杂关系。近年来，随着知识图谱的广泛应用，多关系图建模也成为研究热点之一。研究者不断提出新的方法和应用，为人工智能领域的发展带来了新的可能。

2.2 基 础 模 型

在基础模型方面，人们主要围绕图神经网络方法、聚类技术、流式聚类技术、深度强化学习和多智能体强化学习展开研究，这些方法在网络舆情情感分析、事件检测和预警等方面表现出了优异的性能。图神经网络方法通过考虑实体之间的关系，可以更准确地分析和预测事件的演化趋势。聚类技术可以将数据集中的文本按照相似度进行分组，从而帮助人们快速发现有关舆情事件的信息。流式聚类技术可以在数据流中进行实时聚类，帮助人们及时发现重要事件的变化趋势。深度强化学习和多智能体强化学习方法在网络舆情监测和消息传播模拟等方面也表现出了广泛的应用前景。

2.2.1 图神经网络方法

图神经网络(graph neural network，GNN)是一种针对图数据结构的深度学习方法。图结构通常被用来表示非结构化的数据，如社交网络中的节点和边。相比传统的深度学习方法，GNN 能够更好地处理这种非结构化的数据。GNN 的核心思想是利用神经网络设计逐节点的特征提取模块，将节点嵌入一个低维的向量空间，并在该空间中学习表示，实现对节点的分类和预测等。同时，GNN 也会利用节点之间的相互作用，如边、邻居关系等，来提高表示学习的效果。GNN 常用的模型包括图卷积网络(graph convolution network，GCN)[18]、图注意力网络(graph attention network，GAT)[19]和图采样聚合(graph sample and aggregation，GraphSAGE)模型[20]等。其中，GCN 是一种基于简单卷积的结构，通过邻居的聚合实现节点特征的更新；GAT 使用注意力机制来计算不同节点的重要度，并对其邻居进行聚合；GraphSAGE 将邻居的信息合并，生成节点的表示。

　　2018 年，华盛顿州立大学的 Gao 等[21]提出了可学习图卷积层，它通过自动为每个特征选择固定数量的相邻节点，将图数据转换为一维格式的网格状结构，从而能够在通用图上使用常规卷积运算，并使用子图训练方法降低对内存等计算资源的过度需求，提升节点分类任务性能。2019 年，台湾大学的 Chiang 等[22]提出了一种基于图聚类结构的新型 GCN 算法 Cluster-GCN，它通过对与图聚类算法识别的密集子图相关联的节点块进行采样，并限制该子图内的邻域搜索，大幅提高了内存和计算效率。同期，美国新泽西理工学院的 Ma 等[23]研究了多维图的图卷积网络问题，提出了一个新的多层图卷积网络(multi-level graph convolutional network，mGCN)模型，揭示了多维图的节点级表示学习中富有信息的特点。2020 年，MIT-IBM 沃森人工智能实验室的 Pareja 等[24]提出了进化图卷积网络(EvolveGCN)，这是一种在时间维度上调整图卷积网络(GCN)模型的方法，该方法可以捕捉图序列的动态性，通过使用 RNN 演化 GCN 参数来避免使用节点嵌入，能有效应对节点集频繁变化的问题。2022 年，哈尔滨工业大学的 Liang 等[25]提出了一种基于 SenticNet 的图卷积网络模型 Sentic-GCN，该模型通过整合 SenticNet 的情感知识来增强句子的依赖图，在考虑上下文词和方位词的依赖性的同时，结合观点词和方位的情感信息提高情感分析的精度。2023 年，西北工业大学的 Gao 等[26]提出了一种基于 GCN 的动态图表示学习方法——动态图卷积网络(dynamic graph convolutional network，DGCN)，使用长短期记忆(long short-term memory，LSTM)网络更新 GCN 的权重参数捕获动态图的全局结构信息，并提出一种新的戴斯(Dice)相似性度量解决有向邻居的影响不明显的问题。2019 年，北京邮电大学的 Wang 等[27]提出了一种基于层次注意力机制的异构图神经网络(包括节点级和语义级的注意力)，可有效考虑不同类型节点和链接的重要性，通过分层聚集基于元路径的邻居特征，生成节点嵌入。同期，北京大学的 Song 等[28]提出了一个基于动态图注意力神经网络的在线社区推荐系统，对动态用户行为和上下文相关的社会影响进行建模，并根据用户当前兴趣推断影响者。2020 年，西安电子科技大学的 Xie 等[29]提出了一种用于多视图网络的图嵌入方法，即多视图图注意力网络(multi-view graph attention network，MVGAT)，它通过基于注意力的架构从不同视图中学习节点表示，并采用以视图为中心的注意力方法来协同集成不同视图中的多种类型关系。2022 年，韩国首尔大学的 Jung 等[30]提出了一种异质堆叠图注意力层，该方法利用异质注意力机制和堆栈节点对跨越异质时间和光谱区间的伪影进行建模。同期，上海大学的 Gao 等[31]提出了一种相互监督的少镜头分割网络，采用特征图融合和图注意力网络来增强特征表示和避免空间信息丢失，使用注意力图的先验信息来增强对支持图像的分割，进而形成相互监督的机制。2019 年，纽约大学的 Oh 等[32]提出了一种数据驱动的邻域采样方法，通过非线性回归来推断邻域的实际值重要性，并将该值用作对邻域进行二次采样的标准，以增强 GraphSAGE 在训练和推理中的性能。2022 年新加坡国立大学的 Liu 等[33]提出了一种考虑缺失路段速度数据的城市网络交通速度短期预测方法，通过数据恢复算法估算缺失速度数据，使用 GraphSAGE 模型预测路网内的交通速度。2022 年，燕山大学的 Zhang 等[34]将因果推理引入 GraphSAGE 采样阶段，并提出了因果 GraphSAGE(cause Graph SAGE，C-GraphSAGE)来提高分类器的鲁棒性，使用因果自举获得邻居与标签之间的权重，对邻居进行重新采样，训练聚合函数以获得目标节点的嵌入。同期，澳大利亚昆士兰大学的 Lo 等[35]提出了一种名为

E-GraphSAGE 的 GNN 方法，并将其用于物联网网络中的网络入侵检测，E-GraphSAGE 可以捕获图的边缘特征和拓扑信息，用于解决基于流的数据的物联网网络入侵检测问题。

目前，GNN 已被广泛应用于社交网络分析、化学、计算机视觉、自然语言处理等领域。但 GNN 也存在一些限制，如计算复杂度和泛化能力等问题，需要在实践中逐步解决。未来，随着数据规模和应用场景的发展，GNN 有望成为处理非结构化数据的重要工具之一。

2.2.2　聚类技术

聚类技术是一种数据挖掘技术，通过将相似对象划分到同一组中，将数据分为不同的类别。假设有一个数据集 $X = \{x_1, x_2, \cdots, x_n\}$，其中 x_i 表示数据中的一个对象，n 表示数据集中对象的个数。聚类技术的目标是将数据集 X 划分成 k 个不同的簇，其中每个簇 C_i 包含 n_i 个数据对象，即 $C_i = \{x_{j1}, x_{j2}, \cdots, x_{jn_i}\}$。同时，聚类技术需要满足以下两个条件：簇内的数据对象越相似，簇内的紧密度就越高；不同簇内的数据对象越相异，簇间的差异度就越高。聚类技术的目标是最大化簇内的相似性，同时最小化不同簇之间的相似性。聚类技术可以被描述为一个无监督学习问题，其中每个数据对象 x_i 是一个 m 维的向量，每个维度都表示一个属性。需要根据相似性度量来确定数据对象之间的距离。聚类技术按照不同的算法可以分为层次聚类[36]、k 均值（k-means）聚类[37]、基于密度的噪声应用空间聚类（density-based spatial clustering of applications with noise，DBSCAN）[38]等。层次聚类是一种将数据对象划分到具有相似性子集的树形结构算法，可以将数据对象之间的相似性转换为距离度量。k-means 聚类是一种使用迭代重分配的方法，将数据对象分配到 k 个聚类中，各聚类的中心点将是与该聚类中所有数据对象相似度最高的点。DBSCAN 是一种根据密度和可达性进行聚类的方法，它将数据对象分为高密度、低密度和噪声三种类别。

2020 年，国防科技大学的 Zeng 等[39]提出了一种将层次聚类与三元组损失相结合的层次聚类（hierarchical clustering，HCT）方法，它是通过生成高质量的伪标签来改进聚类引导的完全无监督的方法。同期，英国基尔大学的 Briggs 等[40]引入了层次聚类步骤，以处理某些类型的非独立和同分布数据。2021 年，重庆大学的 Wu 等[41]提出了一种有效的层次聚类方法——层次卷积网络（hierarchical convolutional network，HCNN），利用数据集最近邻图中的结构相似性将相似数据分组到聚类中。同期，卡尔斯鲁厄理工学院的 Sarfraz 等[42]提出了一种无监督的动作分割方法，利用时间加权层次聚类算法对视频的语义一致的帧进行自动分组，不需要任何训练。2022 年，重庆电子工程职业学院（现重庆电子科技职业大学）的 Li 等[43]提出了一种基于模型选择的元聚类集成方案（meta-clustering ensemble scheme based on model selection，MCEMS），该方案使用双加权策略解决模型选择相关问题，以改进集成聚类，并结合簇聚类技术和一种新的相似性测量，对未标记的数据进行分析和聚类，通过对主集群进行重新集群来创建元集群，然后根据相似性度量将实例分配给元集群。

2019 年，台湾中原大学的 Yang 和 Sinaga[44]提出了一种自动计算特征权重的学习机制和无关特征剔除方案，用于降低每个视图中不相关的特征成分，并在此基础上，提出了一种新的多视图聚类算法，即特征约简多视图 k 均值（feature-reduction multi-view k-means，

FRMVK)。2020 年，Sinaga 和 Yang[45]提出了一种新的无监督学习模式的 k-means 扩展算法——U-k-means 聚类算法，该算法不需要进行初始化和参数选择就可以自动寻找最优聚类数。2021 年，武汉理工大学的 Zhao 等[46]提出了一种新的网络数据库(network database, NDB)生成算法——QK 隐藏算法，为保护隐私的 k-means 聚类和 k 最近邻(k-nearest neighbor, KNN)分类提供了一种有效的隐私保护解决方案，QK 隐藏算法控制距离估计的精度，并通过专门的方法估计欧几里得距离，有效地提高了聚类和分类性能。2023 年，西北工业大学的 Nie 等[47]将经典的 k-平均目标函数重新表述为迹最大化问题，不需要在每次迭代中计算聚类中心，并且在优化过程中需要更少的额外中间变量，同时提出了一种迭代重加权算法来解决所涉及的优化问题，并提供了相应的收敛性分析。

2019 年，北京工商大学的 Chen 等[48]提出了一种简单快速的基于 FLANN(fast library for approximate nearest neighbours)的快速近似 KNN 的近似 DBSCAN 算法——KNN-BLOCK DBSCAN，该算法利用 KNN 以及密度分布相似性等特点来实现快速聚类，同时使用快速算法合并核心块并将非核心点分配给适当的聚类，加快了聚类过程。2021 年，Chen 等[49]又提出了一种适用于大规模数据的近似方法——BLOCK-DBSCAN，通过使用快速近似算法来识别所有点都是核心点的内部核心块，判断两个内部核心块彼此是否密度可达，并使用覆盖树加速密度计算过程，提高了效率并获得与 DBSCAN 相似的结果。2022 年，日本产业技术综合研究所的 Ouyang 和 Shen[50]提出了一种考虑颗粒计算的 DBSCAN 扩展算法，通过利用 DBSCAN 和细粒度描述符的优点，实现了高效、有效的在线结构聚类，该算法使用颗粒计算从 DBSCAN 中构建信息颗粒，建立细粒度模糊模型，并形成了一个基于规则的模型，用于指导新测试数据的在线聚类。

聚类技术是一种无监督学习方法，在数据集中将相似的对象归类到同一组，有助于数据分析、信息检索、图像处理等。在实际应用中，聚类的效果取决于多个因素，如数据集本身的特征、选择的算法、特征选择和预处理等。在网络舆情事件检测中，聚类技术可以用于文本分类、主题分析、情感分析等任务。聚类技术通过对数据进行聚类，可以把相似的文本归为同一类别，从而发现潜在的舆情热点和事件趋势。因此，聚类技术的进一步研究和发展仍然具有重要的意义，尤其是对于大规模数据的聚类、流式数据聚类和半监督聚类等，仍需要不断探索更加有效和可靠的算法和技术。

2.2.3   流式聚类技术

流式聚类是一种处理数据流的聚类技术，当数据量很大，并且无法一次性存储和处理时，流式聚类就会被使用。与传统的批处理相比，流式聚类具有动态性和实时性，数据只需遍历一次即可得到聚类结果。流式聚类技术可以在数据到来时进行实时处理，同时还具有低存储要求、对异构数据适应能力强等优点。流式聚类技术通过两个基本阶段来实现聚类：①初始化阶段，建立模型参数、选择初始聚类数和定义距离度量；②更新阶段，使用更新法，对新到达的数据进行分类并调整模型参数，维护聚类质量和数量。流式聚类技术基本原理是，从数据流中逐步读取数据，根据某种距离度量方式将数据点分配给不同的聚类，并动态地调整聚类中心和簇的数量。考虑流式数据的特点，流式聚类技术需要处理连续的、不断变化的数据，常见的流式聚类技术有 CluStream[51]、DenStream[52]等。CluStream
将数据流按时间等规则划分为小的时间窗口，利用 k-means 算法聚类窗口内的数据，得到
聚类中心点，并在每个时间窗口内维护一个微聚类。同时，CluStream 还引入了密度适应
的概念，即动态调整聚类中心点的权重，使其更加适应数据流的变化，对流式数据进行密
度估计，通过不断调整阈值来确定微簇和噪声点，并实时更新聚类结果。DenStream 聚类
算法利用密度特性判断数据点是否属于同一个簇，同时能够处理高维数据和异常值。
DenStream 聚类算法能够支持在线增量处理数据流，快速适应不同的数据流，并实时更新
聚类结果，在实时数据处理方面具有很高的实用性。

　　2019 年，阿姆斯特丹自由大学的 Grua 等[53]提出了一种适用于健康应用的在线聚类算
法 CluStream-GT（clustream for growing time-series，成长时序数据流聚类），用于处理涉及
随时间演变的多个时间序列的数据类型。2021 年，以色列理工学院的 Friedman 等[54]提出
了一种新型的网络内集群系统 Clustreams，该系统依赖于一种新的聚类算法，并可以通过
三态内容寻址存储器（ternary content addressable memory，TCAM）匹配操作实现在英伟达
Spectrum-3 交换机上进行聚类。同期，布阿里·西纳大学的 Ahsani 等[55]提出了一种名为
CluStreamSW 的改进 CluStream 算法的方法，该方法利用滑动窗口进行数据流聚类，只使
用最新的数据，可以提高执行速度并获得更理想的结果。

　　2019 年，设拉子大学的 Tajalizadeh 和 Boostani[56]提出了用分类器代替欧几里得距离
的方法，可将样本分配给具有任意分布的微聚类，即 INB-DenStream（incremental naive
byes denstream，流聚类），它是一种使用增量朴素贝叶斯分类器的聚类方法，能够处理
不对称的大微聚类。2020 年，伊兹密尔理工学院的 Ahmed 等[57]提出了一种在线-离线网
格和基于密度的流聚类（density and grid based stream，DGStream）算法，该算法能快速、
准确、高效和有效地处理各种数据流，包括概念漂移、新颖性、不断发展的数据、聚类
的数量和大小以及异常值检测。同期，中国社会科学院的 Li 等[58]提出了一种新方法
GeoDenStream，它不仅适用于观察离散实体的聚类，而且具有时间推移的跟踪能力和噪
声恢复功能。2022 年，北京化工大学的 Wang 等[59]提出了一种基于流数据聚类的自适应
报警阈值设置方法，首先采用 a-DenStream 算法进行工业流数据聚类，然后通过基于约
束的上界（constraint-based upper bound，C-BOUND）算法提取聚类结果的边缘，并进行
分段以设置警报阈值组。

　　流式聚类的优点在于能够对大规模数据进行动态聚类分析，且在未知数据分布的情况
下也能快速准确地找出数据集中的聚类结构。然而，流式聚类也存在一些限制，例如不能
进行回溯、不能更新已取出的数据点、受到窗口大小和内存大小的限制等。在网络舆情事
件检测中，流式聚类可以用于挖掘网络中的模式和主题。流式聚类可以通过对数据流进行
聚类操作，把相似的文本归为同一类别，从而发现潜在的舆情热点和事件趋势。同时，流
式聚类还可以用于舆情事件的时效性分析，即根据舆情事件的时间特征，来判断该事件的
热度趋势和持续时间。流式聚类是一种高效、动态的聚类方法，可应用于实时数据流领域，
其发展将为处理大规模高维数据提供更多的优化和算法选项。

2.2.4　深度强化学习

深度强化学习(deep reinforcement learning，DRL)是一种将深度学习和强化学习结合的方法，通过训练深度神经网络来解决复杂的强化学习问题。深度强化学习的主要思想是，构建一个深度神经网络来表示一个智能体的决策网络，决策网络在智能体执行任务的过程中，不断地尝试和环境进行交互，从而通过试错来优化策略和价值函数的强化学习方法。其中，状态和动作分别表示智能体所处环境和所采取的行动，奖励函数表示每一个状态和动作对应的收益或成本。智能体通过学习和优化策略来最大化长期累积奖励值，从而实现任务的目标。深度强化学习的核心组成部分包括状态空间、动作空间、奖励信号和策略。状态空间是指环境中可能出现的各种状态，动作空间是指智能体可以采取的所有动作，奖励信号是指执行每个动作所获得的奖励或惩罚，策略是指智能体在给定状态下选择行动的方式。深度强化学习的训练过程通常使用 Q 学习(Q learning)算法[60]或 Actor-Critic 算法[61]。Q learning 算法是一种基于值函数的学习方法，通过不断地更新 Q 值来学习最优策略。Actor-Critic 算法则是一种基于策略梯度的方法，它通过同时学习两个神经网络，即演员(actor)和评论家(critic)，来优化策略。接下来将依次介绍基于值的 Q learning 算法和 Actor-Critic 算法，以便读者在之后的学习应用中根据不同任务的特点选择适合的强化学习框架。

1. Q learning 算法——离轨策略下的值函数学习策略

Q learning 算法是一种早期提出的离轨策略(又称异策略)，其目标是学习在特定状态下特定行动的价值，并建立一个 Q 表，其中状态为行，行动为列。Q learning 算法通过更新 Q 表来反映每个行动带来的奖励。动作值函数(Q 函数)具有两个输入：状态 s 和行动 a。动作值函数返回在给定状态下执行给定行动的未来奖励的期望值。Q learning 算法首先假设下一步选择具有最大奖励的行动，更新值函数，然后通过 ε-贪心法(ε-greedy)策略选择行动。具体而言，以一个很小的正数 ε 的概率随机选择未知的行动进行探索，以剩余的 $1-\varepsilon$ 的概率选择在已尝试过的行动中具有最大价值的行动进行开发。Q learning 算法本质上是一个不断计算和更新 Q 值的过程，并使用贝尔曼方程(Bellman equation)来计算 Q 值：

$$Q^{\pi}\left(s_t, a_t\right) = E\left[R_{t+1} + \gamma R_{t+2} + \gamma^2 R_{t+3} + \cdots | s_t, a_t\right]$$

其中，γ 为超参数，π 代表策略。

给定当前时刻 t 的状态 s_t 和动作 a_t，通过将瞬时回报 R_{t+1} 加上后续一系列状态的折扣值得到状态值函数。用于评估策略的 Q 值具体更新公式为

$$Q(s,a) \leftarrow Q(s,a) + \alpha[r + \gamma \max_{a'} Q(s',a') - Q(s,a)]$$

其中，α 为学习速率；r 为奖励。

根据下一个状态 s' 中选取最大的动作价值 $Q(s',a')$ 乘以折扣系数 γ，使得奖励值最大化。Q learning 是一种基于值的强化学习算法，其目标是利用 Q 函数寻找最优的"动作-选择"策略。通过构建 Q 表，Q learning 算法帮助找到每个状态下的最佳动作，选择最有

可能获得最大期望奖励的动作。一开始，Q 表中的所有项都被设置为相同的任意初始值。但随着智能体不断尝试和对环境的探索，Q 表会逐渐提供更好的近似值，这意味着通过不断更新 Q 表，智能体可以逐步了解不同状态下的最佳行动选择策略，从而获得最大化预期奖励。

2. Actor-Critic 算法——基于策略和价值的"演员-评论家"算法

Actor-Critic（AC）算法由两个主要组件组成：演员（actor）和评论家（critic）。actor 基于策略梯度的思想，负责生成动作并与环境进行交互。critic 基于 Q learning 的思想，使用价值函数评估 actor 的表现，并为下一阶段的动作提供指导。

在该算法中，需要使用两组近似值。第一组是对策略函数的近似，即近似表示 actor 如何根据当前状态选择行动。这个近似值可以是一个参数化的函数，例如神经网络，它接收状态作为输入，并输出每个可能动作的概率分布。

$$\pi_\theta(s,a) = P(a|s,\theta) \approx \pi(a|s)$$

通过策略函数的近似值，actor 可以在每个状态下生成动作，并与环境进行交互。然后，actor 执行的每个动作都会生成一个奖励信号，以及新的状态。这些奖励和新状态被传递给 critic。

第二组是对价值函数的近似，分别近似状态值和动作价值函数。critic 使用 Q learning 的思想，可以通过价值函数来评估 actor 的表现。critic 的价值函数可以估计在给定状态下，actor 选择不同动作的长期累积奖励。价值函数通过比较 actor 生成的动作和 critic 估计的奖励，可以计算出一个误差信号，这个误差信号将被用来指导下一阶段 actor 的动作选择。

$$v(s,\omega) \approx v_\pi(s)$$
$$q(s,a,\omega) \approx q_\pi(s,a)$$

Actor-Critic 算法具体流程如下。

（1）使用来自 actor 网络的策略 π_θ 对 $\{s_t, a_t\}$ 进行采样。

（2）评估优势函数 A_t，将其称为"TD 误差"。在 Actor-Critic 算法中，优势函数由 critic 网络产生：$A_{\pi_\theta}(s_t, a_t) = r(s_t, a_t) + V_{\pi_\theta}(s_{t+1}) - V_{\pi_\theta}(s_t)$。

（3）使用以下表达式评估梯度：$\nabla J(\theta) \approx \sum_{t=0}^{T-1} \nabla_\theta \log(\pi_\theta(a_t|s_t)) A_{\pi_\theta}(s_t, a_t)$，$T$ 表示时间步长。

（4）更新策略参数 θ：$\theta = \theta + \alpha \nabla J(\theta)$。

（5）更新 critic 的 Q learning 策略的权重：$\omega = \omega + \alpha \delta_t$，$\delta_t$ 为优势函数。

（6）重复步骤（1）～（5），直到找到最佳策略 π_θ。

在整个训练过程中，actor 和 critic 相互协作。actor 根据策略函数生成动作，并与环境进行交互。critic 根据当前状态估计动作值，并通过更新价值函数来提供反馈。actor 使用回报计算策略函数的梯度，并更新策略函数，而 critic 使用更新的策略来更新价值函数的参数。通过不断迭代和更新策略函数和价值函数，Actor-Critic 算法可以逐步优化智能体的策略，并在与环境的交互中获得更高的回报。

2019 年，谷歌研究院的 Ryu 等[62]提出了一种连续动作 Q 学习（continuous action

Q-learning，CAQL) 算法，该算法通过使用混合整数规划来解决 max-Q 问题，在具有不同程度的动作约束的基准连续控制问题中表现优异。同期，宾夕法尼亚大学的 Fakoor 等[63]提出了一种用于元强化学习的非策略算法元 Q 学习 (meta-Q-learning，MQL)，通过访问过去轨迹的上下文变量，最大化训练任务的平均奖励并利用倾向估计的思想来回收元训练回放缓存区的过去数据，从而优化新任务的策略。2020 年，阿尔伯塔大学的 Lan 等[64]探讨了 Q 学习的高估偏差对学习效率的影响，并提出了一种新的 Q 学习算法——Maxmin Q 学习，该算法通过控制偏差参数来解决高估偏差问题并提供了无偏估计。2021 年，佛罗里达大学的 Lu 等[65]提出了一类新的凸 Q 学习算法，通过引入基于贝尔曼方程的凸松弛来解决将 Q 学习算法扩展到一般函数近似设置具有挑战性的问题，该算法在具有总成本准则的确定性非线性系统的线性函数近似情况下具有收敛性。同期，纽约大学的 Chen 等[66]介绍了一种无模型算法，即随机集成双 Q 学习 (randomized ensembled double Q learning，REDQ)，其与最先进的基于模型的算法相比性能相当甚至更好，需要的参数和运行时间都更少。2022 年，普林斯顿大学的 Yan 等[67]在异步 Q 学习中引入了悲观主义原理，提出了一种基于适当的置信下限的框架，惩罚不常访问的状态-动作对，提高了样本效率和近专家数据的适应性，与之前需要统一覆盖所有状态-动作对的理论形成了鲜明对比。

2019 年，上海交通大学的 Fan 等[68]提出了一种混合演员-评论家算法框架，该框架由多个并行的子演员网络组成，以将结构化的动作空间分解为更简单的动作空间，并引入一个批评者网络来指导所有子演员网络的训练，该框架可以扩展到具有层次结构的更通用的动作空间。2021 年，三峡大学的 Xi 等[69]提出了一种基于深度强化学习的三网络双延迟演员-评论家 (triple network dual latency AC，TDAC) 自动增益控制 (automatic gain control，AGC) 策略来解决可再生能源对电网的强随机扰动问题，该策略使用改进的 Actor-Critic 方法提高探索效率和质量，并使用一种新的值函数迭代方法来减少优化偏差，以实现电网的最优协调控制。2021 年，卡内基梅隆大学的 Wu 等[70]针对现有离线强化学习算法在从分布外 (out of distribution，OOD) 动作或状态进行引导时容易失败的问题，提出了一种不确定性加权 actor-critic (uncertainty weighted AC，UWAC) 算法，它可以检测 OOD 状态-动作对并相应地降低其在训练目标中的贡献。2022 年，微软研究院的 Cheng 等[71]提出了一种基于相对悲观主义概念的无模型离线强化学习算法——对抗性训练的演员-评论家 (adversarially trained actor critic，ATAC)，ATAC 作为离线强化学习 (reinforcement learning，RL) 的 Stackelberg 游戏框架，通过与一个经过对抗训练的价值评论家竞争，产生一个策略，该策略可被证明优于行为策略。

在实际应用中，网络舆情事件检测主要涉及两个问题：文本分类和情感分析。深度强化学习结合自然语言处理技术可以有效解决这两个问题。DRL 具有广泛的应用前景和深远的研究意义，尤其是在自动化、智能控制、机器人等领域，发挥着越来越重要的作用。

2.2.5 多智能体强化学习

前面已经系统学习了强化学习的基础概念、组成要素以及几种常见的算法，但都是从单智能体的角度进行考虑和设计的。在现实生活中，往往存在多个智能体参与的复杂情况。

每个智能体通过与环境进行交互来获取奖励，并学习改善自己的策略，这些智能体不仅希望优化自身的收益，还存在复杂的竞争或合作关系，它们的行为将对整体产生一定的影响。在这样的多智能体环境中，每个智能体都会面临以下两个问题。

（1）非平稳策略问题。由于其他智能体的行为也在不断变化，每个智能体的最优策略会随着时间发生变化。因此，每个智能体都需要不断适应和调整自己的策略，以应对其他智能体的变化。

（2）协调与合作问题。智能体之间的行为可能会相互影响。在某些情况下，智能体可以通过合作来实现更好的整体效果，而在其他情况下，它们可能会竞争或产生冲突。因此，智能体需要在竞争和合作之间找到平衡，以实现最佳的整体结果。

为了解决上述问题，需要使用多智能体强化学习算法。多智能体强化学习算法考虑了智能体之间的相互作用和影响，并通过设计合适的策略和学习方法来解决非平稳策略问题和协调与合作问题。多智能体强化学习（multi-agent reinforcement learning，MARL）是强化学习领域的一个分支，它涉及多个智能体在一个环境中进行协议学习，以达到共同的目标。与单个智能体强化学习不同，多智能体强化学习涉及各种挑战，例如不同智能体的目标可能不同，或智能体之间的互动可能导致非传递性的奖励信号引入问题。多智能体强化学习的基本原理与单个智能体强化学习相似，也涉及 Agent（智能体）、Environment（环境）和 Reward（奖励）。在 MARL 中，每个智能体都可以观察到自己的局部状态，但无法直接观察全局状态。智能体的目标是在与其他智能体和环境进行互动的同时最大化其自身的利益，这将导致一个博弈（游戏）的情况。MARL 中的各个智能体之间需要相互通信和合作，为此，在 MARL 中有两种主要的协作方法：独立学习和集中式学习。在独立学习中，每个智能体被视为单独的实体，并学习与其他代理的互动；而在集中式学习中，所有代理共享一个学习集中心，并在此基础上进行策略学习和协同决策，不同的协作方法适合不同的应用场景。

在多智能体强化学习中，环境通常是动态和复杂多变的。在这种环境中，一个智能体的策略改变可能会打破整体的平衡，从而影响其他智能体的策略。这涉及一种合作与竞争的博弈关系。我们的目标是希望所有智能体通过学习达到纳什均衡，从而实现整体的最优化。

在多智能体环境下，可以定义一个联合博弈，表示为 $(n, A_1, A_2, \cdots, A_i, \cdots, A_n, R_1, R_2, \cdots, R_i, \cdots, R_n)$。其中，$n$ 表示智能体的数量；A_i 表示第 i 个智能体的动作集合；$R_i : A_1 \times A_2 \times \cdots \times A_i \rightarrow R$ 表示第 i 个智能体的奖励函数。奖励函数表明每个智能体获得的奖励与多智能体的联合动作有关，即联合动作空间为 $A_1 \times A_2 \times \cdots \times A_i \times \cdots \times A_n$。实际上，每个智能体的策略都是关于其动作空间的概率分布，并且每个智能体的目标是最大化其获得的奖励值。

在这种情况下，可以定义值函数 $V_i(\pi_1, \pi_2, \cdots, \pi_i, \cdots, \pi_n)$ 来表示智能体 i 在联合策略 $(\pi_1, \pi_2, \cdots, \pi_i, \cdots, \pi_n)$ 下的期望奖励。值函数可以帮助智能体评估不同策略的优劣，并指导其学习过程。在这个博弈过程中，如果某一状态下的联合策略 $(\pi_1^*, \pi_2^*, \cdots, \pi_i^*, \cdots, \pi_n^*)$ 满足 $V_i(\pi_1^*, \pi_2^*, \cdots, \pi_i^*, \cdots, \pi_n^*) \geqslant V_i(\pi_1^*, \pi_2^*, \cdots, \pi_i, \cdots, \pi_n^*)$，$\pi_i \in \Pi_i$，$i \in 1, 2, \cdots, n$，则称此时达到了最优纳什均衡。通过学习算法，每个智能体可以通过与其他智能体的博弈和交互来不断调整自己的策略，最大化其值函数和获得更好的奖励。

在多智能体环境中，每个智能体都面临着相互作用和相互影响的复杂情况。智能体的策略选择会受到其他智能体策略选择的影响，因为它们的目标是最大化自己的获得奖励。为了达到整体的最优化，智能体需要通过学习来逐步调整自己的策略，以应对其他智能体的变化。通过不断迭代和学习，智能体可以逐渐接近纳什均衡点，实现整体最优化。

2019 年，韩国科学技术院的 Son 等[72]提出了一种新的因子分解方法 QTRAN，用于解决 MARL 任务，QTRAN 不受结构约束，覆盖更广泛的 MARL 任务类型。2018 年，伦敦 DeepMind 公司的 Iqbal 和 Sha[73]提出一种演员-评论家算法，用于多智能体环境中训练去中心化策略，具有共享注意力机制、适用于各种奖励设置和动作空间灵活等特点，能够在复杂的多智能体环境中实现更有效、可扩展的学习。2019 年，南安普顿大学的 Cui 等[74]提出了一种基于多智能体强化学习(MARL)框架，以实现长期回报最大化的目标，利用随机博弈建模环境中的动态和不确定性，并开发了独立执行决策算法但共享公共结构的方法。2020 年，清华大学的 Wang 等[75]提出了一个面向角色的多智能体(role oriented multi-agent，ROMA)框架，结合了角色概念和强化学习的灵活性，该框架通过引入正则化子和构建随机角色嵌入空间，可以涌现出专门的、动态的和可识别的角色。2021 年，韩国科学技术院的 Kim 等[76]提出了一种新的多智能体通信方案——意图共享(intention sharing，IS)，旨在增强智能体之间的协调，通过生成想象的轨迹和应用注意力机制来学习想象的轨迹组件的相对重要性，从而生成用于通信的意图消息。2022 年，弗吉尼亚大学的 Su 等[77]提出了一种基于多智能体建模的自适应学习框架，用于设计预防性维护(preventive maintenance，PM)策略，利用系统级生产损失的评估来构建奖励函数，采用基于价值分解的多智能体演员-评论家算法的自适应学习框架来获得最优 PM 策略。有学者提出了一种基于结构信息原理的角色发现(structural information principles-based role discovery，SIRD)方法，以及一个用于多智能体协作的 SIRD 优化 MARL 框架，即 SR-MRL，通过引入结构信息原理来提高合作场景下多智能体强化学习的性能。

在网络舆情事件检测中，多智能体强化学习可以探索不同智能体之间的竞争和合作，从而实现对推文和舆情的有效分析，为舆情事件检测提供更准确和细致的分析。尽管多智能体强化学习面临一些挑战，例如多智能体协作中的信任问题、策略过多问题等，但是随着技术和算法的不断发展，多智能体强化学习的有效性将在实践中被广泛验证。

2.3　优化技术

为了让网络舆情事件检测更加高效准确，人们不断地探索优化提升技术水平。目前，交叉熵损失、对偶学习、对比学习以及不均衡分布表征优化等都是网络舆情事件检测领域中比较流行的技术。

2.3.1　交叉熵损失

在网络舆情事件检测中，交叉熵损失是一种常用的优化方法。交叉熵损失在网络舆情事件检测中的应用非常广泛，尤其是在分类问题中经常使用，因为它计算简单、效果好，可以大大提高模型的分类准确率和稳定性。以图像分类为例，图像分类将交叉熵损失作为损失函数，可以使模型更加准确地对图像进行分类。在网络舆情事件检测中，交叉熵损失同样可以作为评估指标。交叉熵损失是指将分类问题转换为最小化目标函数的方式，对分类错误进行惩罚，从而提高模型的分类准确性。具体来说，交叉熵损失计算模型预测结果与真实标签之间的误差可以通过模型输出的概率分布和真实标签构成的向量计算得到。交叉熵损失函数的值越小，代表模型在训练集上的分类准确性越高。假设 y_i 是真实标签，p_i 是模型预测的标签概率，交叉熵损失函数可以定义为：$H_y(p) = -\frac{1}{n}\sum_{i=1}^{n} y_i \log p_i$。其中，$n$ 为样本数，此时 p_i 可以看作分类器对第 i 个样本的预测概率分布向量，表示该样本被预测为某个类别的概率，而 y_i 则是该样本真实的标签向量，其值为 1 表示该样本属于该标签，为 0 表示该样本不属于该标签。

　　近些年，随着信息论等相关技术的发展，交叉熵损失的研究也获得了新的进展。2019年，新加坡 Sea AI Lab 的 Pang 等[79]提出了一种名为最大马氏中心(max-Mahalanobis center, MMC)损失的新损失函数，旨在通过在特征空间中诱导具有高样本密度的区域来提高模型的鲁棒性。同期，德国卡尔斯鲁厄理工学院的 Martinez 和 Stiefelhagen[80]提出了一种新的Tamed 交叉熵(Tamed cross entropy, TCE)损失函数，与传统的交叉熵(cross entropy, CE)损失相比，TCE 损失在有噪声的场景中表现出更具有鲁棒性的训练特性。2020 年，美国乔治·华盛顿大学的 Li 等[81]提出了一种近似交叉熵损失函数的梯度,避免了消失梯度等问题,可以在不明确定义损失函数的情况下训练判别网络。同期，中国西北工业大学的 Li 等[82]提出了一种新的截断交叉熵损失，来缓解过拟合问题。2021 年，美国国立卫生研究院的Bruch[83]提出了一种基于交叉熵的学习排序损失函数，该函数是归一化折损累计增益(normalized discounted cumulative gain, NDCG)的凸界，在质量和鲁棒性方面都表现出更好的性能。同期，西北工业大学的 Dong 等[84]提出了一种指数加权的交叉熵损失函数，用于解决数据集中的类不平衡问题。2022 年，中国东北大学的 Diao 等[85]利用不确定性交叉熵损失引导网络直接输出每个像素的预测不确定性。同期，土耳其中东科技大学的 Polat 等[86]提出了一种新的损失函数——类距离加权交叉熵(class distance weighted cross-entropy, CDW-CE)，它考虑了类的顺序和距离，优于传统分类交叉熵和其他常用的损失函数。

　　在网络舆情事件检测中，交叉熵损失是一种常用的损失函数。交叉熵损失函数用于训练深度学习模型，深度学习模型可以根据文本内容的情感倾向性进行分类，以便快速有效地检测网络舆情。交叉熵损失的优点在于，它是一种非常稳定和可行的损失函数，能够提供一个较为合适的分类决策边界。此外，交叉熵损失还可以帮助模型更好地区分不同类别之间的差异，通常会将其最小化以提高模型的性能。

2.3.2　对偶学习

　　对偶学习是一种用于解决网络舆情事件检测等问题的新兴机器学习技术。对偶学习的基本原理是将原始问题转换为对偶问题，并在对偶空间中求解最优解。具体而言，对于给定的训练数据,将每个样本映射到高维特征空间,然后在特征空间中使用线性分类机构造一个判别函数。由于数据的高维性和复杂性,使用原始空间将会带来很大的计算负担,而使用对偶空间能够更好地处理这些数据。在对偶学习中,最优化问题的目标函数是对偶正确率函数,在对偶空间中,用核函数来代替内积,使高维特征映射可以通过低维向量的运算来实现。这样就可以在对偶空间中求解最优的分类器,从而达到在原始空间中进行分类的目的,并能够具有更好的泛化性能和计算效率。与传统机器学习方法相比,对偶学习具有更低的计算复杂度和更好的泛化能力。在网络舆情事件检测中,对偶学习可以帮助检测虚假信息、攻击性言论等,并对网络舆情进行实时监测和预测。

2018 年,微软亚洲研究院的 Xia 等[87]提出了一种新的学习框架——模型级对偶学习,从数据层面利用任务的对偶性来解决双重任务。2019 年,上海交通大学的 Cao 等[88]开发了一个具有对偶学习算法的语义解析框架,通过博弈迫使原始模型和对偶模型相互正则化,并利用逻辑形式结构的先验知识提出了一种新的奖励信号。同期,清华大学的 Liu 等[89]提出了一种跨模态对偶学习(cross-modal dual learning,CMDL)算法,采用双重学习机制学习句子和视频之间的双向映射。2020 年,上海交通大学的 Zhu 等[90]提出了一种新的半监督自然语言理解框架,该框架由对偶伪标记和对偶学习方法组成,使自然语言理解模型能够通过原始任务和对偶任务的闭环充分利用数据。同期,东京工业大学的 Saito 等[91]提出使用两个无偏估计器,一个用于 CVR 预测,另一个用于偏差估计,并设计了一种对偶学习算法,其中仅使用可观察的转换以交替方式训练 CVR 预测器和偏差估计器。2020 年,安徽大学的丛晓峰等[92]提出了一种基于对偶学习的对偶去雾网络,以解决光学成像设备在雾天搜集到的图像存在的降质问题,该网络采用对偶生成对抗网络学习有雾图像与无雾图像之间的双向映射,并采用预训练模型计算去雾图像与真实无雾图像的特征向量以保证去雾结果的质量。2022 年,同济大学的曾令贤[93]提出了一种基于对偶学习和密集连接的残差通道注意力模块的方法来改进超分辨率技术的性能,使用对偶学习引入超分辨图像下采样的子任务,减小解空间并进一步约束超分辨图像的生成过程。2023 年,西华大学的 Lyu 等[94]提出了一种基于对偶学习的正面舆论引导模型,在对偶学习的启发下,构建了舆论引导模型,并通过反馈信号评估引导是否成功。

对偶学习的优点主要有两点:一是相比于原始问题,对偶问题更容易进行求解,且计算速度更快;二是对偶学习算法具有更好的泛化能力,可以更好地适应新的数据点,提高模型的预测准确度。在网络舆情事件检测中,对偶学习可以帮助检测虚假信息、攻击性言论等,并提供实时的舆情分析和预测。对偶学习算法依赖于数据的选择和核函数的设计,不同的数据和核函数会对模型的性能产生影响。因此,在实际应用中,需要根据问题的特点进行选择和调优,才能使模型发挥最大的效果。

2.3.3 对比学习

网络舆情事件检测是一项重要的社会计算任务,其目的是通过分析互联网上的大量文本数据,挖掘潜在的事件和情感,并对其进行分类或聚类等任务。对于分类或聚类任务,一个常见的问题是如何有效地利用已有的标注数据来提高分类的精度和鲁棒性。对比学习正是解决这个问题的一种方法。对比学习的基本思想是将数据中的正负样本对进行比较,在训练中引入相似度和差异度的概念,从而学习一个具有"鉴别能力"的特征表达模型。对比学习是通过在不同样本之间进行比较来学习的,目标是最大化不同样本之间的差异,同时最小化相同样本之间的差异。方式是将一个正样本以及 k 个负样本进行对比学习,研究表明负样本数量 k 越多越好。也就是说,如果负样本数量较多,那么模型可以得到更为"严格"和"多样"的训练,从而获得更强的表达能力。在网络舆情事件检测中,正负样本对通常指的是情感、主题、关键词等特征相似或差别明显的文本对。对于正样本对,模型会让它们的特征表达尽可能相似;而对于负样本对,模型会尽量让它们的特征表达相差较大,以便更好地区分它们。对于一个数据集,对比学习的目标是学习一个特征空间,使得相似的样本在该空间中更加接近,而不相似的样本在该空间中相差更大。对比学习的具体方法有多种,其中最常见的是 Siamese 网络[95]和 Triplet 网络[96]。Siamese 网络一般包含两个相同的子网络,分别对正负样本提取特征表示,并将两个特征向量输入一个聚合模块中进行比较。Triplet 网络会同时利用三个样本,包括一个锚点样本、一个正样本和一个负样本,通过最大化锚点样本与正样本之间的相似度,最小化锚点样本与负样本之间的相似度,来训练一个具有鉴别能力的特征表示模型。

对比学习是一类重要的机器学习方法,是当前机器学习领域研究的热点之一。2019 年,加利福尼亚大学的 Fujiwara 等[97]引入了一种基于对比主成分分析(contrastive principle component analysis,cPCA)的增强方法,提取降维结果中聚类的基本特征并突出展示,提出的方法可以计算每个特征对聚类与聚类之间对比度的相对贡献,并创建交互式系统展示聚类特征的可扩展性和可视化。同期,阿姆斯特丹大学的 Kipf 等[98]提出了一种对比训练的结构化世界模型(contrastively-trained structured world model,C-SWM),利用对比学习在具有组成结构的环境中进行表征学习,从而在原始像素观测中发现对象。2020 年,Salesforce 研究院的 Li 等[99]提出了一种原型对比学习(prototypical contrastive learning,PCL)方法,利用原型作为潜在变量,隐式编码数据的语义结构到学习的嵌入空间中,该方法通过迭代的期望最大化步骤,利用对比学习优化网络。同期,谷歌研究院的 Chen 等[100]介绍了一个名为视觉表征对比学习框架(a simple framework for contrastive learning of visual representation,SimCLR)的简单框架,该框架用于视觉表征对比学习,简化了对比自监督学习算法。2021 年,香港中文大学的 Cui 等[101]提出了参数对比学习(parametric contrastive learning)来解决长尾识别问题,引入一组参数类可学习中心以从优化的角度进行再平衡,从而有利于硬示例学习。2022 年,普渡大学的 Wang 和 Qi[102]提出一个通用的基于更强增强的对比学习(contrastive learning with stronger augmentation,CLSA)框架,该框架利用表示库上弱增强图像和强增强图像之间的分布差异来监督从实例池中检索增强查询,以补充当前的对比学习方法。同期,纽约大学的 Yeh 等[103]提出了一种解耦对比学习(decoupling contrastive learning,DCL)损失,它从分母中去除了正项,显著提高了学习效率,并消除了信息噪声对比估计(information noise-contrastive estimation,InfoNCE)损失中存在的负正耦合(negative positive coupling,NPC)效应。

实际上,虽然对比学习也是近几年才被提出的,但其已被证实可以广泛应用于分类、分割、检测等各项任务中。对比学习后续研究的核心通常聚焦于两个方面:一是如何定义目标函数，比如三元组 (x, x^+, x^-) 的损失函数可以表示为 $l = \max(0, \beta + s(x, x^+) - s(x, x^-))$，即让正例对和负例对至少隔开 β 的距离；二是如何合理地构建正例和负例样本数量，并且选择对训练有价值、有一定挑战难度的 x^-。从理论上来讲，设计足够覆盖所有语义关系的正负对才能让学到的表示可以灵活应用于各种下游任务，并获得很好的表现。一般来说，经过对比学习训练得到的神经网络往往具有很强的表达能力，只需要少量的标签数据就可以获得非常优秀的性能，因此对比学习对一些较为苛刻的样本具有普适性。这一思想也为社交网络事件挖掘提供了很好的技术支撑。对比学习提供了一种有效的方法，可利用已有的标注数据来提高网络舆情事件检测任务的精度和效率。对比学习方法通过学习一种鉴别能力强的特征表示模型，有助于挖掘互联网上的大量文本数据，进一步探索其在社会计算领域的应用。对比学习在网络舆情事件检测中发挥着重要的作用，可以有效地学习到更具有判别能力的文本表示。在解决数据不平衡和相似度困难等问题上，对模型进行适当的改进和优化可以进一步提高对比学习在网络舆情事件检测中的性能，从而更好地满足复杂的网络舆情应用需求。

2.3.4 不均衡分布表征优化技术

在机器学习中，经常会碰到不均衡样本分布的问题，不均衡样本分布指的是在一个数据集上，不同类别的样本数量存在巨大的差异，如二分类任务中正例和负例数量差异巨大。在现实中，类别不平衡问题是很常见的，它通常是符合人们期望的。例如，欺诈交易识别中，欺诈交易只占全部交易的极少部分；客户流失的数据集中，大多数客户将继续享受服务，只有极少数客户会流失。这种情况下，如果直接采用传统的分类算法，可能会导致模型过于偏向出现频率较高的类别，而无法准确识别出现频率较低的类别。因此，在构建分类模型之前，需要采用一些不均衡分布表征优化技术来解决不平衡的问题。不均衡表征优化技术的原理是通过对数据预处理和模型训练过程进行优化，提高少数类别样本的权重或者增加其数量，从而使得模型对少数类别的样本更加关注，提高少数类别样本的识别率。具体来说，不均衡表征优化技术通常包含两个步骤：一是对数据集进行采样或者权重调整，以达到类别均衡的效果；二是在模型训练过程中，通过优化损失函数来加强对少数类别样本的关注度，从而提升模型对少数类别样本的表征能力。例如，利用重采样方法来处理数据集类别不平衡问题，重采样方法的核心思想是通过对数据集进行增加稀有类训练样本数的上采样和减少大类样本数的下采样使得类别分布更加平衡，从而提高分类器对少数类样本的识别率。

类别不平衡问题是机器学习领域的一个重要问题，已经引起了广泛的关注和研究。2019 年，南京邮电大学的 Xu 等[104]提出了一种基于密度的合成少数过采样技术，使用不同的过采样策略，合成更有效的样本。同期，美国康奈尔大学的 Bahadir 等[105]提出了一种基于学习的欠采样优化模式，通过对卷积神经网络架构进行修改，将其附加到编码器的欠采样过程中来进行前向模型的优化。2020 年，意大利拉奎拉大学的 Letteri 等[106]提出了一种生成轮廓重采样 1-最近邻过采样算法，旨在解决类别不平衡问题，该算法使用基于系数的实例选择轮廓来识别不平衡度的临界阈值，并使用过采样算法生成合成样本。同期，微软亚洲研究院的 Liu 等[107]介绍了一种新的集成不平衡学习框架，即元采样器（meta-sampler，MESA），该框架通过自适应地对训练集重新采样以获得多个分类器并形成级联集成模型，能够直接从数据中学习采样策略并优化指标。2022 年，不列颠哥伦比亚大学的 Li 等[108]提出了一种双层优化框架，该框架能够自动设计训练损失函数，以优化准确性和公平性，为不平衡和组敏感分类的应用场景提供了优势和性能。2021 年，北京交通大学的 Zhang 等[109]提出了一种新的欠采样算法——随机森林清理规则，它可以去除跨越给定的裕度阈值的大多数类实例，以去除跨越新分类边界的实例。2022 年，中国石油大学的 Dai 等[110]提出了一种多粒度重新标记欠采样算法，该算法考虑数据集在局部粒度子空间中的局部信息，并检测数据集中的局部潜在重叠实例。同期，河南师范大学的 Sun 等[111]提出了一种改进的自适应合成过采样模型，旨在构建由合成样本和原始样本组成的平衡决策系统。

不均衡分布是网络舆情事件检测中的常见问题，比如类别分布不均。为此，需要使用不均衡分布表征优化技术来解决这个问题。不均衡分布表征优化技术旨在处理数据不平衡的问题，可以有效地处理不均衡的数据样本，提高模型的识别精度。不均衡表征优化技术可以针对少数类别进行优化，加强这一类别的识别准确度。使用不均衡表征优化技术可以保留数据的代表性，不会对数据进行过度处理而失去数据原有的信息。同时，使用不均衡表征优化技术可以有效提高算法的泛化能力，避免出现针对少数类别的过拟合等问题。针对不均衡分布问题，需要根据实际情况选择合适的技术，避免在应用过程中过度改变数据分布。另外，在实现过程中需要结合具体场景选择合适的方法进行模型的综合评估和优化测试，以提高网络舆情事件检测的准确性和效率。

2.4　本　章　小　结

如何从海量互联网社交数据中了解和掌握公众对某一事件的态度、情感和关注度已经成为学术界和产业界亟待解决的关键性问题。追根溯源，要想突破这些关键性问题，需要从相关背景技术入手。该项工作涉及的技术包括数据建模、基础模型、优化技术。

（1）如何有效地表示数据是网络舆情事件检测技术中的关键问题。数据建模技术的核心任务是将原始的、海量的、异构的网络舆情数据转换为机器可处理、可利用的数据表示形式。数据建模技术包括异构信息网络建模、多关系图建模。

（2）异构信息网络建模是一种由多种类型节点和关系组成的异构网络技术。异构信息网络可以包含不同种类的节点和边，每个节点可能具有不同的属性和类型，连接节点的边也有不同的类型和权重。

（3）多关系图建模用于描述多个实体之间的复杂关系。在多关系图中，节点代表实体，边代表实体之间的关系。多关系图建模可以捕捉实体之间的多个互相关联的属性或关系，以提高数据建模的精度和可解释性。

（4）基础模型方面，需要根据实际的应用场景选择合适的模型，并进行必要的结构优化。

（5）图神经网络方法通过考虑实体之间的关系，可以更准确地分析和预测事件的演化趋势。图神经网络方法的核心思想是利用神经网络设计逐节点的特征提取模块，将节点嵌入一个低维的向量空间，并在该空间中学习表示，实现对节点的分类和预测等。

(6) 聚类技术可以将数据集中的文本按照相似度进行分组，从而帮助人们快速发现有关舆情事件的信息。流式聚类技术可以在数据流中进行实时聚类，帮助人们及时发现重要事件的变化趋势。聚类技术较为常见的方法有层次聚类、k 均值聚类、基于密度的噪声应用空间聚类(DBSCAN)。

(7) 优化技术通常用于提高模型性能、减少过拟合、提升模型训练速度等。综合考虑模型的结构和数据的特点，在提升模型训练速度、提高模型的准确性和通用性等方面进行有针对性的设计和改进。

第 3 章　事件建模与表示

随着互联网的普及和社交媒体的兴起，网络舆情已经成为影响社会稳定和公共安全的一项重要指标。对于政府、企业、媒体、个人等各种组织和个体来说，了解社会舆论的态势和趋势，掌握巨大的数据流，已经成为必要的能力。然而，随着网络信息的急剧增长和多样化，我们也面临着处理海量数据和信息的难题，因此舆情的检测和分析技术就变得尤为重要。传统的基于规则和特征工程的方法已经无法胜任如此庞大的数据处理任务。因此，表示学习作为一种能够自动从大量的原始数据中学习有效的、抽象的特征的方法，已经成为舆情检测和分析领域的前沿技术。表示学习是机器学习领域中的一个重要分支，通过让机器自动学习数据中的特征来完成任务。表示学习最初被应用于自然语言处理领域中，用于将单词或短语的原始表示转换为稠密低维度的向量表示，这些向量可以反映单词或短语在语义和语法上的相似度。在舆情检测领域中，表示学习也已经被广泛应用，它提高了分析效果和准确率，并且有着更广阔的应用前景。

表示学习有多种方法，本章主要介绍社交注意力图学习的社会事件表示学习、异构图卷积的社会事件表示学习、增强多关系图学习的社会事件表示学习、证据性图学习的社会事件表示学习、质量自感知图学习的社会事件表示学习。社交注意力图学习能够捕获社交网络特征；异构图卷积适应性强，能够处理异质网络；增强多关系图学习能够处理多种关系信息；证据性图学习能够提供可解释性结果，进行可靠决策；质量自感知图学习能够处理数据质量问题。接下来将分别介绍以上几种方法，以便深入了解处理大量复杂事件数据的流程以及这些数据背后的动态和复杂的社会关系。

3.1　图神经网络简述

2.2.1 小节介绍了图神经网络(GNN)的大致发展历程，在本节，我们具体学习 GNN 基础框架的设计和运作过程，为后续学习打下基础。GNN 是一种直接应用于图结构的神经网络，节点分类是其中一个典型的应用。在图中，每个节点都与一个标签相关联，而目标是预测未标记节点的标签。相较于传统的卷积神经网络(CNN)，GNN 处理的数据是非欧几里得数据，因为每个节点的邻居节点个数可能不同，而不是像素点一样排列整齐成矩阵形式。在 GNN 中，每个节点都具备节点特征和结构特征。节点特征是指节点自身的特征，可以理解为节点的属性或者信息，体现在节点上。结构特征是指点与其他节点之间的联系或者关系，体现在图的边上。GNN 的目标是学习得到每个节点的 d 维向量表征，通常表示为 h_v：

$$h_v = f(x_v, x_{\text{CO}[v]}, h_{\text{ne}[v]}, x_{\text{ne}[v]}) \tag{3.1}$$

式中，h_v 为节点 v 的向量化表示，它可以用来预测该节点的输出 o_v，例如节点的标签，h_v 通过节点 v 的特征表示 x_v 经过局部转移函数 $f(\cdot)$ 计算得到；局部转移函数 $f(\cdot)$ 被所有节点共享，并根据输入的邻域信息更新节点的状态；x_v 为节点 v 的特征表示，它包含了节点自身的属性或者信息；$x_{\text{CO}[v]}$ 为节点 v 上边的特征表示，表示了该节点的边的属性或者信息，这个特征可以捕捉节点与其他节点之间的联系；$h_{\text{ne}[v]}$ 为节点 v 的状态，表示节点 v 更新后的向量化表示；$x_{\text{ne}[v]}$ 为节点 v 周围节点的特征表示，它包含了节点 v 的邻居节点的属性或者信息。

$$o_v = g(h_v, x_v) \tag{3.2}$$

其中，$g(\cdot)$ 为"局部输出函数"，它用于生成节点的输出。式(3.2)是一个针对每个节点的函数，它将节点的向量化表示 h_v 作为输入，并生成节点的输出 o_v。式(3.2)推广形式为

$$H = F(H, X) \tag{3.3}$$

$$O = G(H, X_N) \tag{3.4}$$

其中，H、O、X 分别为式(3.2)中 h_v、o_v、x_v 的推广形式，X_N 为 X 的全局输出形式。式(3.3) 和式(3.4)代表图中的所有对象的堆叠形式。巴拿赫的不动点理论在 GNN 中的应用提供了关于状态迭代计算的理论基础。具体来说，在巴拿赫的不动点理论中，GNN 的状态更新可以通过迭代计算来实现。

$$H^{t+1} = F(H^t, X) \tag{3.5}$$

其中，H^t 为 H 在 t 时刻的状态，H^0 为其动态方程的初始状态。对于 GNN 网络来说，其训练过程就是学习函数 $f(\cdot)$ 和 $g(\cdot)$，t_i 代表一个有监督的节点。GNN 网络优化过程为

$$\text{loss} = \sum_{i=1}^{p}(t_i - o_i) \tag{3.6}$$

在原始的 GNN 中，模型的输入信息包含有监督的节点信息和无向边，但随着相关研究的不断推进，诸多类型变种层出不穷。根据不同的聚合方式、节点更新传播方式，现将有关 GNN 的不同变体进行总结，如表 3.1 所示。

表 3.1   GNN 各个变体总结

名称	变体	聚合函数	传播方式
谱域方法	ChebNet	$N_k = T_k(\tilde{L})X$ ①	$H = \sum_{k=0}^{K} N_k \Theta_k$ ②
	一阶模型	$N_0 = X, N_1 = D^{-\frac{1}{2}}AD^{-\frac{1}{2}}X$ ③	$H = N_0\Theta_0 + N_1\Theta_1$
	单参数	$N = (I_N + D^{-\frac{1}{2}}AD^{-\frac{1}{2}})X$ ④	$H = N\Theta$
	GCN	$N = \tilde{D}^{-\frac{1}{2}}\tilde{A}\tilde{D}^{-\frac{1}{2}}X$	$H = N\Theta$
非谱域方法	DCNN	$N = P \times X$ ⑤	$H = f(W^c \odot N)$ ⑥
	GraphSAGE	$h_{N_v}^t = \text{AGGREGATE}_t(\{h_u^{t-1}, u \in N_v\})$ ⑦	$h_v^t = \sigma(W^t \cdot [h_v^{t-1} \| h_{N_v}^t])$ ⑧

续表

名称	变体	聚合函数	传播方式
图注意力网络	GAT	$a_{vk} = \dfrac{\exp(\mathrm{LeakyReLU}(a^{\mathrm{T}}[Wh_v \,\|\, Wh_k]))}{\sum_{j \in N_v} \exp(\mathrm{LeakyReLU}(a^{\mathrm{T}}[Wh_v \,\|\, Wh_j]))}$ ⑨ $h^t_{N_v} = \sigma\left(\sum_{k \in N_v} a_{vk} Wh_k\right)$ 多头连接：$h^t_{N_v} = \sigma\left(\sum_{k \in N_v} a_{vk}{}^m W^m h_k\right)$ 多头平均：$h^t_{N_v} = \sigma\left(\dfrac{1}{M}\sum_{m=1}^{M}\sum_{k \in N_v} a_{vk}{}^m W^m h_k\right)$	$h^t_v = h^t_{N_v}$ ⑧
门控图神经网络	GGNN	$h^t_{N_v} = \sum_{k \in N_v} h^{t-1}_k + b$ ⑪	$z^t_v = \sigma(W^z h^t_{N_v} + U^z h^{t-1}_v)$ ⑫ $r^t_v = \sigma(W^f h^t_{N_v} + U^f h^{t-1}_v)$ ⑬ $\overline{h}^t_v = \tanh(Wh^t_{N_v} + U(r^t_v \odot h^{t-1}_{N_v}))$ $h^t_v = \left(1 - z^t_v\right) \odot h^{t-1}_v + z^t_v \odot \overline{h}^t_v$

注：① T_k 为切比雪夫多项式，$\tilde{L}$ 为拉普拉斯矩阵，X 为输入向量；

② Θ_k 为系数向量，N_k 为节点聚合结果；

③ A 为图的邻接矩阵，D 为对角矩阵；

④ I_N 为单位矩阵；

⑤ P 为随机游走概率矩阵；

⑥ W^c 为卷积核，f 为卷积运算，$\odot$ 为逐元素异或；

⑦ $h^t_{N_v}$ 为节点 v 所有邻居节点在第 t 层的局部表示，$\mathrm{AGGREGATE}_t$ 为第 t 层聚合函数；

⑧ W^t 为第 t 层权重矩阵；

⑨ a_{vk} 为注意力权重，LeakyReLU 为激活函数，h 为节点特征；

⑩ h^t_v 为第 t 层第 v 个节点特征；

⑪ h^{t-1}_k 为第 h^{t-1} 步第 k 个节点初始向量，b 为偏置；

⑫ z^t_v 为更新门，W^z、U^z 均为权重矩阵；

⑬ r^t_v 为复位门。

3.2　基于 GNN 的事件检测算法

先给出基于 GNN 最通用的事件检测算法构建形式，然后针对各类具有不同信息处理方式的图神经网络变种[如图卷积网络（GCN）、图注意力网络（GAT）等]进行讲解。GNN 是一种用于处理图结构数据的神经网络，其中通过考虑节点特征、边特征、邻居表示以及邻居节点特征等来学习每个节点的嵌入向量表示，这种嵌入向量表示利用节点的图位置关系、节点之间的相似性关系以及交互关系等进行高维空间的语义封装。一旦获得向量表示，就可以根据这些结果完成特定的任务。

前面定义了异构信息网络（HIN），可利用 GNN 来提取社交网络图数据的网元信息，包括各类节点和连接边。异构信息网络中的这些节点可以代表社交用户、社会消息、事件或故事等各种可能的实体节点。图表示为 $G = (N, E)$，其中 N 表示一系列节点，E 表示一组边，这些边代表了社交网络中不同节点之间的关系。

  GNN 通过传播模块和聚合模块来完成社交网络的嵌入过程，如图 3.1 所示。传播模块用于传播节点的信息，并更新节点的嵌入表示。聚合模块用于聚合邻居节点的信息，从而获取更全局的上下文信息。

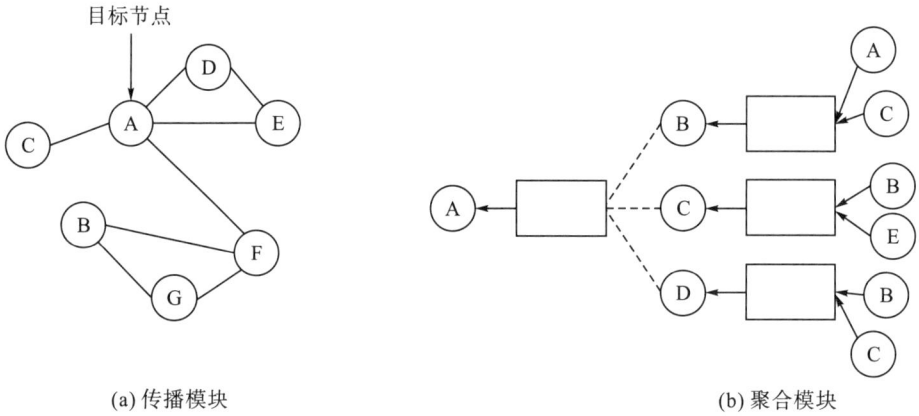

(a) 传播模块   (b) 聚合模块

图 3.1 GNN 嵌入过程

  可以将这种 GNN 的构建形式应用于事件检测等特定任务，从而在社交数据中学习到有关事件的信息。

  在传播模块中，信息在节点之间传递并更新节点状态，该过程包括聚合和更新过程。聚合的目的是将周围节点的信息进行聚合，并学习新的嵌入表示。更新过程是模型不断迭代的过程，目的是进一步改进节点的表示。GNN 最终输出的节点表征将作为社交数据的特征表达传递给聚类算法作为输入。在聚类算法中，根据节点的特征情况，将具有相同或相似类型的事件节点进行聚合。这样可以获得每个事件的类别分布信息，从而实现事件的分类。

3.3 社交注意力图学习的社会事件表示学习

  社交注意力图学习可以作为一种有效的社会事件表示学习方法，它能够捕捉社交网络中节点间的复杂关系和不同类型信息。本节介绍另外两种经典网络模型，分别是图注意力网络 (GAT)[112]和元路径聚合图神经网络 (metapath aggregated graph neural network，MAGNN)[113]。GAT 引入自注意力机制，通过学习每个节点与其他节点之间的关系权重，并根据这些权重对节点特征进行聚合，用于类别概率和不确定性概率分布建模。MAGNN 通过使用注意力机制进行元路径内聚合和元路径间聚合，然后将多个元路径获得的潜在向量融合到最终的节点嵌入中。

3.3.1 图注意力网络

GAT 网络通过关注其邻居节点，使用注意力机制，计算图中每个节点的隐藏表示。

假设一个图的图注意力层输入是一组节点特征，共包含 N 个节点，每个节点的特征向量为 h_i，维度为 F（即每个节点的特征数量），则该组节点特征表示为 $h = \{h_1, h_2, \cdots, h_N\}$，$h_i \in R^F$。对节点特征向量 h 进行线性变换，可以得到一组新的特征向量 h_i'，每个节点的特征数量为 F'，作为该层的输出。然后对每个节点使用注意力机制，计算邻居节点 j 对节点 i 的重要性，即注意力系数

$$e_{ij} = a(Wh_i, Wh_j) \tag{3.7}$$

其中，$a(\cdot)$ 为注意力机制；e_{ij} 为节点 j 的特征对节点 i 的重要性；W 为权重矩阵。为了使系数在不同节点之间易于比较，使用 softmax 函数在 j 的所有选择中对它们进行归一化处理，如式(3.8)所示，该过程如图 3.2 所示。

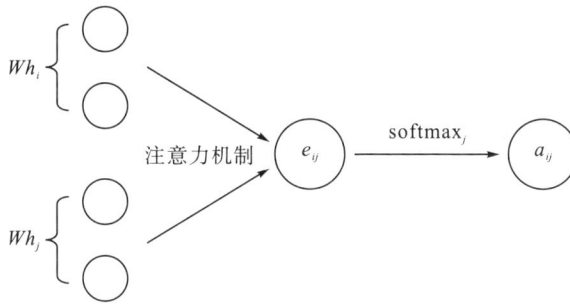

图 3.2 注意力机制

$$\alpha_{ij} = \text{softmax}_j\left(e_{ij}\right) = \frac{\exp(e_{ij})}{\sum\limits_{k \in \mathcal{N}_i} e_{ik}} \tag{3.8}$$

其中，$\mathcal{N}_i$ 为图中节点 i 的邻居。注意力机制 $a(\cdot)$ 是一种单层前馈神经网络，GAT 具体的做法是，把节点 i 和 j 的特征向量 h_i' 和 h_j' 拼接在一起，然后和一个权重向量 $b \in R^{2F'}$ 计算内积，并采用 LeakyReLU 激活函数。完全展开后，注意力机制计算的系数可以表示为

$$\alpha_{ij} = \frac{\exp(\text{LeakyReLU}(B^{\mathrm{T}}[Wh_i \| Wh_j]))}{\sum\limits_{k \in \mathcal{N}_i} \exp(\text{LeakyReLU}(B^{\mathrm{T}}[Wh_i \| Wh_k]))} \tag{3.9}$$

其中，$\|$ 为拼接操作。得到归一化的注意力系数，就可以计算与之对应的特征的线性组合，作为每个节点的最后输出特征。经过注意力机制后，节点 i 的特征向量如下：

$$h_i' = \sigma\left(\sum_{j \in \mathcal{N}_i} \alpha_{ij} Wh_j\right) \tag{3.10}$$

其中，$\sigma(\cdot)$ 为非线性函数。GAT 也可以采用多头注意力机制，若有 K 个注意力机制，则需要把它们生成的向量拼接在一起，如图 3.3 所示，得到如式(3.11)输出的特征表示。

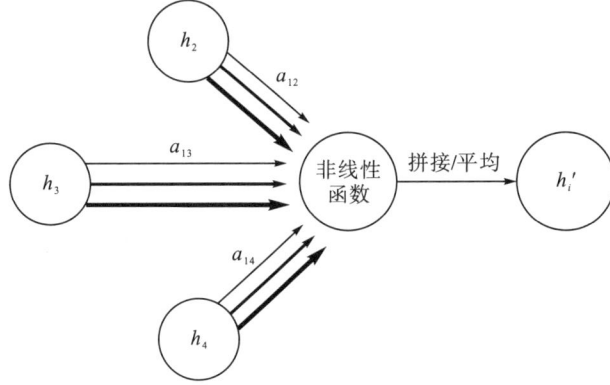

图 3.3　多头注意力拼接示意图

不同粗细箭头代表不同的注意力机制

$$h_i' = \|_{k=1}^{K} \sigma\left(\sum_{j \in \mathcal{N}_i} a_{ij}^k W^k h_j\right) \tag{3.11}$$

其中，a_{ij}^k 为第 k 个注意力机制得到的归一化注意力系数；W^k 为对应的权重矩阵。若在网络的最后一层（预测层）上执行多头注意力，则 k 个注意力机制的输出不进行拼接，而是求平均：

$$h_i' = \sigma\left(\frac{1}{K}\sum_{k=1}^{K}\sum_{j \in \mathcal{N}_i} a_{ij}^k W^k h_j\right) \tag{3.12}$$

采用注意力机制，可以为不同的邻居节点分配不同的权重。

3.3.2　元路径聚合图神经网络

MAGNN 共有 3 个模块，分别为节点内容转换模块、元路径内聚合模块和元路径间聚合模块。下面分别介绍这 3 个模块以便学习。

由于不同类型节点的属性特征维度可能不同，若特征维度相同，特征向量也并非存在于同一个特征空间。因此，节点内容转换模块的作用是将不同类型的节点特征映射到同一维度的向量空间中，以便于在 MAGNN 中进行下一步处理。节点内容转换模块需要使用特定类型的线性变换对每种类型的节点进行转换。对于每个属于类型 A 的节点 v，有

$$h_v' = W_A \cdot x_v^A \tag{3.13}$$

其中，x_v 为原始特征向量；h_v' 为节点 v 的投影潜在向量；W_A 为 A 类型节点的权重矩阵。该操作使得所有节点的投影特征具有相同的维度，方便后续模型组件的聚合。

由于元路径的内部节点含有可利用的信息，MAGNN 引入了元路径内聚合模块，使得节点嵌入包含某种元路径的结构和语义信息。给定一个元路径 P，设 $P(v,u)$ 是连接目标节点 v 和邻居节点 u 的一条元路径，将 $P(v,u)$ 的中间节点定义为 $\{m^{P(v,u)}\} = P(v,u)\setminus\{u,v\}$。在元路径内聚合中，使用一种元路径编码器将所有节点特征沿着元路径实例转换为单个向量。

$$h_{P(v,u)} = f_\theta(v,u) = f_\theta(h_v', h_u', \{h_t', t \in \{m^{P(v,u)}\}\}) \tag{3.14}$$

将元路径编码后，采用图注意力层对与目标节点 v 相关的元路径进行加权求和，并且需要为每个元路径学习一个归一化的重要性权重 α_{vu}^P，对所有元路径进行加权求和来建模。

$$e_{vu}^P = \text{LeakyReLU}(a_P^{\mathrm{T}} \cdot [h_v' \| h_{P(v,u)}]) \tag{3.15}$$

$$a_{vu}^P = \frac{\exp(e_{vu}^P)}{\sum_{s \in N_v^P} e_{vs}^P}$$

$$h_v^P = \sigma\left(\sum_{u \in N_v^P} a_{vu}^P \cdot h_{P(v,u)}\right)$$

其中，a_P 为元路径 P 的注意力向量；$\|$ 为拼接运算；e_{vu}^P 为元路径 P 对节点 v 的重要性，获得重要性权重 a_{vu}^P 后，对关于节点 v 的所有元路径进行加权求和，最后通过激活函数 $\sigma(\cdot)$ 输出。

与 GAT 网络一样，注意力机制可以扩展到多头，可用来减少方差。

$$h_v^P = \|_{k=1}^K \sigma\left(\sum_{u \in N_v^P} [a_{vu}^P]_k \cdot h_{P(v,u)}\right) \tag{3.16}$$

其中，$[a_{vu}^P]_k$ 为第 k 个注意头处的元路径 P 对节点 v 的重要性。给定一个投影特征向量和元路径集合 $\{P_1, \cdots, P_M\}$，最终元路径内聚合生成目标节点 v 的 M 个元路径特定向量表示 $\{h_v^{P_1}, h_v^{P_2}, \cdots, h_v^{P_M}\}$。

由于每个节点在不同元路径下的信息不同，并且不同元路径在异构图中的重要性不同，为此，元路径间聚合的目的是生成具有丰富结构和语义信息的节点表示。

通过平均所有节点 $v \in \mathcal{V}_A$ 变换后的元路径特定节点向量来总结每个元路径 P_i：

$$sP_i = \frac{1}{|\mathcal{V}_A|}\sum_{v \in \mathcal{V}_A}\tanh(M_A \cdot h_v^{P_i} + b_A) \tag{3.17}$$

其中，M_A 和 b_A 为可学习参数。然后用注意力机制将节点 v 的元路径生成的特定节点向量融合：

$$eP_i = q_A^{\mathrm{T}} \cdot sP_i \tag{3.18}$$

$$\beta P_i = \frac{\exp(eP_i)}{\sum_{P \in \{P_1, \cdots, P_M\}} \exp(ep)}$$

$$h_v^{\{P_1, \cdots, P_M\}} = \sum_{P \in \{P_1, \cdots, P_M\}} \beta P \cdot h_v^P$$

其中，q_A 为 A 类型节点的参数化注意力向量；βP_i 为元路径 P_i 对 A 类型节点的重要性。最后，使用线性变换和非线性函数映射到向量空间：

$$h_v = \sigma(W_o \cdot h_v^{\{P_1, \cdots, P_M\}}) \tag{3.19}$$

其中，$\sigma(\cdot)$ 为激活函数；W_o 为权矩阵。

3.4　异构图卷积的社会事件表示学习

本节主要介绍两种主流的异构图卷积网络模型，分别为异构图注意力网络[114]

(heterogeneous graph attention network，HAN) 和图变换网络[115](graph transformer network，GTN)。HAN 通过引入注意力机制来学习每个节点在不同性质上的重要性，从而更好地捕捉异构图复杂的结构信息和丰富的语义信息。GTN 通过图自注意力层，将异构图转换为由元路径定义的多个新图，并在这些新图上进行卷积操作以获取更有效的节点表示。

3.4.1 异构图注意力网络

HAN 是一种半监督模型，通过节点级注意力和语义级注意力得到节点的最优加权组合。为了处理节点的异构性，需要将不同类型节点的特征映射到相同的特征空间中，过程如式 (3.20) 所示。

$$h_i' = M_{\phi_i} \cdot h_i \tag{3.20}$$

其中，h_i 为节点 i 的原始特征向量；h_i' 为节点 i 映射变换后的特征向量；ϕ_i 为节点类型，并且每个类型都有相应的变换矩阵 M_{ϕ_i}。使用自注意力机制学习不同类型节点的权重，即节点 j 对节点 i 的重要性为

$$e_{ij}^{\Omega} = \text{att}_{\text{node}}(h_i', h_j', \Omega) \tag{3.21}$$

其中，Ω 为元路径 (meat-path)[116]；att_{node} 为实现节点级别注意力的深度神经网络，对于相同元路径，att_{node} 是相同的，但是由于异构网络的不对称性，e_{ij}^{Ω} 和 e_{ji}^{Ω} 是不同的。然后通过使用 softmax 函数计算节点权重，对于节点 i 来说，需要计算出基于该元路径 Ω 的邻居节点 $j \in N_i^{\Omega}$ 的权重，以便在节点级别上进行聚合：

$$a_{ij}^{\Omega} = \text{softmax}_j \left(e_{ij}^{\Omega} \right) = \frac{\exp(\sigma(a_{\Omega}^{\text{T}} \cdot [h_i' \| h_j']))}{\sum\limits_{k \in N_i^{\Omega}} \exp(\sigma(a_{\Omega}^{\text{T}} \cdot [h_i' \| h_k']))} \tag{3.22}$$

其中，σ 为激活函数；$\|$ 为连接操作；a_{Ω} 为元路径 Ω 上的节点级别的注意力向量；N_i^{Ω} 为该元路径上所有 i 的邻居节点，可以看出 a_{ij}^{Ω} 也是非对称的。通过计算 N_i^{Ω} 中所有节点的权重并进行聚合，可以获得节点 i 在该元路径上的特征嵌入：

$$z_i^{\Omega} = \sigma \left(\sum_{j \in N_i^{\Omega}} a_{ij}^{\Omega} \cdot h_j' \right) \tag{3.23}$$

由于异构图的性质，图数据的方差很大，而多头注意力可以稳定异构图的训练，所以需要把节点级别的注意力再扩展到多头注意力，通过将节点级别的注意力计算重复 K 次并连接起来形成最终嵌入：

$$z_i^{\Omega} = \|_{k=1}^{K} \sigma \left(\sum_{j \in N_i^{\Omega}} a_{ij}^{\Omega} \cdot h_j' \right) \tag{3.24}$$

如果给定 P 个元路径 $\{\Omega_1, \Omega_2, \cdots, \Omega_P\}$，最终会得到 P 组节点嵌入 $\{Z_{\Omega_1}, Z_{\Omega_2}, \cdots, Z_{\Omega_P}\}$。节点级和语义级聚合过程如图 3.4 所示。

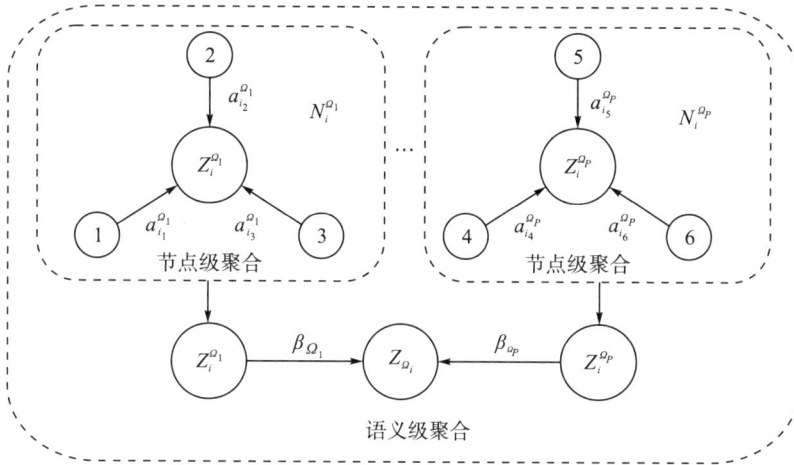

图 3.4　节点级和语义级聚合过程示意图

为了学习更全面的节点嵌入，使用语义级别的注意力机制来融合更多的元路径信息，以此学习不同元路径的重要性。语义级别的注意力机制也是通过深度神经网络实现的，将其记为 att_{sem}。

$$\left(\beta_{\Omega_1},\beta_{\Omega_2},\cdots,\beta_{\Omega_P}\right)=\text{att}_{\text{sem}}(Z_{\Omega_1},Z_{\Omega_2},\cdots,Z_{\Omega_P}) \tag{3.25}$$

其中，β_{Ω_i} 为元路径 Ω_i 的权重；Z_{Ω_i} 为全部节点基于元路径 Ω_i 的节点嵌入。要计算每个元路径的重要性，通过语义级别的注意力机制实现。

$$w_{\Omega_i}=\frac{1}{|\mathcal{V}|}\sum_{i\in\mathcal{V}}q^{\text{T}}\cdot\tanh(W\cdot z_i^{\Omega_i}+b) \tag{3.26}$$

其中，对于元路径 Ω_i，将每个计算出嵌入 Z_{Ω_i} 的节点进行一个非线性转换，并使用语义级别的注意力向量 q 进行加权，最终求出所有节点的平均值作为该元路径的重要性，W、q、b 都为参数，所有的元路径都共享上面的参数。将重要性通过 softmax 函数进行正则化，获得每个元路径 i 的权重：

$$\beta_{\Omega_i}=\frac{\exp(w_{\Omega_i})}{\sum_{i=1}^{P}\exp(w_{\Omega_i})} \tag{3.27}$$

其中，β_{Ω_i} 为元路径 Ω_i 的权重；w_{Ω_i} 为元路径 Ω_i 的重要性；P 为元路径的数量。最终将得到的元路径权重作为系数与节点级嵌入做加权和，得到最终的整个异构图每个节点的整体嵌入：

$$Z=\sum_{p=1}^{P}\beta_{\Omega_p}\cdot Z_{\Omega_p} \tag{3.28}$$

得到最终嵌入后，就可以根据不同的任务去确定不同的损失函数，例如在半监督节点分类任务中使用交叉熵作为损失函数：

$$L=-\sum_{l\in\mathcal{F}_L}Y^l\ln(C\cdot Z^l) \tag{3.29}$$

其中，C 为分类任务的参数；Z^l 为有标签节点的最终嵌入；$\mathcal{F}_L$ 为有标签节点的索引集合；Y^l 为有标签节点的标签。

3.4.2　图变换网络

GTN 的目标是生成新的图结构，并同时学习所学图上的节点表示。在 Graph Transformer (GT) 层中，元路径的生成涉及两个组件。首先，在 GT 层中，通过对候选邻接矩阵 $\mathbb{A}$ 进行软选择，得到两个图结构 Q_1 和 Q_2，表示为两个邻接矩阵。之后，在生成两个图结构 Q_1 和 Q_2 之后，GTN 利用这两个结构之间的关系进行组合，通过两个邻接矩阵 Q_1 和 Q_2 的矩阵乘法来学习新的图结构。GTN 通过 1×1 的卷积计算获取候选邻接矩阵的加权和，如式 (3.30) 所示。

$$Q = F\left(\mathbb{A}; W_{\Psi}\right) = \Psi\left(\mathbb{A}; \text{softmax}(W_{\Psi})\right) \tag{3.30}$$

其中，Ψ 为卷积层；W_{Ψ} 为 Ψ 的参数。在生成元路径邻接矩阵时为了数值稳定，使用度矩阵来对其进行正则化处理，即 $A^{(l)} = D^{-1}Q_1Q_2$。对于任意长度 l 的元路径，可以通过计算 l 次邻接矩阵乘法来得到邻接矩阵，如式 (3.31) 所示。

$$A_P = \left(\sum_{t_1 \in T^e} \alpha_{t_1}^{(1)} A_{t_1}\right)\left(\sum_{t_2 \in T^e} \alpha_{t_2}^{(2)} A_{t_2}\right)...\left(\sum_{t_l \in T^e} \alpha_{t_l}^{(l)} A_{t_l}\right) \tag{3.31}$$

其中，$\alpha_{t_l}^{(l)}$ 为第 l 个 GT 层中边类型为 t_l 对应的权重；T^e 为边的类型；A_P 为所有长度为 l 的元路径邻接矩阵的加权和，因此堆叠 l 个 GT 层能够学习任意长度为 l 的元路径结构。但是，当添加 GT 层时，会增加元路径的长度，原始边可能被忽略，同时长元路径和短元路径都是很重要的。为了解决这个问题，GTN 通过在候选邻接矩阵中添加单位矩阵，允许模型学习任意长度的元路径[117]。

与普通的卷积类似，GTN 使用多个卷积核来同时考虑多种类型的元路径，然后生成一组元路径集，中间邻接矩阵 Q_1 和 Q_2 变成邻接张量 $\mathbb{Q}_1$ 和 $\mathbb{Q}_2$。事实证明，使用多个不同的图结构学习不同的节点表示是有益的。在堆叠 l 层之后，将 GCN 应用于元路径张量 $\mathbb{A}^{(l)}$ 的每个通道，将多个节点表示进行拼接得到最终的节点表示，如式 (3.32) 所示。

$$Z = \|_{i=1}^{C} \sigma(\tilde{D}_i^{-1}\tilde{A}_i^{(l)}XW) \tag{3.32}$$

其中，$\|$ 为连接操作；C 为通道数；$\tilde{A}_i^{(l)} = A_i^{(l)} + I$ 为 $\mathbb{A}^{(l)}$ 的第 i 个通道的邻接矩阵；$\tilde{D}_i$ 为 $\tilde{A}_i^{(l)}$ 的度矩阵；W 为跨通道共享的可训练权重矩阵；X 为特征矩阵。Z 包含了来自 C 个不同元路径图的节点表示，应用于下游的分类任务。

3.5　增强多关系图学习的社会事件表示学习

多关系图学习可以作为一种有效的社会事件表示学习方法，它能够处理多种关系信息。本节介绍两种多关系图学习模型，分别是关系图卷积网络 (R-GCN)[118] 和基于组合的多关系图卷积网络 (CompGCN)[119]。R-GCN 是一种用于处理关系型图的图卷积神经网络，它基于图卷积网络，并能够在多个实体和关系之间进行共同嵌入，从而更全面地捕捉关系型图中的信息。CompGCN 将节点和关系嵌入一个关系图中，利用嵌入技术中的实体-关系组合操作，并根据关系数量进行缩放。

3.5.1   关系图卷积网络

R-GCN 是在局部图邻域上进行操作的 GCN 的扩展模型，主要解决了实体分类任务（为实体分配类别属性）和链接预测任务（恢复丢失的三元组）两个任务。

原始的 GCN 聚合过程如下：

$$h_i^{(l+1)} = \sigma\left(\sum_{m \in M_i} g_m(h_i^{(l)}, h_j^{(l)})\right) \tag{3.33}$$

其中，$h_i^{(l)}$ 为第 l 层神经网络节点 v_i 的隐藏状态；M_i 为节点 v_i 的邻居节点信息；$g_m(\cdot)$ 为向量元素之间相乘的操作。受到类似的启发，R-GCN 的聚合过程被定义为

$$h_i^{(l+1)} = \sigma\left[\sum_{r \in R} \sum_{j \in N_i^r} \left(\frac{1}{c_{i,r}} W_r^{(l)} h_j^{(l)} + W_0^{(l)} h_i^{(l)}\right)\right] \tag{3.34}$$

其中，N_i^r 为节点 i 在关系 r 下的邻居节点下标集合；$c_{i,r}$ 为一个归一化参数。

针对图中关系数量增加导致参数数量过多的问题，采用基对角化分解和块对角化分解来避免过拟合。在基对角化分解中，参数 $W_r^{(l)}$ 定义为

$$W_r^{(l)} = \sum_{b=1}^{B} a_{rb}^{(l)} V_b^{(l)} \tag{3.35}$$

其中，$V_b^{(l)}$ 为基变换向量；$a_{rb}^{(l)}$ 为一个仅依赖关系 r 的系数；B 为所有基向量的数量。在块对角化分解中，参数 $W_r^{(l)}$ 定义为一系列低维矩阵的累加。

$$W_r^{(l)} = \oplus_{b=1}^{B} Q_{br}^{(l)} \tag{3.36}$$

这样 $W_r^{(l)}$ 就可以表示为 $\text{diag}(Q_{1r}^{(l)}, Q_{2r}^{(l)}, \cdots, Q_{Br}^{(l)})$。

在 R-GCN 中，对输出的嵌入向量进行 softmax 激活，然后进行分类，并最小化所有标签节点的交叉熵损失：

$$\mathcal{L} = -\sum_{i \in Y} \sum_{k=1}^{K} t_{ik} \ln h_{ik}^{(L)} \tag{3.37}$$

其中，Y 为标签节点的下标；$h_{ik}^{(L)}$ 为第 i 个标签节点的网络输出的第 k 个输出；t_{ik} 为第 k 类的标签。

链接预测的问题是指给定一个图的边集合 $\mathcal{E}$ 的子集 $\hat{\mathcal{E}}$，定义一个函数 $f(s,r,o)$ 预测是否存在关系三元组 (s,r,o) 属于 $\mathcal{E}$ 的概率。在 DistMult 模型中，对于每个关系 r，都有一个对角矩阵 R_r 和一个三元组 (s,r,o)，得分函数定义为

$$f(s,r,o) = e_s^\mathrm{T} R_r e_o \tag{3.38}$$

构造负样本的方法是对每个正样本，在头部 s 或尾部 o 随机选取一个实体进行替换，构造 ω 个不同的负样本。R-GCN 网络利用交叉熵损失函数进行模型训练，使得正样本和负样本得分有较大的差异。

$$\mathcal{L} = -\frac{1}{(1+\omega)|\hat{\mathcal{E}}|} \sum_{(s,r,o,y)\in T} \left(y\log l\left(f(s,r,o)\right) + (1-y)\log(1-l(f(s,r,o))) \right) \quad (3.39)$$

其中，T 为所有真实样本以及被替换样本的三元组集合；l 为 sigmoid 函数；y 为标签，$y=1$ 表示正样本，$y=0$ 表示负样本。

3.5.2 多关系图卷积网络

R-GCN 网络随着关系的增大，会引入过多的关系矩阵 W_r，从而可能导致模型无法训练。CompGCN 网络考虑了多关系图上的 3 种关系类型：关系 $\mathcal{R}$，如 (u,v,r)；逆关系 $\mathcal{R}_{inv}$，如 (v,u,r^{-1})；自循环关系 T，如 (u,u,T)。连接自身的关系如式(3.40)所示。

$$\mathcal{E}' = \mathcal{E} \cup \left\{(v,u,r^{-1})|(u,v,r)\in\mathcal{E}\right\} \cup \left\{(u,u,T)|u\in V\right\} \quad (3.40)$$

其中，$\mathcal{E}$ 为关系集合；V 为顶点集合。有了边的集合，就能得到相应的邻居集合。多关系图神经网络中聚合邻居的过程如下：

$$h_v = f\left(\sum_{(u,r)\in N(v)} W_r h_u\right) \quad (3.41)$$

其中，h 为节点表示；$N(v)$ 为节点 v 在关系 r 下的邻居集合，由于式(3.41)存在过度参数化的问题，在 CompGCN 中，对相邻节点 u 根据其关系 r 进行复合操作：

$$h_v = f\left(\sum_{(u,r)\in N(v)} W_{\lambda(r)}\phi(x_u,z_r)\right) \quad (3.42)$$

其中，x_u、z_r 分别为节点 u 和关系 r 的初始特征；$W_{\lambda(r)}$ 为特定关系参数；$\lambda(r)$ 为关系的类型，前面介绍了 3 种关系类型，因此也有相应的 3 种投影矩阵：

$$W_{\lambda(r)} = W_{dir(r)} \begin{cases} W_O, & r\in R \\ W_I, & r\in\mathcal{R}_{inv} \\ S, & r\in T \end{cases} \quad (3.43)$$

进一步地，为了方便对节点和边进行运算，也需要把关系进行变换：

$$h_r = W_{rel}z_r \quad (3.44)$$

其中，W_{rel} 为一个变换矩阵，它将所有关系作为节点投影到相同的嵌入空间。为了降低大量边带来的参数复杂度，CompGCN 网络定义了一组可学习的基向量 $\{v_1,v_2,\cdots,v_B\}$，初始关系表示为

$$z_r = \sum_{b=1}^{B} \alpha_{br}v_b \quad (3.45)$$

其中，α_{br} 为关系 r 在基向量 v_b 上的标量权值。

上述实际上描述的是 CompGCN 第一层的聚合过程，涉及节点/边的空间投影等操作。但是在第二层及之后的聚合过程中，不需要进行空间投影等操作，因此，可以将式(3.45)扩展到 k 层，得

$$h_v^{k+1} = f\left(\sum_{(u,r) \in N(v)} W_{\lambda(r)}^k \phi(h_u^k, h_r^k) \right) \tag{3.46}$$

然后让 h_v^{k+1} 表示为 k 层后关系 r 的表达公式，即

$$h_r^{k+1} = W_{rel}^k h_r^k \tag{3.47}$$

其中，h_v 和 h_r 分别为 x_u、z_r 的特征。

3.6　证据性图学习的社会事件表示学习

证据性图学习能够提供可解释性结果，进行可靠决策。在介绍主体部分之前，先了解什么叫 D-S（Dempster-Shafer，登普斯特-谢弗）证据性理论，然后介绍一种证据时间感知图神经网络（evidence time perception graph neural network，ETGNN）模型，来学习基于证据性图学习的表示学习。

3.6.1　D-S 证据性理论

D-S 证据性理论是一种用于不确定性推理的有效方法，适用于信息融合、数据挖掘等领域。D-S 证据性理论的核心是 Dempster 合成规则，因此也称为 D-S 合成规则，该规则可以将多个证据主体合成为一个权重函数，用于描述推理过程中的不确定性。Dempster 合成规则是将多个主体的输出结果相结合的关键步骤，其定义如下：对于任意 $A \subseteq \Theta$，Θ 为一个集合，Θ 上的两个质量函数 m_1、m_2 的 Dempster 合成规则为

$$m_1 \oplus m_2(A) = \frac{1}{K} \sum_{B \cap C = A} m_1(B) \cdot m_2(C) \tag{3.48}$$

其中，K 为归一化系数。

$$1 - K = \sum_{B \cap C \neq \varnothing} m_1(B) \cdot m_2(C) \tag{3.49}$$

对于任意 $A \subseteq \Theta$，Θ 为一个集合，Θ 中的有限个质量函数 $m_1, m_2, \cdots, m_n$ 的 Dempster 合成规则为

$$(m_1 \oplus m_2 \oplus \cdots \oplus m_n)(A) = \frac{1}{K} \sum_{A_1 \cap A_2 \cap \cdots A_n = A} m_1(A_1) \cdot m_2(A_2) \cdots m_n(A_n) \tag{3.50}$$

$$1 - K = \sum_{A_1 \cap A_2 \cap \cdots A_n \neq \varnothing} m_1(A_1) \cdot m_2(A_2) \cdots m_n(A_n) \tag{3.51}$$

3.6.2　ETGNN：证据时间感知图神经网络

接下来介绍一个证据时间感知图神经网络（ETGNN）模型，继续学习基于证据性图学习的表示学习。主要介绍 ETGNN 模型在完成消息图构建和获得所有视图表示后，利用证

据深度学习神经网络来量化特定视图的不确定性以及如何通过 D-S 证据性理论将多视图信息结合在一起。

ETGNN 模型在完成消息图构建和获得视图表示后，从证据深度学习的角度对每个视图中预测的分类不确定性和概率进行建模。ETGNN 模型根据 D-S 证据性理论的信念质量和不确定性质量的概念，使用狄利克雷分布(Dirichlet distribution)来估计后验概率。对于每个视图 $v \in \{h, e, u\}$，假设有 K 个互斥的事件类标签，其中，h、e、u 分别代表标签、实体、用户，为每一个单独的事件标签 $k = 1, 2, \cdots, K$ 提供一个信念质量 b_k^v，为视图 v 提供一个总体不确定性质量 $\hat{u}^v$，这 $K+1$ 个质量值都是非负的，总和为 1，即

$$\hat{u}^v + \sum_{k=1}^{K} b_k^v = 1 \tag{3.52}$$

其中，$\hat{u}^v$ 和 b_k^v 分别为视图 v 的总体不确定性和第 k 类的概率。ETGNN 模型定义信念赋值 $b^v = [b_1^v, b_2^v, \cdots, b_K^v]$，狄利克雷分布 $\alpha^v = [\alpha_1^v, \alpha_2^v, \cdots, \alpha_K^v]$，证据推导参数 $\hat{e}^v = [\hat{e}_1^v, \hat{e}_2^v, \cdots, \hat{e}_K^v]$，证据向量通过一个证据深度学习神经网络获得：

$$b_k^v = \frac{\hat{e}_k^v}{S^v}, \quad \hat{u}^v = \frac{K}{S^v} \tag{3.53}$$

其中，$S^v = \sum_{k=1}^{K} \hat{e}_k^v + 1 = \sum_{k=1}^{K} \alpha_k^v$，为狄利克雷强度，不确定性与总证据成反比。然后，使用 D-S 证据性理论将来自不同视角的信息进行融合，并使用 Dempster 合成规则强调一致性。ETGNN 模型计算联合质量 $M = \left\{ \{b_k\}_{k=1}^{K}, \hat{u} \right\}$ 的方法为：将标签视图的概率质量分配 $M^h = \left\{ \{b_k^h\}_{k=1}^{K}, \hat{u}^h \right\}$ 和实体视图的概率质量分配 $M^e = \left\{ \{b_k^e\}_{k=1}^{K}, \hat{u}^e \right\}$ 进行组合。

$$M = M^h \oplus M^e \tag{3.54}$$

$$b_k = \frac{1}{1-T} \left(b_k^h b_k^e + b_k^h \hat{u}^e + b_k^e \hat{u}^h \right), \qquad \hat{u} = \frac{1}{1-T} \hat{u}^h \hat{u}^e \tag{3.55}$$

其中，$T = \sum_{i \neq j} b_i^h b_j^e$，为两个质量集之间冲突量的度量，使用 $\frac{1}{1-T}$ 进行归一化可以忽略冲突并将其归因于空集。当视图的个数大于 2 时，可以使用 Dempster 合成规则将来自不同视图的信念顺序进行组合。

$$M = M^1 \oplus M^2 \oplus \cdots \oplus M^V \tag{3.56}$$

将所有视图组合后，得到最终联合质量 $M = \left\{ \{b_k\}_{k=1}^{K}, \hat{u} \right\}$，如图 3.5 所示。最后，可以根据式 (3.53) 归纳出狄利克雷分布的参数：

$$\alpha_k = b_k \times \frac{K}{\hat{u}} + 1 \tag{3.57}$$

用于类别概率和不确定性概率分布建模。

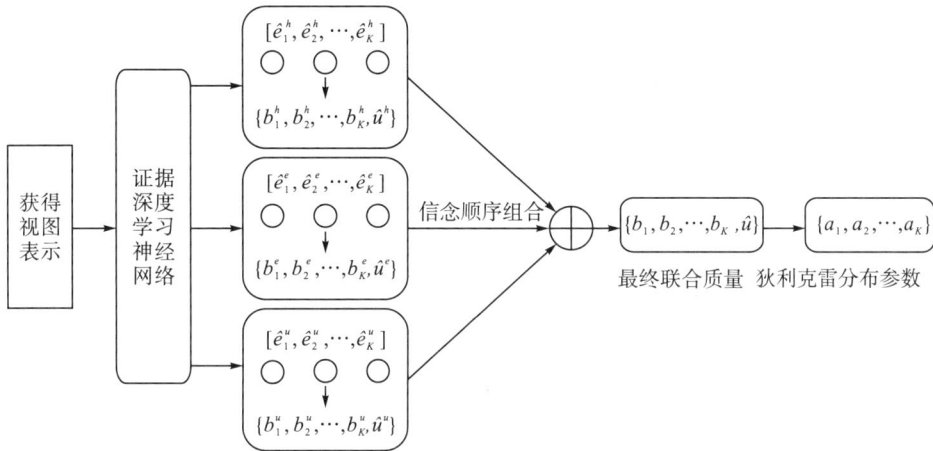

图 3.5　获取联合质量过程

3.7　质量自感知图学习的社会事件表示学习

质量自感知图学习可以帮助神经网络提高处理未知数据的能力。本节先引入关于社会事件的一些概念，然后再介绍一种质量感知模型——质量感知自改进图神经网络（quality-aware self-improving graph neural network，QSGNN）[120]，它是一种能够处理数据质量问题的质量感知模型，通过介绍其整个流程进一步对质量自感知图学习的社会事件表示学习进行学习，并评估其效益。

3.7.1　关于社会事件的基本概念

社会事件检测：社交网络中的事件检测近年来受到广泛关注。根据现有技术，社会事件检测方法可以分为增量聚类方法、社区检测方法和主题建模方法。然而，尽管增量聚类方法在开放集的社会事件检测任务中易于应用，但由于忽略了丰富的语义和结构信息，无法充分挖掘社交流中的知识。同样的问题也存在于社区检测方法和主题建模方法中。根据所利用的信息，社会事件检测方法可以分为基于内容的方法、基于属性的方法和组合方法。在组合方法中，基于图神经网络 (GNN) 的方法表现出色，因为它们具有强大的表达能力，可以有效地结合内容和属性来构建社交图。然而，大多数基于 GNN 的研究都假设训练集和测试集共享相同的事件，无法直接应用于开放世界的情况。有少数的研究确实考虑了增量事件设置，但仍需要注释数据进行持续的训练，这是一项复杂的任务。考虑神经网络对先前未知数据的处理能力有限，将基于 GNN 的方法应用于开放世界环境仍然存在挑战。因此，解决开放世界环境下的社会事件检测问题仍需要进一步的研究和探索。

主动学习：又称查询学习，假设数据集中的不同样本在模型训练中具有不同的价值，并尝试选择少量的样本以实现高性能的增益。根据用于选择样本的查询原则，主动学习方法可以分为三类：基于不确定性的方法、基于多样性的方法和基于预期模型变化的方法。

新类发现：最近，研究者提出了一项新的任务，称为新类发现任务，其目标是在未标记数据中识别新的类别。这个任务与传统的无监督学习不同，因为它利用了一些已知数据。现有的方法通常按照以下两步策略进行：①使用带标签的数据进行模型初始化；②对未标记的数据进行无监督聚类或成对确定，以微调模型。例如，为了识别开放集图像，研究者提出了一种约束聚类网络，首先约束聚类网络通过在带标签的数据上训练分类模型来测量图像之间的成对相似度，然后使用聚类模型在未标记的数据上进行这些成对预测，之后，约束聚类网络直接使用秩统计来估计图像之间的成对相似度。尽管通过这些使用伪标签的方法实现对未标记数据的模型自适应已经取得了一些有希望的结果，但它们没有考虑伪标签中可能存在的噪声。因此，这些使用伪标签的方法的训练过程是不可靠的。此外，它们也没有给出样本选择策略。鉴于未标记数据的大量性质，如何利用少量的样本提供性能成为一个重要问题。

3.7.2　质量感知自改进图神经网络

质量自感知图学习可以帮助神经网络提高处理未知数据的能力。本节介绍一种质量感知模型——质量感知自改进图神经网络(QSGNN)[120]，它是一种能够处理数据质量问题的质量感知模型。通过介绍其整个流程，进一步对质量自感知图学习的社会事件表示学习进行学习。

在介绍 QSGNN 之前，这里先给出关于社会事件检测的问题定义。

从形式上来说，开放式事件数据是以增量的社交流形式呈现的。社交流被表示为 $S = M_0, M_1, \cdots, M_{i-1}, M_i$，其中每个消息块 M_j，$j \in \{0, 1, \cdots, i\}$ 包含一个时间段内到达的所有消息。在 QSGNN 中，只有初始块（即 M_0）中的消息才提供标签。在整个训练过程中，后续的块保持未标记状态，目标有两个：

(1) 在预训练阶段，从标记的消息块 M_0，我们训练一个初始时间检测编码器，即 $f(M_0, \theta_0)$，它能够提取判别特征并用于检测事件。θ_0 表示 $f(M_0, \theta_0)$ 的参数，由 M_0 训练而来。

(2) 为了在未标记的消息块中检测事件，通过持续更新检测编码器来将知识从已知事件扩展到未知事件。换句话说，学习一系列检测编码器 $f(M_0, \theta_0, \theta_j)$，$j \in \{0, 1, \cdots, i\}$，每个编码器都在相应的未标记消息块上进行微调，以实现知识的传递。

接下来介绍 QSGNN 的一些细节。

预训练阶段如图 3.6 所示，在构造完图之后，QSGNN 使用 GNN 编码器来学习节点的全面表示，这需要通过迭代组合每个节点的单跳邻居信息并结合丰富的语义和关系来实现。第 l 层，消息 m_i 表示为 $h_{m_i}^l$，更新后第 $l+1$ 层表示如式(3.58)所示。

$$h_{m_i}^{l+1} \leftarrow \mathop{\|}\limits_{\text{heads}} \left(h_{m_i}^l \oplus \mathop{\text{Aggregator}}\limits_{m_j \in N(m_i)} (\text{Extractor}(h_{m_j}^l)) \right) \tag{3.58}$$

其中，$N(m_i)$ 为消息 m_i 的邻居；$\oplus$ 为聚合；$\mathop{\|}\limits_{\text{heads}}$ 为多 heads 的串联；Aggregator 为聚合器；Extractor 为提取器。QSGNN 使用成对对比学习方法简化采样过程并使类内分布与类间分布更容易区分，尽管存在锚点，但仍将负对与正对推开。损失如下：

$$\mathcal{L}_p = \sum_{\substack{(m_i,m_i+)\in\{\text{Pos}\}\\(m_j,m_j-)\in\{\text{Neg}\}}} \max\{\mathcal{D}\left(h_{m_i},h_{m_{i^+}}\right) - \mathcal{D}\left(h_{m_j},h_{m_{j^-}}\right) + a,0\} \tag{3.59}$$

其中，$\{\text{Pos}\}$ 为正对；$\{\text{Neg}\}$ 为负对；m_i 为锚消息；m_{i^+} 和 m_{j^-} 分别为正样本和负样本；a 为边距的超参数；$\mathcal{D}(\cdot,\cdot)$ 为欧几里得距离计算。在这种损失的帮助下，要求整个批次中的最小类间距离大于最大类内距离可以帮助改进事件聚类结果，因为这会增强类之间的区分度，并且减少类内部的差异性，从而提高聚类效果。

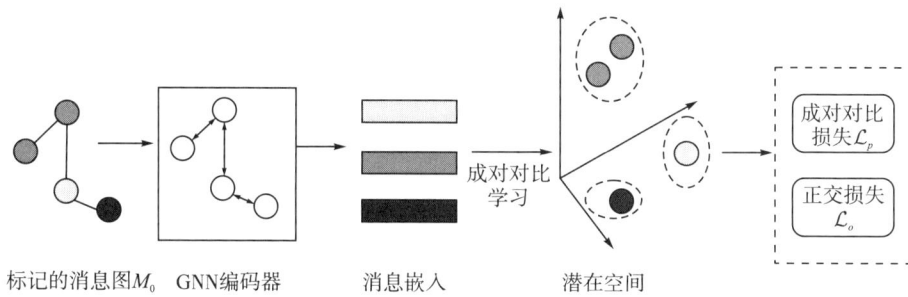

图 3.6 预训练阶段示意图

添加正交约束，使不同类别中事件的学习特征分散在潜在空间的不同方向上。为此，QSGNN 构建了一个目标成对相似性矩阵，并使学习到的消息表示的余弦相似性与之接近。具体而言，目标成对相似矩阵为 P，其中 $P_{ij}=1$（表示 m_i 和 m_j 属于同一事件）或 0（表示 m_i 和 m_j 不属于同一事件）。余弦相似性可以通过计算 $H \cdot H^{\text{T}}$ 来获得，其中 H 为规范化消息表示。同时，使用了附加正交损失来确保特征方向的正交性：

$$\mathcal{L}_o = \text{sum}((P - H \cdot H^{\text{T}})^2) \tag{3.60}$$

式中，$\text{sum}(\cdot)$ 为矩阵中元素的和。正交约束极大地促进了知识转移。

在微调阶段，如图 3.7 所示，QSGNN 使用参考相似性分布 (reference similarity distribution，RSD) 向量来生成伪标签，该方法是计算未知样本与一组已知参考事件的相似度，生成未知样本软多标签向量。具体而言，设 $R = \{r_{e_1}, r_{e_2}, \cdots, r_{e_K}\}$ 为一个矩阵，该矩阵存储 K 个已知的引用事件，每一行表示一个引用事件。对于一个未知样本 m_i，其规范化表示为 h_{m_i}，相应的相似性分布向量为 p_{m_i}，p_{m_i} 计算如式 (3.61) 所示。

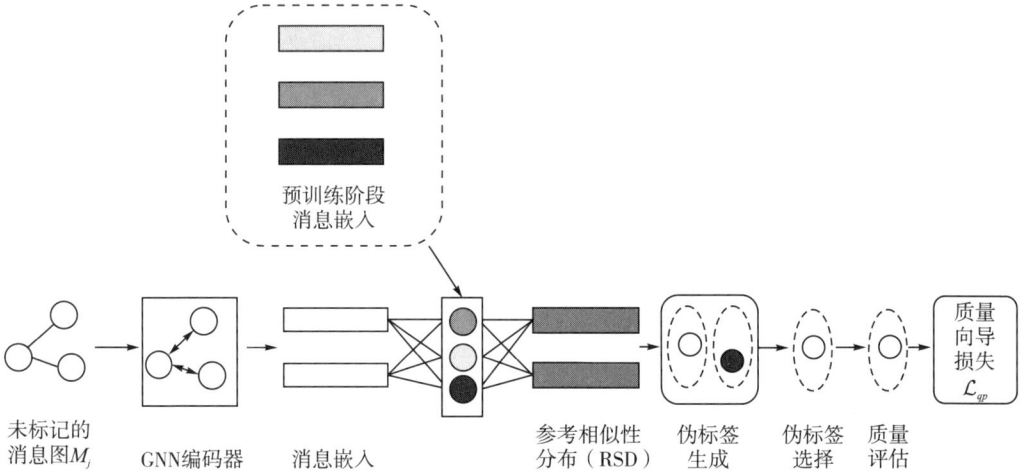

图 3.7　微调阶段示意图

$$p_{m_i} = \text{softmax}(h_{m_i} \cdot R^{\text{T}}) \tag{3.61}$$

相似性分布向量 p_{m_i} 捕捉 m_i 与已知事件的全局相似性。与 h_{m_i} 相比，p_{m_i} 包含了更多知识，因此具有更强的辨别能力。同时，值得注意的是，在正交约束下，这些参考事件是相互区分的，这保证了它们作为强有力的参考基础的有效性。

QSGNN 使用 p_{m_i} 向量余弦相似度来衡量两个消息的一致性，并为它们生成伪标签。设有一对消息 (m_i, m_j)，一致性值 $C(m_i, m_j)$ 计算如下：

$$C(m_i, m_j) = \frac{p_{m_i} \cdot (p_{m_j})^{\text{T}}}{\| p_{m_i} \|_2 \cdot \| (p_{m_j})^{\text{T}} \|_2} \tag{3.62}$$

其中，$\| \cdot \|_2$ 为 ℓ_2 标准。如果 $C(m_i, m_j) > 0.5$，将伪标签设置为 1（正）；否则，将其设置为 0（负）。

根据伪成对标签生成策略得到候选伪标签后，QSGNN 使用熵来估计消息样本的多样性。多样性是指与用于训练骨干模型的已知事件的差异程度。QSGNN 使用每条消息的 RSD 向量的熵来确定其配对消息的数量。对于 RSD 向量为 p_{m_i} 的消息 m_i，其熵可以通过下列计算公式得出：

$$H(p_{m_i}) = -\sum_{j=1}^{K} p_{m_i} \log(p_{m_i}) \tag{3.63}$$

对伪标签进行质量评估很重要，可利用一致性值来评估。对于一致性值大于 0.5 的正对，其质量与一致性呈正相关关系；对于一致性值小于 0.5 的负对，则与一致性呈负相关关系。通常将一致性值 $C(\text{Pos})$ 作为正对的质量，$1 - C(\text{Neg})$ 作为负对的质量。其中 Pos 和 Neg 分别代表正或负消息对。

重新加权配对可以提高自训练(微调)过程的效果。质量导向的成对对比损失是一种基于样本质量重新加权的方法，可以更加关注模型更有信心的配对样本。质量导向的成对对比损失变为

$$\mathcal{L}_{qp} = \sum_{\substack{(m_i, m_i+)\in\{\mathrm{Pos}\} \\ (m_j, m_j-)\in\{\mathrm{Neg}\}}} C(m_i, m_i+) - \mathcal{D}(m_j, m_j-) \tag{3.64}$$

$$\max\{\mathcal{D}(h_{m_i}, h_{m_{i+}}) - \mathcal{D}(h_{m_j}, h_{m_{j-}}) + a, 0\} \tag{3.65}$$

在微调过程中，使用成对对比损失从选定的配对样本中计算质量指导模型更新。完成微调后，可以利用更新后的模型获得所有未知样本的表示。

3.7.3　实验结果

数据集：在两个大型公开可用的社会事件数据集上评估 QSGNN，即 Events 2012[121] 和 Events 2018[122]。根据提供的 ID 通过 Twitter API 对推文进行抓取。在过滤掉不可用的推文后，Events 2012 包含 68841 条带注释的推文，属于 503 个事件类，传播时间为 4 周。至于 Events 2018，它在 4 周内有 64516 条标签推文，属于 257 个事件类。

基线方法：将 QSGNN 与基于非 GNN 和基于 GNN 的方法进行比较。对于前者，基线如下：

（1）Twitter LDA[123]，这是第一个被提出的推特（Twitter，现已更名为 X）数据主题模型。

（2）Word2vec[124]，其使用消息中所有单词的预训练 Word2vec 嵌入的平均值作为其表示。

（3）BERT（bidirectional encoder representations from transformers，基于 Transformers 的双向编码器表征）[125]，其使用 BERT 的 768-d 句子嵌入作为消息表示。

（4）Event X[126]，它基于社区检测来检测事件。

对于基于 GNN 的方法，选择：

（1）PP-GCN（pairwise popularity graph convolutional network，对偶流行度图卷积网络）[127]，这是一种基于 GCN 的离线细粒度社会事件检测方法。

（2）KPGNN（knowledge-preserving incremental heterogeneous graph neural network，知识保存增量异构图神经网络）[128]，其利用三元组丢失来训练 GAT 并获得消息表示。

模型的性能通过两个广泛使用的聚类指标来评估：归一化互信息（normalized mutual information，NMI）[129] 和调整后互信息（adjusted mutual information，AMI）[130]。通过测量来自预测分布的信息量，归一化互信息（NMI）是从预测分布中提取关于实际标签分布的信息量的度量方法，被广泛应用于社会事件检测方法的评估中。调整后互信息（AMI）与 NMI 类似，也衡量两个聚类之间的相互信息，但会根据偶然性进行调整。考虑 NMI 没有根据机会进行调整，选择了 AMI。

实验结果评估：比较训练集、验证集和测试集具有相同事件的封闭集情况下的性能。具体来说，对于 Events 2012 和 Events 2018 数据集，使用第一周的数据来形成初始消息块 M_0。随机抽取初始块的 20% 用于测试，10% 用于验证，剩下的 70% 用于训练。表 3.2 中总结了各个方法在封闭集中的评估结果。

由表 3.2 可以看出，QSGNN 产生了最好的结果。这是因为 QSGNN 通过充分利用空间距离和方向信息来区分不同的事件，相比只使用距离信息的 KPGNN，它在 Events 2012

和 Events 2018 上的 NMI 性能分别提高了 3% 和 5%。即使没有方向信息，即正交类间约束（QSGNN w/o $\mathcal{L}_o$），它仍然比 KPGNN 表现得更好，这是由于有更严格的距离限制。KPGNN 中的三元组损失只要求类内距离小于同一锚的类间距离，而 QSGNN 中的成对损失要求类间距离小于最小类间距离。因此，QSGNN w/o $\mathcal{L}_o$ 学习的类内表示更容易与不同类别之间区分开来。此外，基于 GNN 的方法（如 PP-GCN、KPGNN 和 QSGNN）在该研究中相对于一般的消息表示学习方法（例如，Word2vec 和 BERT）和单词分布方法（例如，Twitter LDA）表现得更好。以 Events 2012 为例，相较于 Twitter LDA，QSGNN 在 NMI 方面有了显著改进（提升 53 个百分点）。这一改进归因于基于 GNN 的方法对探索社交网络中包含的图结构具有有效性。

表 3.2　封闭集的评估结果

模型	Events 2012 中的 M_0		Events 2018 中的 M_0	
	NMI	AMI	NMI	AMI
Twitter LDA	0.26±0.00	0.17±0.00	0.22±0.00	0.16±0.00
Word2vec	0.47±0.00	0.21±0.00	0.24±0.00	0.20±0.00
BERT	0.63±0.01	0.44±0.00	0.42±0.00	0.34±0.00
Event X	0.68±0.00	0.29±0.00	0.57±0.00	0.56±0.00
PP-GCN	0.70±0.02	0.56±0.01	0.60±0.01	0.49±0.02
KPGNN	0.76±0.02	0.64±0.02	0.66±0.03	0.60±0.02
QSGNN w/o $\mathcal{L}_o$	0.77±0.00	0.65±0.00	0.68±0.02	0.61±0.01
QSGNN	0.79±0.01	0.68±0.01	0.71±0.02	0.64±0.02

接下来仍然遵循封闭集中的操作：抽样 70% 用于训练，10% 用于验证，20% 用于测试。对于 Events 2012 数据集，形成消息块 M_1、M_2、M_3、M_4，并在表 3.3 中总结了各个方法在开放集中的评估结果。

表 3.3　Events 2012 开放集的评估结果

模型	M_1		M_2		M_3		M_4	
	NMI	AMI	NMI	AMI	NMI	AMI	NMI	AMI
Twitter LDA	0.11±0.00	0.08±0.00	0.27±0.01	0.20±0.01	0.28±0.00	0.22±0.01	0.25±0.00	0.17±0.00
Word2vec	0.19±0.00	0.08±0.00	0.50±0.00	0.41±0.00	0.39±0.00	0.31±0.00	0.34±0.00	0.24±0.00
BERT	0.36±0.00	0.34±0.00	0.78±0.00	0.76±0.00	0.75±0.00	0.75±0.00	0.60±0.00	0.55±0.00
Event X	0.36±0.00	0.06±0.00	0.68±0.00	0.29±0.00	0.63±0.00	0.18±0.00	0.63±0.00	0.19±0.00
PP-GCN	0.23±0.02	0.21±0.01	0.57±0.02	0.55±0.02	0.55±0.01	0.52±0.01	0.46±0.01	0.42±0.01
KPGNN	0.39±0.02	0.37±0.02	0.79±0.01	0.78±0.01	0.76±0.00	0.74±0.00	0.67±0.00	0.64±0.01
QSGNN	0.43±0.01	0.41±0.02	0.81±0.02	0.80±0.01	0.78±0.01	0.76±0.01	0.71±0.02	0.68±0.01

一般情况下，QSGNN 在大多数消息块中相对于最强的基线 KPGNN 表现得更好，性

能提高 1%~4%。与 KPGNN 和其他基线不同的是，QSGNN 不需要使用实际的地面真实标签进行连续模型训练或更新。另外，QSGNN 仅通过生成的伪成对标签进行微调，其性能甚至超过了一些有监督的基线模型。这证明了本章提出的模型在将知识从已知情况扩展到未知情况方面具有优越性和有效性。

3.8　本 章 小 结

表示学习作为一种能够自动从大量的原始数据中学习有效的、抽象的特征的方法，已经成为舆情检测和分析领域的前沿技术。表示学习是机器学习领域中的一个重要分支，通过让机器自动学习数据中的特征来完成任务。

(1)HAN 通过引入注意力机制来学习每个节点在不同性质上的重要性，从而更好地捕捉异构图复杂的结构信息和丰富的语义信息。

(2)GTN 通过 Graph Transformer 层，将异构图转换为由元路径定义的多个新图，并在这些新图上进行卷积操作以获取更有效的节点表示。

(3)D-S 证据性理论是一种用于不确定性推理的有效方法，其核心是 Dempster 合成规则，其也称为 D-S 合成规则，该规则可以将多个证据主体合成为一个权重函数，用于描述推理过程中的不确定性。

(4)ETGNN 利用证据深度学习神经网络来量化特定视图的不确定性，并通过 D-S 证据性理论将多视图信息结合在一起。

(5)GAT 网络引入自注意力机制，通过学习每个节点与其他节点之间的关系权重，并根据这些权重对节点特征进行聚合，用于类别概率和不确定性概率分布建模。

(6)MAGNN 通过使用注意力机制进行元路径内聚合和元路径间聚合，将多个元路径获得的潜在向量融合到最终的节点嵌入中。

(7)R-GCN 能够在多个实体和关系之间进行共同嵌入，从而更全面地捕捉关系型图中的信息。

(8)CompGCN 将节点和关系嵌入一个关系图中，利用嵌入技术中的实体-关系组合进行操作。

(9)QSGNN 通过利用已知的最佳样本和可靠的知识转移，将知识从已知扩展到未知。

第4章 流式事件检测

随着互联网技术的不断发展，人们获取信息的方式和途径也发生了很大变化。新兴媒体以其即时性、互动性和开放性受到广泛欢迎。然而，在这个充满信息的世界里，各种谣言、虚假信息、负面事件等也层出不穷，给社会带来了极大的影响。为了及时准确地掌握公众舆论动态，许多政府部门、企事业单位和媒体机构都开始关注网络舆情，并积极采用网络舆情事件检测技术。舆情事件检测是一种基于计算机技术和文本挖掘技术的方法。舆情事件检测通过自动化地分析和处理互联网上涉及某个主题的大量信息，从中筛选出与该主题相关的信息，并对其进行分类、评价和预警。舆情事件检测的主要目的是监控网络上的舆情事件，及时发现和解决问题，避免和减少不良事件对社会的影响。舆情事件检测可以帮助政府、企业、媒体等各种组织及时了解社会的动态，为各种组织制定决策和规划策略提供有效参考。在政府方面，舆情事件检测可以用于提前预警社会事件和突发事件，并进行及时处理和应对；在企业方面，舆情事件检测可以用于监测品牌声誉和消费者反馈，以及评估市场风险和竞争情况；在媒体方面，舆情事件检测可以用于跟踪热点话题和新闻事件，及时报道和分析。现如今，网络舆情已经成为社会中不可或缺的一部分，作为一种重要的应用领域，网络舆情事件检测技术在政府、企业等各种组织中发挥着越来越重要的作用。

本章主要介绍几种舆情事件检测方法，包括知识增量学习的流式事件检测、尺度自适应学习的流式事件检测、社交媒体中的多尺度流式事件检测、多样化尺度自适应的流式事件检测、低成本的增量聚类的流式事件检测。接下来将分别介绍这几种方法，帮助我们深入了解舆情事件检测的流程以及具体实现方式。

4.1 用于事件检测的聚类算法

事件检测是指从大量的文本中检测出报道某一特定事件的文本集合，这些文本通常包含相关主题、时间和空间信息，文本的提取和组织使人们能够更好地理解事件的起因、过程和结果。考虑事件检测的任务可以被形式化为从消息序列中提取相关消息的聚类来表示事件，能够对事件进行更细致的分析和研究。本节主要介绍基于树形结构的层次聚类、基于距离的 k-means 聚类和 DBSCAN 算法。本节会介绍层次聚类、基于距离的 k-means 聚类和 DBSCAN 算法的概念，并学习这 3 种聚类方法。作为非常实用的分类工具，这 3 种聚类方法可应用于后续的事件分类检测算法中。

4.1.1　层次聚类

层次聚类是一种基于树形结构的无监督学习算法，是将数据按照相似性进行分组，以达到数据压缩、分类、分析等目的。层次聚类将数据的相似性看作一种距离，根据数据间的距离关系不断将数据进行分组，形成一个树形图(称为树状图或者树状聚类图)，使得相似的数据被归为同一类别，不同类别之间的数据差异度很大。层次聚类具体算法流程可以概括为以下几个步骤。

(1)输入数据。给定 m 个样本点 $X_1, X_2, \cdots, X_m$ 和一个距离度量 $d(X_i, X_j)$。

(2)初始化聚类。在初始情况下，将每个样本点视为一个聚类，共有 m 个聚类。

(3)计算聚类之间的距离。对于任意两个聚类，计算它们之间的距离 d_{GH}。常用的距离度量有欧氏距离、余弦距离等。

(4)合并距离最近的聚类。找到距离最近的两个聚类 G_i 和 G_j，将它们合并成一个新的聚类 G_{ij}，其中 G_{ij} 包含所有属于 G_i 和 G_j 的样本点。

(5)更新距离矩阵。为了将新形成的聚类与其他聚类进行比较，更新距离矩阵 D，计算 G_{ij} 与其他聚类之间的距离，通常使用单链接或完全链接。

(6)重复步骤(4)和步骤(5)，直到所有样本点最终属于一个大聚类。层次聚类的结果可以用一个树形图(称为树状图或者树状聚类图)来表示，树的每个叶节点对应一个样本点，而树的内部节点表示聚类。

层次聚类的核心是计算距离并合并最近的聚类，常用的距离度量有欧氏距离、余弦距离等。同时，层次聚类分为凝聚型聚类和分裂型聚类，具体表现为自底向上聚合和自顶向下分裂两种方式。层次聚类是一种简单易用、具有可视化展示效果的聚类方法，适用于小规模数据，能够较好地揭示数据间的内在联系和结构。

4.1.2　k-means 聚类

设 $X = x_1, x_2, \cdots, x_n$ 为 n 个 d 维样本点组成的集合，$x_i \in R^d$，k 表示将 X 划分为 k 个聚类。k-means 聚类的目的是将 X 划分为 k 个聚类，使得同一聚类中的数据点相似度较高，不同聚类间的数据差异度较大，通常表现为最小化聚类内部方差：

$$\min_C \sum_{j=1}^{k} \sum_{x_i \in C_j} \| x_i - \mu_j \|^2 \tag{4.1}$$

其中，C_j 为第 j 个聚类；μ_j 为 C_j 中心点的坐标(即所有点的平均值)。k-means 聚类具体的算法流程如下。

(1)输入数据。给定 n 个样本点 $x_1, x_2, \cdots, x_n$，需要将这些样本点划分为 k 个聚类。

(2)初始化聚类中心(质心)。首先从 n 个样本点中随机选取 k 个样本作为初始聚类中心，表示 k 个聚类的初始位置。

(3)分配样本点到聚类。对于每个样本点 x_i，计算其与 k 个聚类中心之间的距离 d,

并将其分配到距离最近的聚类中心所在的聚类。

(4)更新聚类中心。对于每个聚类,计算其中所有样本点的均值,更新该聚类的中心位置。

(5)重复步骤(3)和步骤(4),直到聚类中心稳定,即不再发生变化,或者达到预先指定的迭代次数。

(6)输出聚类结果。将每个样本点划分到某个聚类中,即可得到最终的聚类结果。

在上述流程中,距离度量和聚类中心的初始化方法是两个重要的因素。在实际应用中,k-means 聚类算法通常需要多次运行,以克服初始聚类中心的不确定性和局部最优问题。另外,k-means 聚类也有一些扩展算法,它们在原有基础上做出了一定的改进和优化,如分层 k-means、加权 k-means 聚类等。

4.1.3 DBSCAN 聚类

给定一个数据集 $X = \{x_1, x_2, \cdots, x_n\}$,其中 $x_i \in R^d$ 为 d 维特征向量,DBSCAN 聚类将簇定义为密度相连的点的最大集合,能够把具有足够高密度的区域划分为簇,并可在噪声的空间数据库中发现任意形状的聚类。具体来说,DBSCAN 聚类的定义包括以下几个核心概念。

(1)半径为 E 的 E 邻域:对于每个点 x_i,定义其 E 邻域为 $N_E(x_i)$,即在空间中距离 x_i 不超过 E 的点的集合,即 $N_E(x_i) = \{x_j \mid \text{dist}(x_i, x_j) \leqslant E\}$。

(2)核心点:如果给定点的 E 邻域内至少包含 MinPts 个点,则称该点为核心点。

(3)边界点:对于不是核心点的点 x_i,如果其 E 邻域内包含核心点,则称其为边界点。

(4)离群点:既不是核心点也不是边界点的点被称为离群点。

(5)密度直达:如果点 x_j 位于点 x_i 的 E 邻域内,且点 x_i 也位于点 x_j 的 E 邻域内,即 $x_j \in N_E(x_i)$ 且 $x_i \in N_E(x_j)$,则称点 x_i 和 x_j 之间是密度直达的。

(6)密度可达:对于点 x_i 和 x_j,如果存在样本序列 $p_1, p_2, \cdots, p_T$,满足 $p_1 = x_i$,$p_T = x_j$,且 p_{t+1} 由 p_t 密度直达,则称 x_j 由 x_i 密度可达。

(7)密度相连:对于点 x_i 和 x_j,如果存在核心对象样本 x_k,使 x_i 和 x_j 均由 x_k 密度可达,则称点 x_i 和 x_j 密度相连。

基于以上核心概念,DBSCAN 聚类具体的算法流程如下。

(1)选择合适的 E 和 MinPts。

(2)随机选择一个未访问的点 x_i。

(3)如果 x_i 是核心点,则将其密度可达的所有点划分到同一个簇内。

(4)如果 x_i 是边界点,则将其归到一个簇中,且选择与之密度可达的核心点所在的簇。

(5)重复步骤(2)~步骤(4),直到访问完所有的点。

(6)将未归入任何簇的点归为离群点。

DBSCAN 聚类算法对数据点的采样顺序及参数设置比较敏感,但具有良好的性能和扩展性,特别适合于密度差异较大的数据集。

4.2 知识增量学习的流式事件检测

为解决交叉熵损失函数不适用的问题，本节引入对比学习的思想，构建一个对比三重损失函数，然后具体介绍一种知识增量学习的事件检测算法，即 KPGNN，从以前未见过的数据中扩展知识。

4.2.1 基于对比学习的可扩展训练

对于面向事件的场景，传统的交叉熵损失函数往往不适用，因为它通常根据标签和预测的概率分布之间的差异来计算损失。然而，在处理新事件时，模型可能没有遇到过相关的数据，因此无法准确预测这些新事件的结果。为了克服这个问题，对比学习是一种有效的方法。对比学习旨在通过比较样本之间的相似性和差异性来进行训练，以便有效地区分不同的事件类。对比三重损失函数是一种常用的对比学习方法，它可以在不需要限制消息总数的情况下，帮助模型学习到事件类的特征。具体来说，对消息 m_i 采样来自同一事件的正样本消息 m_{i^+} 和来自不同事件样本的负样本消息 m_{i^-}，以上三者共同形成三元组 (m_i, m_{i^+}, m_{i^-})，由此 m_i 与 m_{i^+} 构成正对消息，m_i 与 m_{i^-} 构成负对消息，三元组损失函数将拉近正对消息之间的距离，同时推远负对消息之间的距离。

$$L_t = \sum_{(m_i, m_{i^+}, m_{i^-}) \in T} \max \left\{ D\left(h_{m_i}, h_{m_{i^+}}\right) - D\left(h_{m_i}, h_{m_{i^-}}\right) + a, 0 \right\} \tag{4.2}$$

其中，$D(\cdot)$ 为一个超参数，用来计算两个向量之间的欧氏距离，用于控制负面信息与正面信息的距离。也就是说，取正负平面之差与 0 这两个操作数的最大值，而 T 是以在线方式采样的一组三元组。把关注点聚焦在"硬三元组"（hard triplets）上，即满足 $D\left(h_{m_i}, h_{m_{i^-}}\right) < D\left(h_{m_i}, h_{m_{i^+}}\right)$ 有效训练的三元组，因为"硬三元组"的使用可以使收敛速度加快，同时有助于学习正负样本对之间更清晰的界限。为了更好地整合消息图的结构信息，我们构造了一个额外的"全局-局部对损失"，使模型能够发现并保留相似局部结构的特征。具体来说，全局-局部对损失函数采用噪声对比形式，通过最小化消息图的二进制交叉熵来最大化本地消息表示和全局概要之间的互信息：

$$L_p = \frac{1}{N} \sum_{i=1}^{N} \left(\log S\left(h_{m_i}, s\right) + \log(1 - S(\overline{h}_{m_i}, s)) \right) \tag{4.3}$$

其中，$s \in R^{d'}$ 为消息图的总结，简单地使用所有消息图表示的均值；$\overline{h}_{m_i}$ 为一个受到破坏的消息 m_i 的表示，并由 GNN 嵌入图 $\varepsilon(\tilde{X}, A)$ 学习得到，$\tilde{X}$ 是通过将 X 按行随机排列得到的；$S(\cdot)$ 是一个双线性评分函数，它输出两个操作数来自联合分布的概率。实际上，总损失就是 L_t 与 L_p 的总和。这种全局-局部对损失函数的引入可以让模型更好地利用消息图中的结构信息，帮助模型更好地理解和学习事件之间的上下文关系和相互作用。

　　为了处理大型消息图，可以采用小批量子图采样的方法，这意味着在训练期间，我们将从整个消息图中随机选择一小部分子图作为训练样本。每个子图由一组相关的消息组成，并且在生成子图时，我们将根据需要选择正样本和负样本，以构建用于对比学习的三元组。在对比损失函数 L_t 中，使用的三元组是由每个小批量数据生成的。对于额外的损失函数 L_p 中的 h_{m_i}、$\bar{h}_{m_i}$ 和 s，也是通过每个子图计算得到的。通过小批量更新计算，模型可以具有动态可扩展性，以适应大型消息图的训练需求。这样的训练方式更符合消息流的动态增量本质，使得模型能够有效地处理不断涌现的新消息，并不断扩展其理解和学习的范围。

　　在依次介绍了对比学习思想、可扩展训练方法的基础上，我们将在 4.2.2 节着重介绍一个基于上述理论构建的保持知识增量学习的事件检测算法，即 KPGNN[128]。该算法采用小批量子图采样策略进行可扩展训练，并定期移除过时数据以保持动态嵌入空间，被证明在事件检测方面优于传统方法。

4.2.2　KPGNN：保持知识增量学习的事件检测算法

　　网络舆情事件检测任务具有复杂性和流式传输特性，因此在具有知识保留的增量学习环境中处理这一任务很有意义。增量学习的特点包括从数据中获取知识、保存以前学习的知识以及不断适应输入的数据，非常适用于对网络中快速更替的消息流进行建模，并能够根据新的数据和事件快速调整模型。然而，现有的针对流式消息的事件检测方法普遍存在事件特征不明确、文本内容分散、多语言等问题，导致准确率和泛化能力较低。本节将介绍一种保持知识增量学习的事件检测算法，即 KPGNN[128]，从以前未见过的数据中扩展知识。

　　事件的检测在产品推荐和危机管理等领域有着广泛的应用。传统的增量学习方法在解决事件检测问题时存在一些限制，无法充分利用社会数据中的丰富语义和结构信息，并且不能记住先前获取的知识。KPGNN 将复杂的社交消息建模为统一的社交图，并探索了图神经网络 (GNN) 在知识提取方面的表现力，以获得更多的知识。为了应对不断变化的事件类别数量，KPGNN 采用对比损失项进行训练，以实现对输入数据的持续适应。KPGNN 利用 GNN 的归纳学习能力有效地检测事件。为了处理大规模的社交流数据，KPGNN 采用了小批量子图采样策略进行可扩展的训练，并定期删除过时的数据以保持动态嵌入空间。KPGNN 不需要特征工程，并且几乎没有需要调整的超参数。实验结果证明了 KPGNN 相对于各种基线方法的优越性。

　　给定一个事件流 S 和一个增量事件检测模型 $f_t(M_i; \theta_t, \theta_{t-w}) = E_i$，其中 M_i 为消息块，E_i 为 M_i 中包含的事件集合，w 为用于更新模型的窗体大小，θ_t、θ_{t-w} 分别为模型 f_t 和 f_{t-w} 的参数，f_t 为 f_{t-w} 的一个知识拓展，令 f_0 为初始模型。

　　接下来，对 KPGNN 模型进行详细介绍，如图 4.1 所示。

　　在预处理过程中，其目标是：

　　(1) 通过从消息中提取不同类型的信息元素，充分利用社会数据。

（2）以统一的方式组织提取的元素，以便于进一步处理。

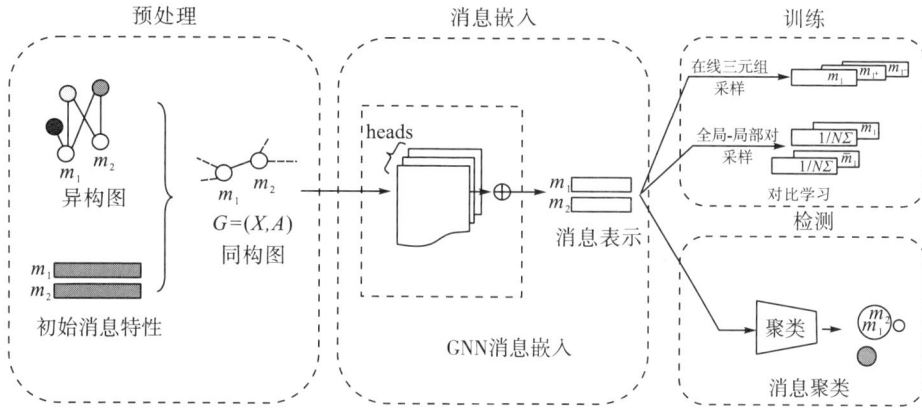

图 4.1　KPGNN 架构

在此利用异构信息网络(HIN)来实现这些目标。HIN 是包含一种以上类型的节点和边的图形。给出一条消息 m_i，从文档中提取一组命名实体和单词(过滤掉了非常常见和罕见的单词)。将提取的元素，与 m_i 本身作为节点添加到 HIN 中。在 m_i 和其他元素之间添加边。例如，可以提取一个节点"m_1"，单词节点包括"fire"和"tears"，用户节点包括"user1"和"user2"。在"m_1"和其他节点之间添加边。对所有消息重复相同的过程，合并重复的节点。最终，得到了一个包含所有不同类型的消息及其元素的异构社交图。将节点类型，即消息、单词、命名实体和用户分别表示为 m、o、e、u。

KPGNN 作为一个文档枢轴模型，专注于学习消息之间的相关性，因此采用了不同的设计，并将异构社交图映射为同构消息图。同构消息图只包含消息节点，并且在共享一些公共元素的消息之间存在边。通过映射，同构消息图保留了异构社交图编码的消息相关性。KPGNN 通过设计学习消息之间的相关性，将异构社交图映射为同构消息图，映射过程如下：

$$A_{i,j} = \min\left\{\left[\sum_k W_{mk} \cdot W_{mk}^{\mathrm{T}}\right]_{i,j}, 1\right\}, k \in \{o,e,u\} \tag{4.4}$$

其中，A 为同构消息图的邻接矩阵；$[\cdot]_{i,j}$ 为矩阵中第 i 行第 j 列的元素；k 为节点类型；W_{mk} 为异构社交图的邻接矩阵的子矩阵，包含类型为 m 的行和类型为 k 的列。

为了利用数据中的语义和时间信息，需要对消息进行特征向量化。具体而言，文档特征被计算为文档中所有单词的预训练单词嵌入的平均值。时间特征是通过对时间戳进行编码来计算的：将每个时间戳转换为 OLE 日期，其分数和积分分量形成一个二维向量。然后，执行这两者的消息串联，得到的初始特征向量为 $X = \{x_{m_i} | 1 \leqslant i \leqslant N\}$，其中 x_{m_i} 是 m_i 的初始特征向量，N 是消息总数。将同构消息图表示为 $G=(X,A)$。需要注意的是，G 不是静态的。当一个新的消息块到达并进行检测时，通过将新的消息节点与现有消息节点的链接以及它们自身的链接插入 G 中来更新 G。类似地，定期从 G 中删除过时的消息节点和

与它们相关的边。

为了以知识保留的方式研究消息之间的相关性，KPGNN 利用 GNN 来学习消息表示，训练一个 GNN 编码器，让其按层传播：

$$h_{m_i}^{(l)} \leftarrow \underset{\|}{\text{heads}} \left(h_{m_i}^{(l-1)} \oplus \underset{m_j \in N(m_i)}{\text{Aggregator}} (\text{Extractor}(h_{m_j}^{(l-1)})) \right) \tag{4.5}$$

其中，$h_{m_i}^{(l)}$ 为 m_i 的第 l 个 GNN 层，$h_{m_i}^{(0)} = x_{m_i} \cdot N(m_i)$；$N(m_i)$ 为消息 m_i 的邻域；$\oplus$ 为聚合；$\underset{\|}{\text{heads}}$ 为多 heads 的串联；Aggregator 表示聚合器；Extractor 表示提取器。

为了使 KPGNN 能够实现增量工作并嵌入以前看不见的消息，这里采用图注意力机制来进行邻域信息提取和聚合。KPGNN 处理不断发展的消息图，其中新的消息节点不断加入，并且模型可以推广到甚至完全看不见的消息图。

KPGNN 使用学习到的表示，编码了模型对消息的自然语言语义、时间信息和同构消息图的结构信息的知识，同时通过对比训练调整了学习到的参数，保留了模型对社会数据性质的知识，从而实现了事件检测的目的。KPGNN 通过构建一个对比三重损失，能够在不限制事件总数的情况下区分事件。具体来说，对于每个消息 m_i，采样一个正面消息 m_{i^+} 和一个负面消息 m_{i^-}，形成一个三元组 (m_i, m_{i^+}, m_{i^-})，参考式(3.59)。三重损失函数将正面信息推向锚点，使负面信息远离锚点。

$$L_t = \sum_{(m_i, m_{i^+}, m_{i^-}) \in T} \max \left\{ \mathcal{D}(h_{m_i}, h_{m_{i^+}}) - \mathcal{D}(h_{m_j}, h_{m_{i^-}}) + a, 0 \right\} \tag{4.6}$$

其中，T 为一组以在线方式采样的三元组；$\mathcal{D}(\cdot)$ 为一个超参数，用来计算两个向量之间的欧氏距离；$a \in R$ 为一个超参数，用于控制消极信息与积极信息之间的距离。

为了整合消息图的结构信息，使用全局-局部对损失让 KPGNN 发现并保留相似的局部结构特征。KPGNN 使用最小化消息图的交叉熵来最大化消息图的局部消息表示和全局摘要之间的互信息。

$$L_p = \frac{1}{N} \sum_{i=1}^{N} \left(\log S(h_{m_i}, s) + \log(1 - S(\bar{h}_{m_i}, s)) \right) \tag{4.7}$$

其中，s 为所有消息表示的平均值；$\bar{h}_{m_i}$ 为一个错误表示，由 $\varepsilon(\tilde{X}, A)$ 学习得到，其中 $\tilde{X}$ 由 X 逐行混洗构造；$S(\cdot)$ 为一个双线性评分函数，它输出两个操作数来自联合分布(即从同一图中学习)的概率。KPGNN 的总损失是 L_p 和 L_t 的和。

为了使 KPGNN 可扩展到大型消息图，在训练过程中采用了小批量子图采样。L_t 中使用的三元组由每个小批量构建。h_{m_i}、$\bar{h}_{m_i}$ 和 s 在 L_p 中也从每个子图中计算出各自的数据。

KPGNN 作为增量模型，需要定期恢复训练以保持模型知识的不断更新。在维护阶段，训练不是从头开始的，而是使用上一个时间窗口期间到达的新数据，在先前知识(现有模型参数)的基础上继续进行的。在检测阶段，根据学习到的消息表示对消息进行聚类。例如，使用基于距离的聚类算法(如 k-means)和基于密度的聚类算法(如 DBSCAN)。

4.2.3　实验结果

数据集：对两个大规模的、公开可用的数据集［即 Twitter 数据集和 MAVEN（massive event detection，海量事件检测）数据集］进行实验。Twitter 数据集用于评估 DP（dynamic programming，动态规划）社会事件检测方法。在过滤掉重复和无法检索的推文后，该数据集包含 68841 条手动标记的推文，涉及 503 个事件类，这些数据分布在不同的区域内。MAVEN 是一个基于维基百科文档构建的通用领域事件检测数据集，删除与多种事件类型相关的句子（即消息），过滤后的数据集包含 10242 条与 154 个事件类相关的消息。

基线方法：将 KPGNN 与一般的消息表示学习和相似性测量方法、离线社会事件检测方法和增量方法进行比较。对比的基线包括以下几种。

（1）Word2vec[124]：它使用消息中所有单词的预训练 Word2vec 嵌入的平均值作为其表示。

（2）LDA（latent Dirichlet allocation，潜在狄利克雷分配）[131]：一种生成统计模型，通过对底层主题和单词分布建模来学习消息表示。

（3）WMD（word mover's distance，词移动距离）[132]：它通过计算单词嵌入其中一条信息到达另一条信息所需的最小距离来测量两条信息之间的差异。

（4）BiLSTM（bidirectional long short-term memory，双向长短期记忆）[133]网络：可用于学习消息中单词之间的双向长期依赖关系。

（5）PP-GCN[127]：一种基于 GCN 的离线细粒度社会事件检测方法。

（6）Event X[126]：一种基于社区检测的细粒度社会事件检测方法，适用于在线场景。

（7）KPGNN$_t$：KPGNN$_t$ 是 KPGNN 的一个变体，其中全局-局部对损失项 L_p 从损失函数中去除，并且只使用三重态损失项 L_t。

对于不同模型的性能，使用归一化互信息（NMI）[129]、调整后互信息（AMI）[134]和调整后兰特指数（adjusted Rand index，ARI）[130]进行评估。这些指标用于衡量模型检测到的消息簇与实际地面簇之间的相似性。归一化互信息（NMI）是从预测分布中提取关于实际标签分布的信息量的度量方法，被广泛应用于社会事件检测方法的评估中。调整后互信息（AMI）与 NMI 类似，也衡量两个聚类之间的相互信息，但会根据偶然性进行调整。调整后兰特指数（ARI）综合考虑了预测标签对和计数对在相同或不同簇中的分配情况，并且还考虑了偶然性因素。这些指标可以帮助评估不同模型在社会事件检测方面的性能。

实验结果评估：将 KPGNN 与脱机场景中的基线进行比较。对于 Twitter 和 MAVEN 这两个数据集，随机抽取 70%、20% 和 10% 的样本分别进行训练、测试和验证，并在表 4.1 和表 4.2 中总结了各方法的评估结果。

表 4.1　Twitter 数据集上的离线评估结果

指标	Word2vec 评分	LDA 评分	WMD 评分	BiLSTM 评分	PP-GCN 评分	Event X 评分	KPGNN$_t$ 评分	KPGNN 评分
NMI	0.44±0.00	0.29±0.00	0.65±0.00	0.63±0.00	0.68±0.02	0.72±0.00	0.69±0.01	0.70±0.01
AMI	0.13±0.00	0.04±0.00	0.50±0.00	0.41±0.00	0.50±0.02	0.19±0.00	0.51±0.00	0.52±0.01
ARI	0.02±0.00	0.01±0.00	0.06±0.00	0.17±0.00	0.20±0.01	0.05±0.00	0.21±0.01	0.22±0.01

表 4.2 MAVEN 数据集上的离线评估结果

指标	Word2vec 评分	LDA 评分	WMD 评分	BiLSTM 评分	PP-GCN 评分	Event X 评分	KPGNN$_t$ 评分	KPGNN 评分
NMI	0.42±0.00	0.35±0.00	0.46±0.00	0.44±0.00	0.49±0.01	0.69±0.00	0.51±0.01	0.52±0.01
AMI	0.08±0.00	0.04±0.00	0.11±0.00	0.06±0.00	0.15±0.01	0.01±0.00	0.19±0.01	0.19±0.00
ARI	0.02±0.00	0.01±0.00	0.04±0.00	0.02±0.00	0.06±0.00	0.00±0.00	0.10±0.00	0.10±0.00

KPGNN 在归一化互信息(NMI)、调整后互信息(AMI)和调整后兰特指数(ARI)指标上都表现出很大的优势，优于通用消息嵌入方法(Word2vec、WMD、BERT 和 BiLSTM)和相似性测量方法(LDA)(Twitter 数据集上的 NMI、AMI 和 ARI 分别为 8%～141%、4%～1200% 和 29%～2100%，MAVEN 数据集上的 NMI 和 AMI 分别为 13%～49%、73%～375% 和 150%～900%)。这是因为这些方法要么依赖于测量消息元素的分布(LDA)，要么依赖于消息嵌入(Word2vec、WMD、BERT 和 BiLSTM)，而它们都忽略了底层的社会图结构。与之不同的是，KPGNN 同时利用了社交消息中的语义和结构信息，从而获得了更多的知识。KPGNN 的性能也优于 PP-GCN 和 KPGNN。这意味着它引入全局-局部对损失项 L_p 能帮助模型从图结构中学习更多的知识。请注意，尽管 PP-GCN 表现出强大的性能，但它采用了平稳的图结构，无法适应动态的社交流。相反，KPGNN 能够不断适应和扩展传入消息的知识。与 KPGNN 相比，Event X 显示出更高的 NMI，但 AMI 和 ARI 要低得多。这表明，无论是否实际捕获了更多信息，Event X 都倾向于生成更多的集群，而 KPGNN 总体上更强，因为它在所有指标中得分最高或第二高。

4.3 尺度自适应学习的流式事件检测

尺度自适应学习舆情事件检测技术能够根据不同尺度进行自适应调整，在进行本节内容的学习时，先介绍两种神经网络模型：LSTM 模型和门控循环单元(gated recurrent unit，GRU)。

4.3.1 LSTM 模型

LSTM 模型[135]是一种常用于处理序列数据的循环神经网络(RNN)模型。LSTM 模型通过引入 3 个门(遗忘门、输入门和输出门)控制来解决长序列训练时的梯度消失和梯度爆炸问题。具体来说，LSTM 模型通过遗忘门、输入门和输出门来控制信息的流动，实现了对序列中重要信息的选择性记忆。LSTM 模型结构如图 4.2 所示。

LSTM 的具体工作流程如下。

(1)输入。①x_t：输入序列 t 时刻的向量，维度为 m；②h_{t-1}：上一时刻的隐藏状态，维度为 n；③c_{t-1}：上一时刻的记忆细胞状态，维度为 n。其中，m 为输入向量的维度，n 为 LSTM 模型的隐藏层维度。

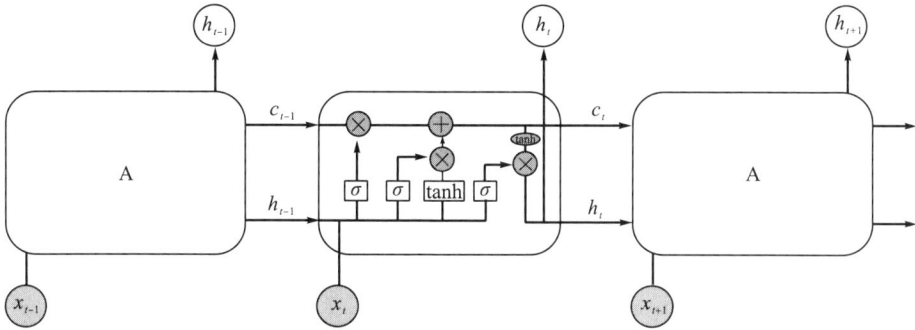

图 4.2　LSTM 模型结构

（2）遗忘门：根据当前的输入 x_t 和上一时刻的隐藏状态 h_{t-1}，计算遗忘门的输出 $f_t = \text{sigmoid}(W_f[x_t, h_{t-1}] + b_f)$，其中 W_f 和 b_f 是遗忘门的参数。

（3）输入门：根据当前的输入 x_t 和上一时刻的隐藏状态 h_{t-1}，计算输入门的输出 $i_t = \text{sigmoid}(W_i[x_t, h_{t-1}] + b_i)$ 和对应的候选记忆细胞状态 $\tilde{c}_t = \tanh(W_c[x_t, h_{t-1}] + b_c)$，其中 W_i、W_c、b_i 和 b_c 为输入门和候选记忆细胞状态的参数。

（4）更新记忆细胞状态：使用遗忘门 f_t、输入门 i_t 和候选记忆细胞状态 $\tilde{c}_t$，更新记忆细胞状态 $c_t = f_t \bigcirc c_{t-1} + i_t \bigcirc \tilde{c}_t$，$\bigcirc$ 表示逐元素乘法。

（5）输出门：根据当前的输入 x_t 和上一时刻的隐藏状态 h_{t-1}，计算输出门的输出 $o_t = \text{sigmoid}(W_o[x_t, h_{t-1}] + b_o)$ 和当前时刻的隐藏状态 $h_t = o_t \bigcirc \tanh(c_t)$，其中 W_o 和 b_o 为输出门的参数。

通过遗忘门、输入门和输出门的调节，LSTM 模型可以选择性地保留或遗忘之前的记忆。

4.3.2　GRU 模型

门控循环单元（GRU）[135]也是一种循环神经网络模型，与 LSTM 模型类似，都是为了解决长序列的训练问题。GRU 引入了两个门控制来选择性地保存或遗忘信息，使得模型在计算效率和准确率之间取得了更好的平衡。GRU 时间单元如图 4.3 所示。

GRU 模型的具体工作流程如下。

（1）输入。① x_t：输入序列 t 时刻的向量，维度为 m；② h_{t-1}：上一时刻的隐藏状态，维度为 n。

（2）更新门：根据当前的输入 x_t 和上一时刻的隐藏状态 h_{t-1}，计算更新门的输出 $z_t = \text{sigmoid}(W_z[x_t, h_{t-1}] + b_z)$，其中 W_z 和 b_z 为更新门的参数。

（3）重置门：根据当前的输入 x_t 和上一时刻的隐藏状态 h_{t-1}，计算重置门的输出 $r_t = \text{sigmoid}(W_r[x_t, h_{t-1}] + b_r)$，其中 W_r 和 b_r 为重置门的参数。

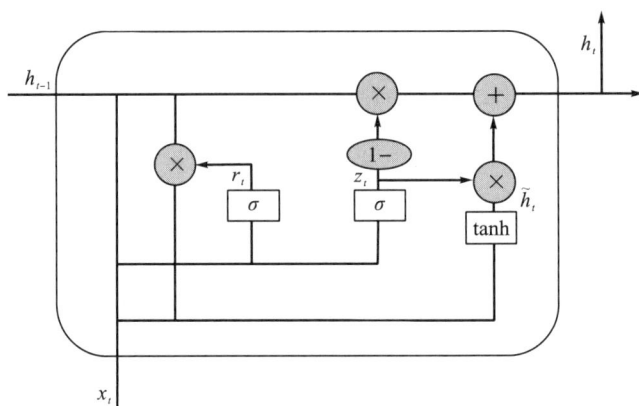

图 4.3 GRU 时间单元

（4）候选隐藏状态：由于 GRU 没有显式的记忆细胞状态，需要通过计算候选隐藏状态 $\tilde{h}_t = \tanh(Wr_t \odot h_{t-1})$ 来记录历史信息，其中 W 为参数矩阵。

（5）更新隐藏状态：最后，根据更新门 z_t 和候选隐藏状态 $\tilde{h}_t$，计算当前时刻的隐藏状态 $h_t = (1 - z_t) \odot h_{t-1} + z_t \odot h_t$。

相较于 LSTM 模型，GRU 模型仅引入了两个门控制，形式更简单，且计算效率更高。

4.3.3 自适应缩放递归神经网络

尺度自适应学习在舆情事件检测中发挥着重大作用。本节介绍一种自适应缩放循环神经网络，即注意力分段循环神经网络(attention segmental recurrent neural network，ASRNN)[136]，这是一种简单的 RNN 结构扩展，它允许网络根据时间上下文自适应地调整尺度，以在不同时间步长上工作。ASRNN 主要由 3 个部分构成，分别是尺度参数化、自适应尺度学习和嵌入 RNN。

假设 $X = [x_1, x_2, \cdots, x_T]$ 是一个输入流式序列。在 t 时刻，ASRNN 通过将原始输入序列 X 和尺度小波核函数 $\phi_{jt} = \phi\left(\dfrac{i}{2^{jt}}\right)$ 进行因果卷积得到一个与尺度相关的输入 $\tilde{x}_t$。

$$\tilde{x}_t = (X * \phi_{jt})_t = \sum_{i=0}^{2^{jt}K-1} x_{t-i}\phi\left(\frac{i}{2^{jt}}\right) \tag{4.8}$$

其中，K 为小波核的长度，决定了 $\tilde{x}_t$ 的长度，在任意时刻 t，给定一个尺度 jt，jt 取值的大小决定了每次跨越的长度，jt 的长度决定了候选 $\tilde{x}_t$ 的个数。

ASRNN 用小波核取代了通常的卷积核，小波核带有缩放系数，通过改变 jt，$\tilde{x}_t$ 可以包含来自不同尺度级别的信息。

为了在不同的时间 t 调整尺度 jt，需要从分类分布中对 jt 进行采样，其中每个类别概率由时间上下文隐含地确定。ASRNN 采用 Gumbel-Softmax(GM)分布[137]，这是一种分类分布的可微近似，允许梯度通过其样本反向传播。此外，GM 采用了重参数化技巧，将分布划分为一个基本的独立随机变量和一个确定性函数。因此，可以通过一个可微分的过程将分类采样与时间上下文联系起来。假设 $\pi_t = \left[\pi_0^t, \cdots, \pi_{J-1}^t \right] \in [0,1]^J$ 是尺度集 $\{0, \cdots, J-1\}$ 的类概率，$z_t = \left[z_0^t, \cdots, z_{J-1}^t \right]$ 是与时间 t 相关的一些对数，J 为考虑的尺度的数量。π_t 和 z_t 之间的关系可以写成

$$\pi_i^t = \frac{\exp(z_i^t)}{\sum_{i'=0}^{J-1} \exp(z_i^t)} \tag{4.9}$$

其中，$i \in \{0, \cdots, J-1\}$。设 $y_t = \left[y_0^t, \cdots, y_{J-1}^t \right] \in [0,1]^J$ 为 GM 的样本。当 $i = 0, \cdots, J-1$ 时，y_i^t 可计算为

$$y_i^t = \frac{\exp((\log \pi_i^t + g_i) / \tau)}{\sum_{i=0}^{J-1} \exp((\log \pi_i^t + g_i) / \tau)} \tag{4.10}$$

其中，g_i 为从独立同分布的 Gumbel 分布中提取出来的样本，τ 控制 GM 接近真实分类分布的程度。换句话说，当 τ 趋于 0，y_t 将成为 jt。ASRNN 通过这样的方式就可以将该时间 t 最有可能选的尺度选择出来。可以通过使用 GM 对 z_t 的可微函数进行近似来采样 jt。为此，进一步定义 z_t 的隐藏状态 h_{t-1} 和输入 x_t。

$$z_t = W_z h_{t-1} + U_z x_t + b_z \tag{4.11}$$

其中，W_z 和 U_z 分别为权重矩阵；b_z 为偏差向量。结合式 (4.8) ～ 式 (4.10)，通过从由 h_{t-1} 和 x_t 参数化的 GM 分布中采样来实现动态改变 jt 的目标。

当得到 $\tilde{x}_t$ 后，如何将其嵌入 RNN（如 LSTM、GRU）中就变得很简单了，由于 $\tilde{x}_t$ 和 jt 的采样都不依赖于任何特定的存储单元设计，用 $\tilde{x}_t$ 替换原始输入 x_t 很简单。例如，具有 LSTM 单元的 ASRNN 可以表示为

$$\begin{cases} f_t, i_t, o_t = \text{sigmoid}(W_{f,i,o} h_{t-1} + U_{f,i,o} \tilde{x}_t + b_{f,i,o}) \\ g_t = \tanh(W_g h_{t-1} + U_g \tilde{x}_t + b_g) \\ c_t = f_t \bigcirc c_{t-1} + i_t \bigcirc g_t \\ h_t = o_t \bigcirc \tanh(c_t) \end{cases} \tag{4.12}$$

具有 GRU 单元的 ASRNN 可以表示为

$$\begin{cases} z_t, r_t = \text{sigmoid}(W_{z,r} h_{t-1} + U_{z,r} \tilde{x}_t + b_{z,r}) \\ g_t = \tanh(W_g h_{t-1} + U_g \tilde{x}_t + b_g) \\ c_t = z_t \bigcirc c_{t-1} + (1 - z_t) \bigcirc g_t \end{cases} \tag{4.13}$$

其中，W_* 和 U_*（下标 * 可以为 g、z、r 等）分别为权重矩阵；b_* 为偏差向量；$\bigcirc$ 为按元素相乘。值得一提的是，当 $J = K = 1$ 时，传统 RNN 单元是其 ASRNN 对应单元的特殊情况。

4.4 社交媒体中的多尺度流式事件检测

传统的事件检测方法大多基于固定的时间和空间分辨率，而在现实中，不同尺度的事件通常是同时发生的，即它们在时间和空间上跨越不同的间隔。本节首先介绍一种利用社交媒体数据进行多尺度事件检测的方法，该方法考虑了数据中事件的不同时空尺度。具体来说，该多尺度事件检测方法探索了小波变换的特性，小波变换是信号处理中发展良好的多尺度变换，可以自动处理时间尺度和空间尺度之间的相互作用。然后，介绍一种算法来计算适当尺度的数据相似图，并通过单个基于图的聚类过程同时检测不同尺度的事件。

4.4.1 事件的时空检测

定义：社交媒体中的事件是真实世界中发生的事件，这些事件通过集中在时间和空间上，或者至少集中在这两个维度中的一个维度上的数据来反映。

如上定义的事件通常具有不同的时间和空间尺度，即它们在时间和空间上跨越不同的间隔。此外，还有一些数据不包含任何有关正在进行的事件的信息，比如"在工作中"或者"在家感觉很棒"等非信息性推文。当非信息性推文构成输入数据的很大一部分时，与事件相关的推文可能会被淹没在噪声中。在这种情况下，识别感兴趣的信息变得非常困难。

目标：考虑一个包含时间、空间和文本信息的数据流。目标是设计满足以下要求的事件检测方法：①能够识别出现在多个时空尺度上的事件，即影响或发生在不同时间和空间间隔中的事件；②对数据中存在的模糊和噪声信息具有鲁棒性。

本节将事件检测视为一个基于图的聚类问题，其中图的顶点表示推文，而边反映了它们的相似性。该事件检测的目标是将类似的推文分组到同一个聚类集群中，使它们对应于真实世界的事件。聚类算法利用推文之间的相似性度量进行分组，该度量考虑了推文的时间、空间和文本特征。直观地说，参与同一事件的用户生成的两条推文应该共享许多通用术语，并在时间和/或空间上紧密定位。

4.4.2 基于时空约束的局部事件检测

上面定义的事件可以在时间和空间上具有不同的本地化行为。当事件在两个维度上都被局部化时，可以通过对数据施加时空约束来有效地实现事件检测。本小节首先描述一种用于检测在时间和空间上定位的事件的基线方法，这是理解稍后介绍的多尺度事件检测的第一步。基线事件检测方法引出了一个聚类问题，旨在将对应于同一现实世界事件的推文分组在一起。因此，不同推文之间的相似性度量很重要。在基线事件检测方法中，每对推文 t_i 和 t_j 之间的相似性可表示为

$$S_1(t_i, t_j) = \begin{cases} s_{\text{tf}-\text{idf}}(t_i, t_j), & t(t_i, t_j) \leqslant T_t \text{且} d(t_i, t_j) \leqslant T_d \\ 0, & \text{其他} \end{cases} \tag{4.14}$$

其中，$t(t_i, t_j)$ 和 $d(t_i, t_j)$ 分别为时间差（分）和空间距离（m）。阈值 T_t 和 T_d 强化了事件的局部性，并施加了严格的时空约束。在这样的约束下，具有相当高文本相似度的两条推文 t_i 和 t_j 往往指向现实世界中的同一事件。函数 $s_{\text{tf}-\text{idf}}(t_i, t_j)$ 使用术语频率-逆文档频率（$\text{tf}-\text{idf}$）加权方案，根据两条推文的向量表示之间的余弦角表示 t_i 和 t_j 的文本相似度。

给定 $S_1(t_i, t_j)$ 作为推文之间的成对相似性，可以参照式（4.15）创建一个邻接矩阵 W_1 的无向加权图：

$$W_1(i, j) = \begin{cases} S_1(t_i, t_j), & i \neq j \\ 0, & i = j \end{cases} \tag{4.15}$$

其中，顶点表示推文，并且边（连同相关联的权重）由 $S_1(t_i, t_j)$ 定义。通过将图的顶点划分为不相交的簇，每个簇都应该包含可能对应于同一事件的推文。此外，由于约束，这些事件在时间和空间上都是局部化的。

上面描述的基于图的聚类方法输出一组与时间和空间上的本地化事件相对应的聚类。

阈值 T_t 和 T_d 的选择在基于时空约束的局部事件检测中是至关重要的。在没有先验信息的情况下，可以选择它们，使它们与待发现事件的预期时间和空间跨度相对应。通过适当地设置 T_t 和 T_d，该算法就可以有效地检测规模相似且在时间和空间上都足够集中的事件。然而，对于不同尺度的事件，将阈值设置得太低可能会破坏一些事件集群，而将阈值设置得太高通常会导致其他集群中出现更多的噪声信息。在这种情况下，需要更复杂的检测方案来识别出现在多个时空尺度上的事件。在下一小节中，将介绍一种基于小波的多尺度事件检测方法。

4.4.3　基于小波的多尺度事件检测

本小节首先介绍时空尺度之间关系和相互作用的模型，然后介绍一种基于小波的方案来计算推文之间的成对多尺度相似性。

1. 时空尺度关系模型

设计多尺度事件检测方法的根本问题在于如何正确处理不同尺度且不具有同步时空定位的事件。设有跨越不同时间和空间间隔的 3 个事件，其中两个事件只集中在一个维度上，而只在另一个维度上展开研究。在这种情况下，需要计算推文对 t_i 和 t_j 之间的相似性得分 $S_2(t_i, t_j)$，该得分仔细考虑不同事件的时间和空间尺度。将放宽式（4.14）中定义的时间和空间维度的严格约束，使 $S_2(t_i, t_j)$ 是在适当的尺度上计算的，实际上对应于基础事件的跨度。为此，对时空尺度之间的关系和相互作用进行如下建模：比例关系模型。当两条推文 t_i 和 t_j 共享公共术语并且在空间上接近时，可以在计算 $S_2(t_i, t_j)$ 时容忍较粗略的时间分辨率。反之亦然，当它们在时间上接近时，可以容忍更粗糙的空间分辨率。

如果两条推文 t_i 和 t_j 被认为是相似的，它们至少应该在一个时间或空间维度上以精细的分辨率相似，但不一定同时在两个维度上相似。因此，这种相似性代表了在检测不同时空尺度的事件时在时间和空间之间的权衡。这与现实世界中的事件通常发生在一个小的地理区域内，但可能跨越更长的时间间隔(例如，在城市的某个地点举行的抗议活动)，或者它们只在短的时间间隔内发生，但可能传播到更大的地理区域(例如，在一个城市的不同地区短暂停电)的观察结果相匹配。因此，可以在事件检测中放松式(4.14)中定义的严格约束。

然而，为了做到这一点，我们不会通过简单地选择更高的阈值 T_t 和 T_d 来比较具有较大时间或空间距离的两条推文 t_i 和 t_j，因为这会受到数据流中通常存在的文本歧义的影响(相同的单词根据上下文具有不同的含义)。我们没有将它们之间的确切时间和空间距离直接纳入相似性度量 $S_2(t_i, t_j)$ 的计算中，因为这可能导致一个尺度对另一个尺度的支配。这些局限性促使其发展出了一个更详细的分析模型，即不再将每条推文的时空信息作为一个整体来考虑，而是分析每条推文所包含的术语(或关键词)的时空模式。更具体地说，为了比较两条推文 t_i 和 t_j，建议查看它们共享的公共术语出现次数的时间序列之间的相似性(根据这些术语出现的推文数量来评估出现次数)。一方面，这使得在计算关键词时间序列之间的相似度时，可以研究时空尺度之间的相互作用。另一方面，这并不影响基于聚类的事件检测框架，因为推文之间的相似性最终将根据它们共享的公共术语的时间序列之间的相似性来计算。

构建关键字的时间序列如下。从初始时间分辨率 Δt 和空间分辨率 Δd 开始构建。对于 t_i 和 t_j 共享的每个项，使用时间分辨率 Δt 计算关键字出现次数的时间序列，这些时间序列基于 t_i 和 t_j 所属的两个地理单元对应的数据。这些地理单元是通过使用空间分辨率 Δd 离散地理区域来定义的。

2. 基于小波的相似性计算

使用基于小波的方法来测量关键字时间序列之间的相似性，时间序列之间的相似性通常通过其系数在小波变换下的相关性来衡量，小波变换是信号处理中发展良好的工具，可实现信号的多分辨率表示。基于小波的方法考虑使用离散小波变换(discrete wavelet transform，DWT)，因为它提供了一种自然的方法来处理不同的时间尺度。具体来说，由于小波的特性，不同级别的 DWT 近似系数自然对应于将时间序列从精细尺度(从初始时间分辨率开始)聚合到粗尺度，且聚合粒度为两倍。因此，为了评估时间序列在一定时间尺度上的相似性，只需要测量相应水平上的一组特定 DWT 系数之间的相关性。

多尺度事件检测的关键思想是在适当选择的时间尺度上评估两个时间序列之间的相似性，这反过来又由两个地理单元之间的空间距离决定。更具体地说，为空间距离引入了一些预定义的空间尺度。然后，如果空间尺度较粗，即 t_i 和 t_j 距离较远，则需要在更细的时间尺度上比较时间序列(最细的时间尺度为初始时间分辨率)；或者，如果空间尺度较精细，即 t_i 和 t_j 接近，则可以在更粗的时间尺度上比较时间序列。给定由参数 n_{scale} 指定的空间尺度的数量，使用对应于这些空间尺度的两个不同地理单元之间的最小和最大距离(基于单元的中心测量)之间的对数均衡来定义 n_{scale} 距离范围。根据尺度关系模型,再根据空间尺度反向选择时间尺度 S_t:

$$S_t = n_{\text{scale}} + 1 - S_S \tag{4.16}$$

例如,如果选择 $n_{\text{scale}} = 4$,空间尺度 $S_S \in \{1,2,3,4\}$,1 是最粗糙的,4 是最精细的,那么 S_t 取 4、3、2、1,分别代表从最精细到最粗糙的时间尺度。这反过来意味着分别在 1～4 的级别上计算 DWT。

现在可以定义两条推文 t_i 和 t_j 之间新的相似度度量如下:

$$S_2(t_i, t_j) = s_{\text{tf-idf}}(t_i, t_j) \times s_{st}(t_i, t_j) \tag{4.17}$$

其中,$s_{\text{tf-idf}}(t_i, t_j)$ 为 t_i 和 t_j 的文本相似度。对于 t_i 和 t_j 共享的每一项,可以计算对应时间序列的相似度;然后将 $s_{st}(t_i, t_j)$ 定义为 t_i 和 t_j 共享的所有项中的最大相似度。选择最大相似度的原因如下。首先,对于事件检测来说,理想的社交媒体平台通常包含简短的文本数据,其中两段文本如果对应于同一事件,则只会共享一些有用的通用术语,例如 Twitter、YouTube 和 Flickr 中的标签。其次,具体来说,在 Twitter 中,尽管许多推文可能共享相同的流行术语,但在经过术语过滤程序(该程序删除了通常在时间和空间中传播的"嘈杂"术语)之后,两个关键字时间序列之间在时空模式方面具有高度相似性的情况较少,特别是在精细的时间尺度上。因此,时间序列之间的高度相似性是 t_i 和 t_j 可能与同一事件有关的一个强有力的指标。取最大相似度而不是取平均相似度可以帮助我们保存这些信息。我们将两条推文之间的整体相似度视为其文本相似度的乘积($s_{\text{tf-idf}}(t_i, t_j)$)和它们共享术语的时空模式相似度($s_{st}(t_i, t_j)$)。这种整体相似度导致了基于时空约束的局部事件检测(local event detection,LED)和基于小波的多尺度事件检测(multi-scale event detection,MED)之间一个有趣的比较:两种方法都只考虑在事件检测中有意义的文本相似性($s_{\text{tf-idf}}(t_i, t_j)$)。然而,前者依赖于对 t_i 和 t_j 的固定时空约束,后者则着眼于共同术语的相似时空模式,从而为不同尺度的事件提供了更大的灵活性。最后,可以使用新的相似度度量来构造一个无向加权图 W_2:

$$W_2(i, j) = \begin{cases} S_2(t_i, t_j), & i \neq j \\ 0, & i = j \end{cases} \tag{4.18}$$

在多尺度事件检测方法中有许多参数。首先,利用初始分辨率参数 Δt 和 Δd 构建关键字时间序列;与 LED 中的 T_t 和 T_d 相比,由于尺度关系模型和随后使用基于小波的方案进行的尺度调整,它们不必适应各种事件的"真实"尺度。在实践中,可以简单地将它们设置得相对较小,例如,设置所需事件可能跨越的预期最小时间间隔和空间间隔。其次,n_{scale} 的空间尺度数量可以视为算法设计中的一个选择。直观上,n_{scale} 过小则不能充分利用时空尺度关系模型,而过大的尺度又会导致增加不必要的计算成本。该参数的选择也受到分辨率参数 Δt 和 Δd 的影响。一方面,Δd 决定了沿一个维度分布的地理单元 l_d 的数量,从而决定了数据的空间可变性。这隐式地控制了最大 n_{scale},以便生成的距离比例是有意义的。另一方面,给定一定时间跨度的数据,时间分辨率参数 Δt 将决定关键字时间序列 l_t 的长度,这反过来又决定了使用小波计算的最大(有意义的)水平,从而决定了最大时间尺度。基于这两个观察结果,建议考虑 $[\min(\log l_d, \log l_t)]$ 作为 n_{scale} 的上界,其中 $[\cdot]$ 为一个数的上限。

4.5　多样化尺度自适应的流式事件检测

多元时间序列(multivariate time series，MTS)在各种现实世界场景中无处不在，在舆情方面的事件检测中也不例外。多元时间序列预测旨在基于一组历史观测时间序列预测未来趋势，多元时间序列分析可以揭示事件的时序特征、变化趋势、周期性规律和相关性等重要信息，从而帮助我们更好地理解舆情事件的演化过程和影响因素。本节将介绍一种多尺度自适应图神经网络，即 MAGNN[138]，它能综合反映多尺度时间模式和特定尺度的变量间的依赖关系。MAGNN 架构如图 4.4 所示。

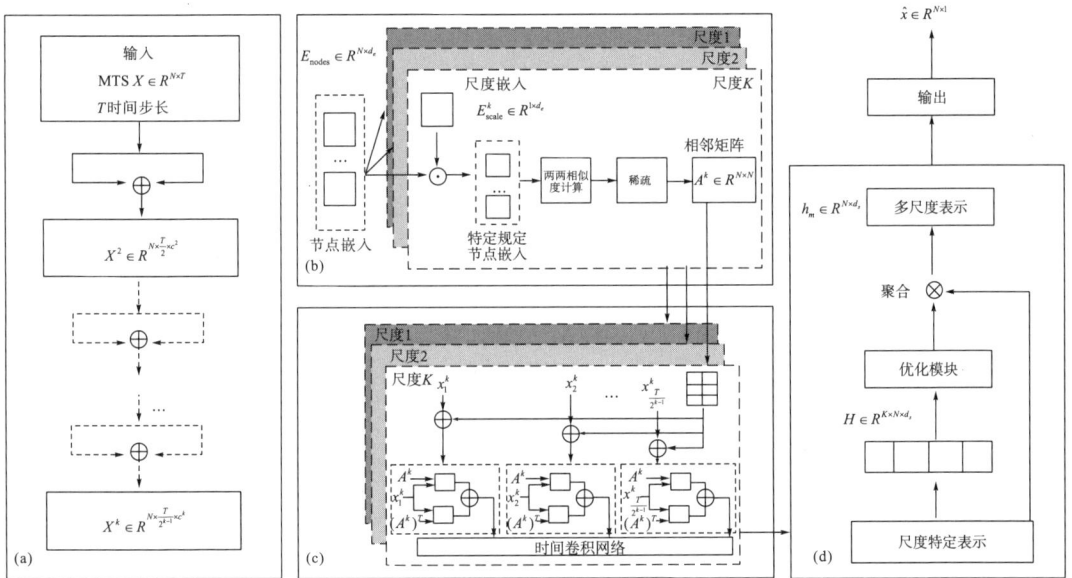

图 4.4　MAGNN 架构

MAGNN 主要由 4 个部分组成，分别是：①多尺度金字塔网络，可在不同的时间尺度上保持底层的时间层次；②自适应图学习模块，用于自动推断变量间的依赖关系；③多尺度时间图神经网络，用于捕捉各种尺度特定的时间模式；④规模融合模块，可有效促进不同时间尺度的协作。

4.5.1　多尺度金字塔网络

多尺度金字塔网络是一种用于处理时间序列数据的网络结构，它通过分层转换将原始时间序列分解为不同尺度的特征表示，以保留潜在的时间依赖性。

按照金字塔结构，MAGNN 应用多个金字塔层将原始时间序列从小尺度到大尺度分层转换为特征表示。这种多尺度结构使我们有机会在不同的时间尺度上观察原始时间序列。

具体而言，较小尺度的特征表示可以保留更细粒度的细节，而较大尺度的特征表示可以捕获缓慢变化的趋势。多尺度金字塔网络通过金字塔层生成多尺度特征表示。每个金字塔层都将前一层的输出作为输入，并生成更大规模的特征表示作为输出。具体而言，给定输入 MTS $X \in R^{N \times T}$，多尺度金字塔网络生成 K 个尺度的特征表示，并且第 k 个尺度特征表示为 $X^k \in R^{N \times \frac{T}{2^{k-1}} \times c^k}$，其中 N、T 是可变维度，$\frac{T}{2^{k-1}}$ 是第 k 个尺度中的序列长度，c^k 是第 k 个尺度的通道大小，这样可以得到从小尺度到大尺度的特征表示，用于观察不同时间尺度的原始时间序列。

金字塔层使用卷积神经网络来捕捉时间维度上的局部模式。不同的金字塔层采用不同的内核大小，起始层的卷积核较大，随后的层逐渐减小。这样做可以控制感受野的大小，并保持对大尺度时间序列的序列特征。

$$X_{\text{rec}}^k = \text{ReLU}(W_{\text{rec}}^k \otimes X^{k-1} + b_{\text{rec}}^k) \tag{4.19}$$

其中，$\otimes$ 为卷积算子；W_{rec}^k 和 b_{rec}^k 分别为第 k 个金字塔层中的卷积核和偏置向量。为了在不同的金字塔层保留潜在的时间依赖性，引入了另一个池化层的卷积神经网络，并与原始卷积神经网络并行使用。

$$X_{\text{norm}}^k = \text{Pooling}(\text{ReLU}(W_{\text{norm}}^k \otimes X^{k-1} + b_{\text{norm}}^k)) \tag{4.20}$$

然后，在每个尺度上对这两个卷积神经网络的输出进行逐点相加：

$$X^k = X_{\text{rec}}^k + X_{\text{norm}}^k \tag{4.21}$$

所学习的多尺度特征表示是灵活和全面的，以保持各种时间相关性。在特征表示学习过程中，为了避免 MTS 的变量之间的相互作用，在时间维度上进行卷积运算，并且变量维度是固定的，即在每个金字塔层的变量维度之间共享核。

4.5.2　自适应图学习模块

应用一个自适应图学习（adaptive graph learning，AGL）模块，用于生成表示多元时间序列（MTS）中变量间依赖关系的邻接矩阵，该模块具有 K 个尺度特定层。

受矩阵分解的启发，AGL 有两种参数：①节点嵌入 $E_{\text{nodes}} \in R^{N \times d_e}$ 在所有尺度之间共享，其中 d_e 是嵌入维度；②尺度嵌入 $E_{\text{scale}} \in R^{N \times d_e}$。对于第 k 个尺度特定层，尺度特定节点嵌入 E_{spec}^k 是通过第 k 个尺度嵌入 $E_{\text{scale}}^k \in R^{1 \times d_e}$ 和节点嵌入 E_{nodes} 的逐点相乘获得的：

$$E_{\text{spec}}^k = E_{\text{nodes}} \odot E_{\text{scale}}^k \tag{4.22}$$

其中，E_{spec}^k 包含共享节点信息和特定规模的信息。类似于使用相似性函数计算节点相似度，可以按以下方式计算成对节点的相似度。

$$M_1^k = [\tanh(E_{\text{spec}}^k \theta^k)]^{\text{T}} \tag{4.23}$$
$$M_2^k = [\tanh(E_{\text{spec}}^k \varphi^k)]^{\text{T}}$$
$$A_{\text{full}}^k = \text{ReLU}(M_1^k M_2^k - (M_2^k)^{\text{T}}(M_1^k)^{\text{T}})$$

其中，$\theta^k \in R^{1 \times 1}$ 和 $\varphi^k \in R^{1 \times 1}$ 为可学习的参数，用于从 E_{spec}^k 中获得节点的接收方和发送方特征，即分别为 M_1^k 和 M_2^k。激活函数 $\tanh$ 用于将输入值归一化为 $[-1,1]$。然后，通过激活

函数 ReLU 将 $A_{\text{full}}^k \in R^{N \times N}$ 的值归一化为 $[0,1]$，将其用作节点之间的软边。为了降低图卷积的计算成本，减少噪声的影响，使模型更具鲁棒性，引入一种使 A_{full}^k 稀疏的策略：

$$A^k = \text{Sparse}(\text{softmax}(A_{\text{full}}^k)) \tag{4.24}$$

其中，$A^k \in R^{N \times N}$ 为第 k 层的最终相邻矩阵；softmax 函数用于实现归一化，稀疏函数定义为

$$A_{ij}^k = \begin{cases} A_{ij}^k, & A_{ij}^k \in \text{TopK}(A_{i*}^k, \tau) \\ 0, & A_{ij}^k \notin \text{TopK}(A_{i*}^k, \tau) \end{cases} \tag{4.25}$$

其中，τ 为 TopK 函数的阈值，表示节点的最大邻居数量。从而，可以得到尺度特定的相邻矩阵 $\{A^1, A^2, \cdots, A^k, \cdots, A^K\}$。

4.5.3　多尺度时间图神经网络

给定从多尺度金字塔网络生成的多尺度特征表示 $\{X^1, X^2, \cdots, X^k, \cdots, X^K\}$ 和从 AGL 模块生成的尺度特定相邻矩阵 $\{A^1, A^2, \cdots, A^k, \cdots, A^K\}$，该方法使用一种多尺度时间图神经网络(multi-scale temporal graph neural network，MSTGNN)来捕获跨时间步长和变量的尺度特定时间模式。具体而言，MSTGNN 由 K 个时间图神经网络组成，每个网络结合时间卷积网络(temporal convolutional network，TCN)和 GNN 来捕捉尺度特定的时间模式。对于第 k 个尺度，首先在时间维度上拆分 X^k，得到 $\{x_1^k, \cdots, x_t^k, \cdots, x_{\frac{T}{2^{k-1}}}^k\}$。MSTGNN 引入了 A^k 和 A^k 的转置[即 $(A^k)^{\text{T}}$]，并利用两个 GNN 来捕获传入信息和传出信息。然后，添加 GNN 的结果：

$$\tilde{h}_t^k = \text{GNN}_{\text{in}}^k\left(x_t^k, A^k, W_{\text{in}}^k\right) + \text{GNN}_{\text{out}}^k\left(x_t^k, (A^k)^{\text{T}}, W_{\text{out}}^k\right) \tag{4.26}$$

其中，W_{in}^k、W_{out}^k 为 GNN 在第 k 个尺度中的可训练参数。然后，可以获得所有的输出 $\{\tilde{h}_1^k, \cdots, \tilde{h}_t^k, \cdots, \tilde{h}_{\frac{T}{2^{k-1}}}^k\}$，其被馈送到时间卷积层以获得尺度特定表示 h^k：

$$h^k = \text{TCN}^k\left(\left[\tilde{h}_1^k, \cdots, \tilde{h}_t^k, \cdots, \tilde{h}_{\frac{T}{2^{k-1}}}^k\right], W_{\text{tcn}}^k\right) \tag{4.27}$$

其中，W_{tcn}^k 为第 k 个时间卷积层中的可训练参数。可以看到利用 MSTGNN 的优势：①它可以捕获跨时间步长和变量的尺度特定的时间模式；②图卷积算子使模型能够明确地考虑变量间的依赖关系。

4.5.4　规模融合模块

所有特定尺度表示 $\{h^1, h^2, \cdots, h^k, \cdots, h^K\}$ 可以综合反映各种时间模式，其中 $h^k \in R^{N \times d_s}$，d_s 表示 TCN 的输出维度。为了获得最终的多尺度表示，直观的解决方案是直接连接这些特定尺度的表示，或者通过全局池化层聚合这些表示。但这些方法会忽略每个尺度的时间模式的重要性以及跨尺度之间的相关性。因此，研究者们提出了一个尺度融合模块，它可以考虑到每个特定尺度的时间模式的重要性，并且能够捕捉不同尺度之间的关联，从而得

到更具有鲁棒性的多尺度表示。给定特定尺度的表示 $\{h^1, h^2, \cdots, h^k, \cdots, h^K\}$，将这些表示连接起来以获得多尺度矩阵 $H \in R^{K \times N \times d_s}$：

$$H = \text{Concat}(h^1, h^2, \cdots, h^k, \cdots, h^K) \tag{4.28}$$

其中，Concat 为串联操作。规模维度上的平均池化层：

$$h_{\text{pool}} = \frac{\sum_{k=1}^{K} H^k}{K} \tag{4.29}$$

其中，$h_{\text{pool}} \in R^{1 \times N \times d_s}$。对 h_{pool} 进行扁平化处理，并将其输入由两个完全连接的层组成的细化模块中，以在不同的时间尺度上压缩细粒度信息：

$$\alpha_1 = \text{ReLU}(W_1 h_{\text{pool}} + b_1) \tag{4.30}$$
$$\alpha = \text{sigmoid}(W_2 \alpha_1 + b_2)$$

其中，W_1 和 W_2 分别为权重矩阵；b_1 和 b_2 为偏置矢量；sigmoid 激活函数用于第二层；$\alpha \in R^K$ 被定义为重要性得分向量，表示不同特定尺度表示的重要性。最后，利用加权聚合层来组合特定规模的表示：

$$h_m = \text{ReLU}\left(\sum_{k=1}^{K} \alpha[k] \times h^k\right) \tag{4.31}$$

其中，h_m 为最终的多尺度表示。

最终的输出模块包括一个核大小为 $1 \times d_s$ 的卷积神经网络，用于将 $h_m \in R^{N \times d_s}$ 转换为所需的输出维度，以及一个核大小为 1×1 的卷积神经网络，用于获得预测值 $\hat{x} \in R^{N \times 1}$。目标函数可以公式化为

$$\mathcal{L} = \frac{1}{\mathcal{T}_{\text{train}}} \sum_{i=1}^{\mathcal{T}_{\text{train}}} \sum_{j=1}^{N} (\hat{x}_{i,j} - x_{i,j})^2 \tag{4.32}$$

其中，$\mathcal{T}_{\text{train}}$ 为训练样本的数量；N 为变量的个数；$\hat{x}_{i,j}$ 和 $x_{i,j}$ 分别为第 i 个样本中第 j 个变量的预测值和真实值。

4.6 低成本的增量聚类的流式事件检测

近年来，从数据流中实时检测事件已经引起了世界各地研究人员的极大关注，研究人员针对从数据流中实时检测事件已经提出了不同的事件检测方法。在这种情况下面临的主要挑战之一是与实时事件检测相关的高计算成本。本节介绍一个事件检测系统 TwitterNews+，它结合反向索引和增量聚类方法，提供一个低计算成本的解决方案，可以从数据流中实时检测重大和次要的新闻事件。

4.6.1 预处理和后处理

本小节先了解一些关于 TwitterNews+ 的预处理和后处理操作，然后再对 TwitterNews+

进行具体阐述。

(1) 预处理。流数据通常包含与事件检测任务无关的信息。大量的推文包含垃圾邮件，这会影响事件检测系统的处理时间，并对准确性产生不利影响。为了提高准确性并减少 TwitterNews+ 处理的推文数量，TwitterNews+ 使用了一个垃圾邮件短语组成的手动列表（例如，"点击此处""免费访问"），应用了术语/短语级别的过滤器。包含这些垃圾邮件短语的推文在系统的预处理阶段被丢弃。垃圾邮件短语过滤器会过滤大部分推文。对于通过垃圾邮件短语过滤器的剩余推文，TwitterNews+ 在将剩余推文传递给搜索模块之前，将为每条推文生成一个增量术语向量。每条推文会进行标记。在为推文生成术语向量时，不考虑包含用户名/提及、停止词和统一资源定位符（uniform resource locator，URL）的令牌。

(2) 后处理。应用 3 个不同级别过滤器的组合来丢弃琐碎事件，同时保留 TwitterNews+ 生成的候选事件集群中有新闻价值的事件。

一级滤波器使用候选事件聚类中的熵和用户多样性信息，并保留熵和用户多样度值高于特定阈值的聚类。熵阈值（t_{ent}）确保簇中包含最小量的信息，并充当过滤器去除包含不足信息的簇。另外，正的用户多样性值确保集群包含来自多个用户的推文，并充当过滤器，从单个垃圾邮件发送者中删除包含推文的集群。

由于 TwitterNews+ 旨在检测主题上的软突发，以检测次要和重大事件，它将生成大小从非常小到很大的事件集群。有相当多的集群包含非常少量的推文和/或跨度很短。这些集群主要是普通的主题，如果不过滤掉，会降低检测到的事件的精度。然而，其中一些集群包含重要的有新闻价值的事件，对于那些小集群，使用来自新闻门户的 URL 来明确表明它们的新闻价值。

二级过滤器用于丢弃推文少于 10 条且不包含顶级在线新闻实体集合中新闻门户 URL 的候选事件集群。此外，推文时间跨度小于 1min 且没有可靠的新闻门户网址的事件集群也会被过滤掉。

第三级过滤器采用一种基于最长公共子序列（longest common subsequence，LCS）方法的过滤方法，该方法适用于词级。这里的思想是基于检查候选事件集发现的经验证据。我们注意到，用户或新闻机构传播的新闻通常遵循类似的句子结构。将传统的词级 LCS 算法应用于事件聚类的相关推文，并识别出具有最长公共子序列的推文。然后，使用 LCS 的长度来确定事件集群是否与有新闻价值的事件有关。如果事件聚类 c 中单词的最长公共子序列长度低于某一阈值（t_{lcs}），则 c 中的推文在句子结构上没有合适的相似性水平，c 被 TwitterNews+ 认为是没有新闻价值的事件，因此被丢弃。

经过后处理阶段的剩余事件是系统报告的有新闻价值的事件。

4.6.2 TwitterNews+：一种低计算成本的事件检测

TwitterNews+ 的两个主要组成部分是搜索模块和事件聚类模块。搜索模块处理第一阶段的操作，便于从 TwitterNews+ 维护的最近的推文集合中快速检索相似的推文，对输入的推文的新颖性提供二值决策。被搜索模块判定为"非唯一"的输入推文是以前遇到过的类似的推文。搜索模块使用这些信息来确认与事件相关的推文突发已经发生（软突发），或者输入的推文是正在进行的突发的一部分，需要跟踪。

由搜索模块确定为"非唯一"的推文被发送到事件聚类模块，该模块处理系统中第二阶段的操作。对于发送到该模块的每条推文，搜索可以分配该推文的候选事件聚类。如果 $\mathrm{tf-idf}$ 加权推文向量与事件聚类质心之间的余弦相似度超过一定阈值，则将推文分配给事件聚类。如果没有找到这样的聚类集群，则创建一个新的事件聚类，并将推文分配给新聚类集群。事件聚类模块包含一个碎片整理子模块，它将碎片事件聚类集群合并在一起。碎片整理子模块还有助于合并作为事件的子事件的聚类集群。最后，TwitterNews+使用一种基于单词级最长公共子序列(LCS)方法，以及一组不同的过滤器，从候选事件集群中保留有新闻价值的事件，并为每个事件识别有代表性的推文。

1. 搜索模块

大多数事件检测方法只专注于检测具有突发特征的事件(即重大事件)，而 TwitterNews+旨在检测本质上是非突发的事件(即次要事件)。TwitterNews+使用软突发检测方法，因而能够检测次要和重大事件。对软突发的检测只涉及确定输入推文的新颖性，这是通过将连续更新但固定数量的最新推文存储在反向索引中并对其与输入推文执行文本的相似性进行计算来实现的。如果输入推文可以找到文本相似的推文，那么这意味着输入推文"不是唯一的"，并且发生了特定事件的软推文突发。

为了减少搜索之前遇到的与输入推文 d 相似的推文所需的时间，同时保持恒定的时间和空间需求，TwitterNews+使用其在有限集 M 上维护的术语-推文反向(倒排)索引。集合 M 通过将最老的推文替换为最新的输入推文来不断更新，以保持术语-推文反向索引的内存需求不变，因为流推文中不受约束地使用词汇表，唯一的术语数量可能会增长得非常大。术语-推文反向索引的每个条目都包含一个术语和该术语出现的最近推文的有限集 Q。当推文的数量超过 Q 的限制时，将最老的推文替换为包含该术语的最新推文。为了找到 Q 的近似最近邻居，首先将推文标记并标记词性作为预处理阶段的一部分，并生成基于 $\mathrm{tf-idf}$ 的增量术语向量。

随后，从 d 中选择前 k 个 $\mathrm{tf-idf}$ 加权项，并且对于 K 个项中的每一个，搜索术语-推文反向索引，以检索最大 $K \times Q$ 个推文，其中至少出现了 K 个项之一。举个例子来阐述这个想法，让我们考虑一下输入推文"莫言获得诺贝尔文学奖"，其中 $\mathrm{tf-idf}$ 加权项的前三名是"莫言""诺贝尔"和"文学"。请注意，为了简单起见，术语"莫言"在本例中显示为复合名词，当在索引中使用复合名词的各个部分时，可以获得类似的结果。在术语-推文反向索引中搜索每个术语，并检索推文。最后，使用余弦相似性度量来计算检索到的推文中输入推文的近似最近邻居，使用欧几里得点积公式计算两个推文向量之间的余弦相似度。余弦相似度的阈值 t_{sr} 是根据经验为搜索模块设置的，以确定输入推文的新颖性。如果输入推文的近似最近邻居的余弦相似度高于 t_{sr} 值，则输入推文被认为是"不唯一的"，从而确认发生了软突发。

2. 事件聚类模块

搜索模块将被确定为"不唯一"的推文发送到事件聚类模块。在接收到推文 d 后，事件聚类模块以类似于搜索模块的方式利用术语-事件 ID 反向索引来提供低计算成本的解决方案，以查找可以将 d 分配到其中的事件聚类集群。术语-事件 ID 反向索引中的每个条目包含一个术语和最近出现该术语的事件聚类的 ID 的有限集合 Q。当存储的事件 ID 数量超过 Q 的限制时，最老的事件 ID 将被替换为包含该术语的最新事件 ID。对于 d 中前 k 项中的每一个，搜索术语-事件 ID 反向索引，以检索出现 K 个术语中的任何一个的事件集群的 ID。对于 K 项检索到的事件集群 ID 总数不超过 $K \times Q$，因为术语-事件 ID 反向索引中每个条目的最大容量为 Q。

为了用搜索模块中使用的相同示例来阐述这个想法，考虑输入的推文"莫言获得诺贝尔文学奖"被判定为"非唯一"并发送到事件聚类模块。推文中权重最高的三个词分别是"莫言""诺贝尔"和"文学"。在术语-事件 ID 反向索引中搜索每一个词条，检索 ID。注意，与输入推文进行比较的事件聚类总数始终小于 $K \times Q$。最后，将输入推文向量与检索到的每个事件聚类的质心进行比较，并将其分配给余弦相似度最高的聚类。如果余弦相似度低于某个阈值 t_{ev}，则创建一个新集群，并将推文添加到新创建的集群中。

事件聚类模块创建的每个事件集群都有一个与之相关的过期时间。当创建集群 c 时，将为集群设置初始过期时间。每当一条新推文被添加到 c 中时，过期时间根据 c 中连续推文到达之间的平均时间戳差异更新。一旦事件集群过期，它被标记为非活动，以避免与到达事件聚类模块的任何后续推文进行相似性比较。术语-事件 ID 反向索引在固定间隔后更新，以删除不活动的事件，以便维持固定的空间需求。

与搜索模块相似，事件聚类模块中最昂贵的操作是寻找一个可以放置推文的事件聚类集群。

对于任何增量算法，比如针对事件聚类模块的算法，当一个特定的事件作为一个新事件被检测多次，为同一事件创建多个事件聚类集群时，都会受到碎片化的困扰。因此，引入碎片整理策略能尽可能避免集群碎片化。碎片整理策略还有助于合并包含由主题漂移引起的事件的子事件的集群。在搜索与输入推文相似度最接近的聚类时，我们还跟踪集合 S_c 中与输入推文的余弦相似度大于 $t_{ev} + g_{ev}$ 的聚类。碎片整理粒度 (g_{ev}) 是事件聚类模块中用于合并碎片事件的阈值。在将推文分配给最接近的匹配簇（假设相似性大于 t_{ev}）之后，S_c 中的所有簇被合并以实现碎片整理。

4.7　本　章　小　结

舆情事件检测是一种基于计算机技术和文本挖掘技术的方法，通过自动化地分析和处理互联网上涉及某个主题的大量信息，从中筛选出与该主题相关的信息，并对其进行分类、评价和预警。舆情事件检测的主要目的是监控网络上的舆情事件，及时发现和解决问题，避免或减少不良事件对社会的影响。

（1）基于距离的 k-means 算法和基于密度的 DBSCAN 算法常用于事件检测的聚类划分工作。k-means 算法容易造成局部最优且严重依赖于输入的初始聚类数目 k；DBSCAN 算法不需要输入簇数就可以发现任意形状的聚类簇，不受初始值的影响。

（2）KPGNN 是一种保持知识增量学习的事件检测算法，通过引入对比学习思想并搭建增量学习框架来模拟适应不断输入的动态数据，以捕捉社交流中的丰富语义信息。

（3）LSTM 通过引入 3 个门控制来解决长序列训练时的梯度消失和梯度爆炸问题。

（4）GRU 与 LSTM 类似，都是为了解决长序列的训练问题而提出的。GRU 引入了两个门控制来选择性地保存或遗忘信息，使得模型在计算效率和准确率之间取得了更好的平衡。

（5）MAGNN 通过利用一个多尺度金字塔网络来建模时间层次，利用一个自适应图学习模块来自动推断变量间的依赖关系，利用一个多尺度时间图神经网络来建模变量内和变量间的依赖关系，以及利用一个规模融合模块来促进不同时间尺度的协作。

（6）MED 考虑了数据中事件的不同时空尺度，其融合了小波变换的特性，可以自动处理时间尺度和空间尺度之间的相互作用。

（7）TwitterNews+结合了反向索引和增量聚类方法，提供了一个低计算成本的解决方案，可以从数据流中实时检测重大和次要的新闻事件。

第5章 社会事件检测

社会事件检测是一项关键的任务，旨在从社交媒体数据中识别和提取出具有重要意义的事件。随着社交媒体的普及和其使用率的增加，人们通过社交媒体平台分享自己的想法、观点、经历和感受，这使得社交媒体成为一个丰富的信息源，其中包含了各种各样的事件。社会事件可以是世界范围内的重大事件，如自然灾害、政治事件或体育比赛，也可以是个人生活中的小事件，如婚礼、生日聚会或旅行经历。通过对这些事件进行检测和提取，我们可以了解正在发生的事情，从而帮助我们更好地理解社会。但由于社交媒体具有动态性、实时性和信息量大等特点，社会事件检测面临着一些挑战。首先，社交媒体上的数据是非结构化的，包含大量的文本、图像和视频等多媒体信息，这种具有多样性和复杂性特点的信息使得事件检测变得困难，需要应对不同类型的数据和不同形式的事件。其次，社交媒体上的信息是巨大而快速变化的。新的消息不断涌现，旧的消息被迅速淹没，这使得对事件的识别和跟踪变得具有挑战性。因此，我们需要实时且高效的算法和系统来处理这种流数据，并及时发现和提取出重要的事件。最后，社交媒体上的信息充斥着大量的噪声、冗余和虚假信息。人们在社交媒体上自由表达，这使得事件的检测和过滤变得更加复杂。我们需要使用高效的算法和技术来识别和消除噪声，从而提高事件检测的准确性和可信度。针对这些挑战，研究者提出了许多方法和技术。从传统的机器学习方法到基于深度学习的模型，各种技术正在被应用和探索。这些方法涉及文本分析、图像处理、网络分析和时间序列建模等多个领域。

综上所述，社会事件检测是一个具有挑战性且具有广泛应用价值的任务。通过有效地识别和提取社交媒体中的事件，我们能够获得更全面和实时的信息，从而更好地理解社会的变化。社会事件检测的研究和应用将继续推动社交媒体分析和信息科学的发展，对于推动社会进步和智能化决策具有重要意义。在前面已经介绍了有关社会事件检测的内容，本章将更具体地介绍社会事件检测技术。考虑到相关研究开展已久，为便于读者有一个整体上的认知，我们对前人的研究进展和相关成果进行简要的归纳总结。

5.1 社会事件检测概述

社会事件检测是指在社交媒体中识别和捕捉与特定主题或话题相关的事件或突发事件。随着社交媒体的普及和用户规模的快速增长，大量的信息被用户通过文本、图片、视频等形式发布和共享。这些数据中包含了各种各样的话题讨论、新闻报道、社会事件等内容，其中可能隐藏着一些重要且具有潜在影响力的事件。社会事件检测旨在利用自然语言处理、文本挖掘、机器学习等技术，从海量的社交媒体数据中挖掘出具有独特性和时效性的事件信息。通过实时监测和分析社交媒体上的内容，我们可以及时地了解到重要事件的发生原因、演变过程和影响，这对新闻媒体、政府机构、市场调研公司、应急管理部门等有关组织具有重要的价值和意义。社会事件检测的目标是识别出与特定主题相关的事件，并提供相关的信息，如时间、地点、参与者、内容等。通过社交媒体的数据挖掘和分析，我们可以迅速获得大量的信息，从而更好地了解和理解社会现象、舆论动态、事件发展趋势等。社会事件检测的关键挑战在于有效处理和分析大规模和高速增长的社交媒体数据，常见的方法包括文本分类、语义建模、实体识别、情感分析、话题聚类等，这些技术可以帮助我们从无序和噪声较多的社交媒体数据中提取有效的信息，并将其组织成有意义的事件。

社会事件检测可以应用于许多领域。例如，在新闻领域，可以通过监测社交媒体上与新闻事件相关的评论和讨论来了解公众对某一事件的态度和反应；在市场研究中，可以利用社交媒体数据分析用户需求、产品口碑等，为企业决策提供参考；在应急管理中，可以通过社交媒体上的消息和动态来实时监测和响应突发事件。

根据上下文的不同，事件检测可以有不同的定义。在新闻专线文档的背景下，事件检测被定义为识别"触发词"，并将事件分类为"精细类型"。然而，在社交媒体数据流中，考虑文档的非结构化和噪声性质，预测触发词变得更加困难。

推特由于其公共性质，常被用作各种社会事件研究项目的数据来源。在推特的背景下，Orr 等[139]将事件检测视为将推文流聚类到适当的基于事件的聚类中。McMinn 和 Jose[140]通过对推特流中的相关单词进行聚类来识别事件。研究者已经对最重要的事件检测技术进行了一些调查。这些技术大致可以分为特征枢轴（feature pivot，FP）方法和文档枢轴（document pivot，DP）方法。

特征枢轴方法和文档枢轴方法的第一个区别是，特征枢轴方法将文档内的实体根据其分布进行分组，而文档枢轴方法则需要根据语义距离对文档进行聚类。Fung 等[141]认为，特征枢轴方法相对较容易配置，因为它们涉及的参数比文档枢轴方法少。第二个区别是，基于文档枢轴的聚类需要额外的工作来总结事件，例如从推文中选择顶部推文，而特征枢轴方法的实体列表可以作为摘要，因此不需要进行额外的处理。这两种方法在 Twitter 数据的事件检测中被广泛应用，并且已被证明是有效的。

主题检测是一种流行的特征枢轴技术，它试图通过将文档建模为"主题的混合物"（其中主题是单词上的概率分布）来识别事件。随着时间推移，事件的讨论会使用不同的词语，潜在主题表示的概率分布也会发生变化。然而，正如先前提到的，从推文等短文档中捕捉到"好"的话题是困难的。此外，这些方法容易受到大规模数据集或主题计数内存问题的影响，这些数据集或主题计数通常是在生产环境中生成的。最后，许多主题检测方法不能充分捕捉单词随时间变化的"突发性"或速度，这对区分事件和非事件至关重要。

推特上的突发事件术语被定义为那些出现在异常高的推文中的术语。许多研究试图利用突发项跟踪来发现事件。例如，Mathioudakis 和 Koudas[142]通过识别突发单词来执行事件检测，然后使用贪婪算法根据它们在推文中的共性将它们合并到组中。每组代表一个事件。这与我们的做法类似。然而，我们并不依赖于贪婪算法的方式。相反，我们会在一个时间窗口内跟踪所有同时发生的事件。基于小波信号聚类的事件检测(event detection with clustering of wavelet based signals，EDCoW)遵循了这一过程，但使用小波分解来识别突发词[143]。

按照目标事件是否具有特定性，相关技术被划分为基于固定模板的社会网络事件检测和基于数据驱动的社会网络事件检测两大类。接下来将分别介绍这两类中比较有代表性的检测技术，同时，我们也将具体介绍几个社会事件检测的主流模型，方便读者了解该领域的一些重要进展。

5.2　基于固定模板的特定型事件检测

根据感兴趣事件的可用信息，事件检测可以被划分为基于固定模板的技术和非特定技术。指定事件的检测依赖于已知的事件特定信息和相关特征，如地点、时间、类型和描述，这些信息可由用户或事件上下文提供。基于固定模板的方法主要用于设计监测各种突发事件中目的明确的场景，包括社会活动(如文艺活动、体育赛事)和灾难性事件(如风暴、火灾、地震、暴雨)。根据目标事件的类型，可以将事件检测细分为自然灾害类事件检测和日常生活类事件检测。前者主要涉及实时检测和跟踪各种灾害性事件，后者则针对人们经济生活中的多个社会活动事件进行检测。研究人员会设计不同的模板来量身定制相应的检测系统，以满足特定事件的需求。这类检测方法专注于特定场景中特定的事件，通常具有实际意义，并且更容易实现精准检测。

5.2.1　自然灾害类事件检测

在实际生活中，发生突发性自然灾害事件时，人们完全可以在官方媒体报道之前就在社交媒体平台上发布消息并谈论此类事件，从而更快地让其他人知晓事件的相关情况。因此，利用相关数据对地震、台风等自然灾害的发生进行实时监测并预警是一项很有应用潜力的研究。在此方面，Sakaki 等[144]提出了一种将语义分析和推特实时性相结合的方法，构建了一个可以应用于地震、台风等特定场景的事件检测模型，该方法对推文进行语义分析，将推文中的关键词、单词数量、目标事件单词的上下文信息等作为特征，基于支持向量机训练分类器划分推文对应的正类和负类。假设每个推特用户作为一个事件传感器，每个推文作为感官信息，于是在这个拥有众多位置传感器的普适计算环境中，事件检测问题就被简化为对象检测和位置估计问题，基于此可以为地震频发的日本开发地震报告系统，通过监控推特用户位置便可以实时发现地震。考虑推文的实时有效性与地理位置的关联性，可以构建时空概率模型分别用于从时间序列数据中检测事件和对目标事件发生位置进行估计。像这样构建固定的模板通过监控推文实时检测此类灾害性事件，从而实现更迅速的消息定位和信息传播，是开展事件挖掘相关课题研究的重要现实意义之一。类似地，Ganti 等[145]聚焦时空元数据，并利用这些元数据模拟事件在时空中的传播，特别是应用于

"桑迪"飓风过后的一个特定事件——天然气供应短缺。针对自然灾害的管控通常涉及多个方面，而处置不当往往会伴随大面积的传染病和瘟疫，Luo 等[146]针对微信平台上禽流感等公共卫生事件的舆论传播机制进行了研究，收集与"H7N9"和"禽流感"相关的帖子，并提出 NRT(nonlinear resistance threshold，非线性电阻阈值)模型，模拟禽流感舆论在微信中的发酵和传播趋势。针对推特流中地理空间事件的检测，Walther 和 Kaisser[147]监控推特上特定地理区域发布的所有帖子，并识别显示存在大量活动的地方，该方法可以实现更好的实时定位功能并及时跟踪事件发生的准确地理位置。由于推特内容往往多样且繁杂，为有效捕捉新事件并实时更新事件的重大变动，应对如"超级碗"决赛、"超级星期二"等随时间高敏感度演变的事件，研究人员提出了一种新颖、敏感且高效的名为"加权动态心跳图"(weighted dynamic heartbeat graph，WDHG)的新方法以检测推特文本流中的事件。一旦检测到事件，WDHG 会在后期阶段对其进行抑制，以便检测新出现的事件。这一独特的方法帮助模型更好地识别新事件的发生，从而捕获跟踪事件的实时变化情况。该模型通过将文本流转换为时间图来捕获单词的时态频率和共发生关系，以感知不同时间片段中文本流的变化。

5.2.2　日常生活类事件检测

除了上述针对突发性重大事件的模型框架外，一些特定的模板还被应用于金融、经济等各行各业的分析和预测。其中，研究人员引入框架整合社交媒体内部动态知识，提出了一种基于事件形状(事件增长和放松特征)的对推特事件进行聚类的新方法，用于预测销量激增的重要性。通过基于形状的事件区分，该方法可以更清楚地识别出包含更多关于未来销量信息的推特事件聚类。在关于经济和金融事件检测方面，Sidorov 等[148]基于新闻分析数据挖掘类似规模的事件，充分利用了新闻在时间上的局部性和属性上的相似性。实际上，构建模型挖掘特定事件信息还体现在其他更多方面，其中不乏很多比较有意思的检测内容，包括使用因子图模型来识别推特消息中的音乐会事件，该方法在消息级别依赖条件随机字段提取事件的艺术家姓名和位置，希望从推特(基于"艺术家-场地"对)中推断出音乐事件的综合列表，根据事件类型进行聚类并为每个事件属性归纳规范值。聚类的过程以术语流行度作为衡量指标，即消息术语标签(如艺术家、场地等)和一些候选值(如特定艺术家或场地名称)之间的对齐分数。最终模型的输出由基于音乐事件的信息聚类组成，其中每个聚类由"艺术家-场地"对表示。另外，其他研究人员曾提出一个基于推特建模和监控人群行为的地理社会本地事件检测系统以识别本地节日。它从使用地理标签的人群的通常行为模式中推导出地理规律，使用 k-means 算法对区域进行划分，应用所收集数据的地理坐标，基于 3 个主要特征统计地理规律形成人群行为的估计。构建某些特定主题模板框架下的模型来追踪特定内容的事件，是传统社交网络事件检测的一个重要分支。此类事件检测技术涉及面较广，通过对指定事件的检测，公司可以越来越多地用推特宣传和推荐产品、分析用户对产品的看法、预测未来销量走势。推特也是收集和传播突发新闻的重要渠道，常用于预测选举结果、分享政治事件和对话；同时，其也逐渐成为犯罪预测以及监控恐怖活动的重要工具之一。

5.3 基于数据驱动的通用型事件检测

针对未指定的事件检测,由于缺乏特定事件的已知特征和先验知识,需要依靠大数据驱动下的数据流时间信号来检测真实事件的发生。这种技术通常监控数据流中的突发事件或趋势,将具有相同趋势的特征分组为事件,并归纳为不同类别。这类检测方法被归类为通用型事件检测,适用于广泛的情境。基于数据驱动的通用型事件检测根据数据量和训练方式的差异可进一步细分为小样本驱动事件检测和大数据流式场景事件检测两大类。

5.3.1 小样本驱动事件检测

近些年,随着数据驱动思想和嵌入表达方法的流行,包括图模型异常检测、神经网络内容分类、结构和语义融合的检测和分类技术都有了长足发展,涌现出了大量社交网络事件聚类、事件分类和事件联合预测的方法。事实上,在线的社交网络事件数据具有语义丰富、突发性强、影响广泛、样本小等关键特征;大数据网络事件挖掘也存在着数据种类繁多、知识匮乏、真伪混杂、多语言等计算方面的困难;以神经网络为基础的事件挖掘模型具有解释性差等问题。因此,从社会化网络媒体大数据中准确检测事件和挖掘关联关系仍然面临极大的挑战。当前社交媒体大数据语义表征和内容理解技术仍处于初级阶段,社交网络事件的检测技术仍然难以有效融合知识、难以突破小样本瓶颈,社交网络事件之间关联发现与分析模型仍然缺乏解释性。考虑由于现实中的一些数据局限性,比如样本类别较多而每种类别下数据量较少、数据稀疏不足以充分训练等,积极开发小样本下的数据采样方法并应用于下游任务具有重要意义。为了实现开放域社交网络事件在早期传播阶段的精准识别检测,小样本数据下的社交网络事件检测主要从基于半监督的异构图神经网络学习事件检测、社交网络事件距离度量和无监督流式事件聚类检测三方面展开研究,具体路线如下。

第一步,利用异构信息网络数据建模实现基于元路径和元图的社交消息之间的相似度表达,结合融合结构和语义的异构图神经网络模型和成对学习优化方法,实现事件检测的同时获得元路径和元图的重要性参数。

第二步,利用有限事件标注样本所学习的元路径和元图的重要性,结合异构信息网络数据建模实现开放域社交消息或社交网络事件相似度计算,以获得事件聚合的关键性最小距离、密度值等阈值参数。

第三步,结合社交消息相似度度量表达和谱聚类或密度聚类等方法,利用度量学习关键性参数,实现细粒度的开放域社交网络事件类簇检测。

5.3.2 大数据流式场景事件检测

社会网络空间的大数据具有快速变化、主题场景迅速切换以及多样且互动性强的社交特点，传统的文本数据挖掘模型无法满足其快速、实时事件检测的需求。当事件发生时，某些特征的频率会急剧增加，因此一个事件通常可以通过突然出现的多个关键词来表示。传统方法是通过将具有相同趋势的突发特征进行分组，以分析特征分布和触发事件。Mei 等[149]提出了一种概率方法来对亚主题和空间主题模式进行建模，该方法适用于具有时间和位置信息的任何区域的空间文本挖掘；Xie 等[150]分析推特流数据，提出了"TopicSketch"主题模型，并结合一组实时主题检测技术，以更细粒度地呈现突发事件。对于短文本的主题挖掘，传统的主题模型，如 LDA 和 PLSA(probabilistic latent sematic analysis，概率潜在语义分析)，经常面临严重的数据稀疏问题，有限的上下文使得主题模型难以确定短文本中歧义词的意义。一种解决方法是将短文本聚合成较长的伪文档。例如，在训练 LDA 模型之前将单个用户发布的推文聚合到一个文档中。这种启发式的数据聚集方法高度依赖于数据。为此，有人提出了生成式双向主题模型(bidirectional theme model，BTM)，通过直接模拟整个语料库中全局单词共现模式的生成来学习主题，从另一个角度解决了短文本数据稀疏问题。

对于快速变化的在线事件监控场景，有几个模型可以用来处理高吞吐量数据。推特检测器实现了对新兴事件的趋势检测，但无法跟踪事件演变过程。CLEar 提供了实时异常事件检测和跟踪，并可以可视化事件，但无法进行相关性分析，不能在潜在的异常事件流行并大规模传播之前将其识别。Signitrend 可以在小范围内检测潜在的异常事件，该方法倾向于生成仅包含单个关键字作为描述的异常事件。实际上，构建一个比较完善的新兴异常事件监控检测系统需要满足很多要求，如对新兴异常事件实现早期检测、将相关子事件分层视为事件的不同方面、揭示事件的演变过程、在一词多义影响下区分关键词含义、对噪声具有弹性、分布式处理高数据吞吐量、利用可扩展性来管理峰值数据吞吐量等。更进一步地，Yu 等[151]基于微博或推特的全流数据构建了文本流实时异常监控系统(real-time emerging anomaly monitoring system over text streams，RING)，将新兴异常事件检测依次划分为 3 个阶段：用于在新事件传播之前进行精准捕获的异常事件早期检测阶段；帮助揭示异常事件多个方面(因果关系或分类结构等)的相关性分析阶段；可以恢复异常事件演化过程、追溯其起源从而获得全局的时间演化跟踪阶段。

此外，图的聚类算法也被用于新事件检测任务。根据单词共现连接消息，在共现图上使用层次划分聚类方法将主题单词划分为事件聚类；基于模块化的图划分技术，通过将图分成子图来形成事件，其中每一个子图对应一个事件；PageRank 算法中采用的幂迭代方法被用来减轻与寻找模块矩阵的最大特征值相关的计算负担。一般来说，层次聚类算法不适合处理大规模数据，因为它们需要完整的相似性矩阵，该矩阵包含组之间的成对相似性。此外，可扩展的图划分算法可能无法捕捉推特数据的高度偏斜事件分布，因为它们往往偏向于平衡划分。

相较于基于固定模板的事件检测技术，基于非特定事件下数据驱动的事件检测框架适用性较广，通过对数据表示进行学习，其克服了很多小样本稀疏的困难。在大数据驱动下，以 RING[151]为代表的流式场景处理方法较为经典，美中不足的是其缺乏对语义理解方面的关注。针对跨语言事件挖掘模型的研究则更进一步地综合考量了数据驱动和语义理解的问题。

5.4　基于社交数据流的实时事件检测

社交网络正迅速成为讨论现实世界事件的主要媒介。社交平台上生成的信息可以产生丰富的数据流,以便人们立即了解正在进行的事情及其周围的对话[152]。本节主要阐述以下内容。

(1)跟踪事件随时间的演变——将事件表示为随时间变化的集群链是一种强大的抽象行为。此外,我们能够实时跟踪这些集群链。对集群的时间分析可以产生关于子事件和受众兴趣变化的见解。

(2)对聚类质量的差异化关注——引入了实体聚类质量的新指标,我们相信这些指标可以为该领域的后续研究奠定基础。

(3)新颖的实时系统设计——结合了顺序管道中突发项的检测和聚类。图 5.1 总结了从数据流输出实体聚类的端到端框架。

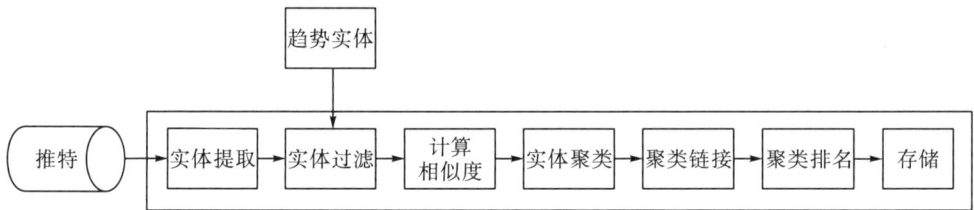

图 5.1　聚类设计

5.4.1　术语

(1)实体-文档标签:将特定内容(文本、图像等)与特定实体相关联的标签。例如,在推特上对特定用户名或关键词进行标记,以指示其与某个实体的相关性。

(2)集群:一组具有相似属性或特征的实体,这些实体可以根据某种度量方式进行聚类。在文本挖掘中,可以通过计算相似性度量(如词袋模型、余弦相似度等)来构建集群,其中包含具有相似主题或传播相似信息的文档。

(3)集群链:随着时间推移,与同一事件相关的集群的序列称为集群链。这些集群链记录了同一事件的演化过程,每个集群代表事件在不同时间点的状态。通过分析集群链的变化,可以追踪事件的发展和变化过程。

(4)事件:集群链的总称,描述一个正在进行的或已经发生的事件。除了集群链本身,还可能包含其他元数据,如检测到的开始时间、结束时间等。

5.4.2　趋势检测

通过利用被称为 Twitter 趋势的内部趋势检测系统,重点对趋势实体进行聚类。通过输入，利用 Twitter 趋势服务计算跨地理位置的趋势实体。它通过 Summingbird 拓扑实时完成，并具有以下关键阶段。

（1）数据准备：此步骤包括过滤和节流。基本过滤会删除文本质量低或内容敏感的推文。限制会删除类似的推文，并确保单个用户对趋势的贡献是有限的。

（2）实体、域提取和计数：对于给定推文，提取可用的实体和地理域。对于每个域和实体，都会发出一个带有 < entity, domain, 1 > 元组的计数，并随着时间的推移进行聚合。

（3）评分：基于异常检测的评分，计算预期的 < entity, domain > 计数，并将其与观察到的计数进行比较，为每对生成一个分数。使用以下公式计算域和实体对的预期计数：

$$E(d,e) = \frac{N_s(d)}{N_1(d)} \cdot N_1(d,e) \qquad (5.1)$$

其中，$E(d,e)$ 为域 d 和实体 e 的期望计数；N_1 为长时间窗口的计数；N_s 为短时间窗口的计数。

（4）排名：保留每个域得分最高的趋势，并可供查询。

数据准备阶段用于对抗来自流的噪声和冗余信息。通过识别趋势实体，能够从每条推文中获得信号，尽管它们很简短。

5.4.3　实体操作

（1）实体提取。下面是一些从每条推文中提取的实体类型示例：①命名实体，例如"Oprah Winfrey"；②标签，例如"#UsOpen"；③内部知识图谱实体，例如"entity 123"。

在这个阶段，处理所有通过任何初始过滤器的推文实体。

（2）实体过滤。过滤是可扩展的，但主要采用趋势实体过滤。通过定期查询趋势服务，缓存最新的趋势集，并使用这个方法过滤掉非趋势实体。

（3）计算相似度。对于剩余的过滤实体，在滑动时间窗口 W 上跟踪它们的频率计数和它们之间的共现。使用这些频率和共现发生来计算实体之间的相似性。以表 5.1 所示推文示例进行进一步说明。

表 5.1　推文示例

推文 ID	文本
1	iphone released during #appleevent
2	Tim Cook presents the new iphone #appleevent
3	Tim Cook presents the new iphone #appleevent

可以将实体的共现表示如表 5.2 所示。

表 5.2　实体编码

	推文 1	推文 2	推文 3
iphone	1	1	1
#appleevent	1	1	0

iphone 和#appleevent 的实体向量是对应的行（表 5.2）：

$$iphone = [1,1,1], \quad \#appleevent = [1,1,0]$$

两个实体 X 和 Y 的余弦相似度：

$$\cos(X,Y) = \frac{X \cdot Y}{|X||Y|} \tag{5.2}$$

例如，$\cos(iphone, \#appleevent) = 0.8164$。这种编码的潜在缺点是，当处理更多的推文时，它会变得非常稀疏，可通过致密化更新实体共现和频率所需的表示来避免这种情况。

(4)相似度过滤。一旦计算出实体相似度，就可以根据最小阈值 S 对它们进行过滤，以去除实体之间的噪声连接。

5.4.4　聚类

(1)实体聚类。在这个阶段，可以使用实体的相似度来构建一个图。图的节点是实体，边的权重是实体之间的相似度。一旦计算得到相似度，就可以应用各种聚类算法进行处理。其中一个常用的聚类算法是社区检测算法，而 Louvain 方法是其中最流行的算法之一。Louvain 方法基于图的模块化，在大规模网络上也非常有效，并且只有一个参数可以调优，即分辨率 R。使用 Louvain 算法，可以将图划分成多个社区，将相似度高的实体归为一类。通过这种方式，可以将趋势实体进行聚类。聚类后的结果可以帮助理解实体之间的关系，发现可能的关联性，进行进一步的分析和挖掘。

(2)聚类链接。一旦应用社区检测来生成给定分钟 C_T 的聚类，就可链接到前一分钟 C_{T-1} 的聚类。建立了一个二部图，其中 T 分钟内的聚类在右侧，$T-1$ 分钟内的聚类在左侧。它们之间的边权是衡量这些集群共享多少实体的指标，类似于前面描述的余弦相似度。

过滤掉权值低于阈值的所有边，并执行最大加权二部匹配来寻找聚类链接。当一个集群被成功链接时，将前一分钟的集群 ID 复制到当前分钟的集群中。对于任何没有链接的集群，生成一个新的、唯一的集群 ID。通过在适当的地方链接集群，形成集群链。

(3)集群排名。有几种方法可以对集群进行排名。目前，根据集群中包含的实体的总受欢迎程度对集群进行排名。

(4)存储。通过将链接的、排名的集群列表持久化到内部存储中，可以在集群服务中方便地检索这些信息，并供将来的集群链接步骤或其他服务使用。

(5)参数调优。关键参数如表 5.3 所示。观察到 S 和 R 在覆盖率和质量方面对聚类输出的影响最大。W 可以根据需要进行调优，以减少内存。

表 5.3 实体编码

参数	描述
最小相似阈值 S	将最小相似阈值 S 应用于实体图的边权。将边权值降至 S 以下
Louvain 聚类分辨率 R	分辨率是 Louvain 聚类的一个重要参数。较大的分辨率值将导致许多较小的社区出现，较小的分辨率值将导致很少的较大的社区出现
时间窗口 W	用于聚合共现和频率的滑动窗口

5.5 基于混合知识蒸馏的跨语言社会事件检测

本节将开展基于知识蒸馏（knowledge distillation，KD）方法进行跨语言、多语种的事件检测算法的学习。图神经网络在社会事件检测任务中表现出了良好的性能。然而，大多数研究都是针对具有丰富训练样本的语言的单语言数据，这使得更常见的多语言环境和较少使用的语言被探索程度相对较低。因此，我们将提出一个包含跨语言词嵌入的 GNN，用于检测多语言数据流中的事件。

5.5.1 问题定义

1. 知识蒸馏

知识蒸馏过程，其实就是将已经训练好的模型所包含的知识通过类似蒸馏的方式提取到另一个模型里，这就要涉及一个比较简单有效的训练方法——"教师-学生网络思想"。大致来说，需要先培养一个能很好表现和概括数据的大模型，然后将数据输入大模型中，计算出其预测值。此时包含这些预测值的总数据集就是提炼到的知识，可利用之前获得的知识来训练小网络。上述大网络即"教师模型"，小网络即"学生模型"。知识蒸馏正是基于这样的"Teacher-Student 模型"（即"教师-学生网络思想"），将训练过程分为以下两个阶段。

（1）原始模型训练——"教师网络训练阶段"：训练"Teacher 模型"，简称"NetT"。这个阶段不做任何对模型架构、参数量、是否集成等方面的限制，特点是模型较为复杂，即"老师"作为"知识"的输出者，需要储备大量的知识信息，对于输入 X，需要输出精准的 Y，经过 softmax 映射后输出对应类别的概率值。

（2）精简模型训练——"学生网络学习阶段"：训练"Student 模型"，简称"NetS"，它是一个参数量较小、模型结构相对简单的模型。我们同样希望对于输入 X，都能输出 Y，经过 softmax 映射后输出对应类别的概率值。

2. 社交流

社交流 $S = M_0, \cdots, M_{i-1}, M_i, \cdots$ 是社会信息块的连续和时间序列，可以是单语言或多语言。单语言社交流中的单语言社会事件 e 是一组相关的消息，它们用相同的语言讨论现

实世界中发生的相同事件。多语言社交流中的多语言社会事件 e' 用不同的语言 l 进行讨论。设有 $|l|$ 种语言，其中 $|l| > 1$，$\forall i \in [1, |l|], \exists j \in [1|e'|] \Rightarrow L(m_j) = l_i$，其中 $L(m_j)$ 指相应的语言 m_j。

3. 多语言社会事件检测

多语言社会事件检测算法学习模型 $f(M_i; \theta)$，其中，θ 为网络中的参数，M_i 为包含一组多语言社会事件 e' 的消息块。通过实体对齐的方法构建 M_i 的多语言社交图谱。通过跨语言模块将 M_i 中非英语消息的初始属性特征转换为英语语义空间。

4. 跨语言社会事件检测

在跨语言社会事件检测中，利用从高资源语言中学习到的先验知识来提升低资源语言的表现。高资源语言中的消息块表示为 M_i^h，低资源语言中的消息块表示为 M_i^l。M_i^h 和 M_i^l 都是单语言的。模型 $f(M_i^h; \theta^h)$ 是通过特定的社会事件检测算法学习得来的。低资源语言的模型 $f(M_i^l; \theta^l)$，通过相同的事件检测算法学习得来，但在 $f(M_i^{l \to h}; \theta^h)$ 中是以特征方式和关系方式得来，其中，θ^h 为高资源语言数据已经训练好的网络参数，$M_i^{l \to h}$ 为高资源语言语义空间中转换后的低资源语言数据。

5.5.2 跨语言知识蒸馏框架

本小节介绍一种跨语言知识蒸馏 (cross-lingual knowledge distillation，CLKD) 框架。该框架旨在通过借用高资源语言 (即英语) 的先验知识来检测低资源语言中的事件。混合蒸馏同时考虑了特征信息和关系信息，并着重考虑如何有效地传递它们。接下来将具体阐述 CLKD 模型。

1. 跨语言模块

不同的语言不共享一个联合向量空间，这意味着同一事物在不同语言中的学习表征差异很大，这使得多语言情境下的社会事件检测具有挑战性，这意味着用一种语言与另一种语言分享知识是有问题的。克服这些问题的解决方案是使用跨语言词嵌入 (cross-lingual word embeddings，CLWE)[153] 方法，该方法首先为所考虑的每种语言训练一个单语嵌入模型，这可以通过将任何知名的词嵌入算法来完成。

在导出所有孤立的单语向量空间后，每个非英语语言和英语对之间的映射是双向学习的。为了探索最合适的变换，我们尝试了线性和非线性 CLWE 方法。

线性映射的目标是学习源空间和目标空间之间的矩阵 W，使得 $W = \mathrm{argmin} \|WX - Y\|$，其中 X 和 Y 分别表示源词和目标词的嵌入。这种线性方法遵循源和目标嵌入空间近似同构的假设，并且可能适用于遵循相似语法和词汇结构的语言。CLWE 选择模块化无监督语义嵌入 (modularizing unsupervised sense embeddings，MUSE)[154] 来学习所有语言对之间的线性映射，因为它在对齐两个单语言嵌入空间方面

取得了很好的效果。跨语言词嵌入由生成对抗网络创建，其中生成器学习转换矩阵，确保转换后的非英语嵌入 X 尽可能接近英语语义嵌入 Y。鉴别器试图区分来自英语嵌入分布的嵌入是真实的还是转换的。

对于非线性映射，选择潜在空间非线性映射 (latent space non-linear mapping，LNMAP) 模型，即通过潜在空间中的非线性映射进行双语词汇中的同构假设偏离[155]。LNMAP 是一个独立于同构假设的模型，它由两个自动编码器组成，每种语言都有非线性隐藏层。LNMAP 首先以自监督的方式对自编码器进行独立训练，以归纳出各自语言的潜在代码空间。然后，LNMAP 使用一个小的种子字典来学习非线性映射，这些映射被实现为前馈神经网络，在两个学习到的潜在空间之间具有非线性激活层。

2. 多语言社会事件检测

(1) 多语言社交图谱构建。为了从社交流中获取尽可能多的信息，在数据处理阶段提取了一系列有用的元素，并在异构信息图中进行描述。通常，提取 4 种节点——用户、命名实体、标签和消息本身。由于主要关注消息之间的相关性，因此通过绘制消息的共同邻居，将异构社交图转换为同质消息图。例如，如果两个消息节点链接到相同的用户、实体或标签，则在这两个消息节点之间形成连接。通过这种方式，我们得到了一个处理过的同构消息图 $G(X, A)$，其中 A 是邻接矩阵，X 表示节点的初始属性特征，这是消息的词嵌入的平均值。

除了上面的构建步骤之外，还有两种进一步的对齐技术对建立统一的多语言图是不可或缺的。第一种是节点级对齐。请注意，从多语言社会事件数据中提取的实体使用不同的语言，这意味着同一实体可能有不同语言的不同表示，使得捕捉多种语言中的消息之间的关系变得困难。为了克服这些不一致，我们采用实体对齐技术。第二种是语义级对齐。不同语言的消息初始表示在不同的嵌入空间中。因此，不同语言的消息最终会出现在同一个空间中，并且可以通过专门构建的 GNN 编码器进行统一编码。

(2) 编码器和可扩展的训练策略。基于 GNN 模型在保留结构和语义信息方面的强大能力，以及在充分利用表示子空间方面的多头机制，我们实现了一个 2 层多头 GAT 网络作为 GNN 编码器来学习消息表示。考虑交叉熵损失只适用于事件总数预先已知且固定的情况，因此它无法处理流数据，转而使用三重态损耗来进行编码器的反向传播。$\mathcal{L}_t$ 表示基于真实标签的一组三元组＜anchor, positive, negative＞计算的损失。目标 L_t 是建立一个三元组＜m_i, m_{i^+}, m_{i^-}＞，并保持锚点之间的距离 h_{m_i}，$h_{m_{i^+}}$ 比锚点与 $h_{m_{i^-}}$ 之间的距离要小。这里，positive 表示消息的标签与锚的标签相同，而 negative 则表示消息的标签与锚的标签不同。具体来说，对于在批处理中的每条消息 m_i，选择一个正面消息 m_{i^+}，并在批处理中随机抽取一个与 m_i 之间的距离小于 m_i 和 m_{i^+} 之间距离的负面消息 m_{i^-}。损失可表示为

$$\mathcal{L}_t = \sum_{\substack{<m_i, m_{i^+}, m_{i^-}> \in \{\text{hard triplets}\} \\ <m_i, m_{i^+}, m_{i^-}> \in \{m_b\}}} \max\{\mathcal{D}\left(h_{m_i}, h_{m_{i^+}}\right) - \mathcal{D}\left(h_{m_i}, h_{m_{i^-}}\right) + a, 0\} \tag{5.3}$$

3. 跨语言知识蒸馏

CLKD 框架适用于希望以低资源语言检测事件的情况。这个过程本质上借用了从高资源语言(英语)中学到的知识,并用它来辅助低资源语言的学习。有大量的英语事件数据已经被标记。在此设计了两个蒸馏体系结构——一个是师生配置,用于离线使用;另一个是互学配置,用于在线情况。然而,这两种架构的主干是相同的 GNN 编码器,这是一个 2 层多头 GAT 模型,其基础的训练损失函数是上文描述的三元组损失。同时,除了蒸馏方向不同,两种结构设计的蒸馏损失是相同的。在师生配置中,蒸馏在一个方向上流动(即从老师到学生),而在互学配置中则在两个方向上流动。为了提取足够的知识,并以有效的方式转移它,CLKD 提出了一种混合蒸馏损失,它由特征蒸馏和关系蒸馏组成。

(1)特征蒸馏。该模块旨在缓解由训练数据语言不同而导致的师生网络差异。通常,用于检测任务的传统知识蒸馏方法注重通过简单匹配特定中间层或输出层中的特征来提取表示空间中的关键信息。

以更常见的师生配置为例,这种蒸馏通常可以表示为最小化以下目标函数:

$$\mathcal{L}_{KD_f}^{\text{stu}} = \sum_{x_i \in X_s} \mathcal{D}\left(\theta^{\text{t}}(x_i), \theta^{\text{s}}(x_i)\right) \tag{5.4}$$

其中,θ^{t}、θ^{s} 分别为预训练的教师网络和学生网络。在跨模态或跨语言任务中,从教师到学生的知识转移面临领域差距和语义差距的挑战。这可能导致大量噪声的传递。为了解决这个问题并实现更有效的迁移,我们引入了一个跨语言模块,用于消除跨语言偏见。跨语言模块可以是线性的或非线性的,具体取决于特定的语言对。这个模块的作用是提高知识转移的效率和准确性。目标函数现在变成:

$$\mathcal{L}_{KD_f}^{\text{stu}} = \sum_{x_i \in X_s} \mathcal{D}\left(\theta^{\text{t}}(Wx_i), \theta^{\text{s}}(x_i)\right) \tag{5.5}$$

其中,W 为跨语言转换函数,如前所述,它可以是线性的,也可以是非线性的。

(2)关系蒸馏。上面描述的按特征提取将知识点转换为点,学生模型模仿跨语言教师模型的表示。然而,它可能无法捕捉到社交文本之间的微妙关系,而社交文本对精确的事件检测也至关重要。相反,关系蒸馏侧重于事件中社会文本之间的相互依存和联系。专门研究事件检测的教师模型既能理解社会文本的个体特征,也能理解社会篇章之间错综复杂的关系。通过转移这些宝贵的关系知识,学生模型对不同事件的联系和区别有了更深入的理解,从而提高了事件检测的准确性。关系蒸馏通过惩罚成功地转移高阶结构差异的知识来提供更全面的信息。通常情况下,考虑的关系阶数越高,获得的信息越全面。然而,随着阶数的增加,计算成本也会剧增。因此,主要关注二阶关系知识(即成对蒸馏)。这个阶数的计算在训练过程中采用可扩展的策略(例如,三元组损失)。因此,蒸馏损失与主要的训练损失保持一致,有助于加快训练速度并保持稳定性。仍然以师生配置为例,前面二阶关系蒸馏的目标可以表示为

$$\mathcal{L}_{KD_r}^{\text{stu}} = \sum_{(x_i, x_j) \in X_s^2} l_\delta\left(\mathcal{D}\left(\theta^{\text{t}}(x_i), \theta^{\text{t}}(x_j)\right), \mathcal{D}\left(\theta^{\text{s}}(x_i), \theta^{\text{s}}(x_j)\right)\right) \tag{5.6}$$

其中，$\mathcal{D}$ 为计算给定对的距离；l_δ 为对老师和学生学习到的特征空间的结构差异进行惩罚的损失。然而，现有的关系型蒸馏方法在批量转移所有可能的配对关系时，忽略了教师所犯的错误，严重阻碍了学生模型的培养。这个问题在互学配置中表现得更加明显和严重。为了确保转移的关系知识是有益的，对这些硬三元组中的负对和正对设置相反的激活条件。具体来说，对于负对，只有当两个信息之间的距离大于学生的距离时，教师的信号才会起作用。相反，对于正对，当教师预测的这对配对的距离小于学生的距离时，教师的信号起作用。因此，关系型知识转移的优势得到了保证。同时，这样一来，对于每一个硬负三元组，能够根据对等网络的知识进行定制和调整。优化后的目标函数可表示为

$$
\mathcal{L}_{KD_r}^{\mathrm{stu}} = \sum_{\substack{<m_i,m_j,m_k>\in\{\text{hard triplets}\} \\ <m_i,m_j,m_k>\in\{m_b\} \\ <m_i,m_j>\in\{m_i,m_{i+}\}, <m_i,m_k>\in\{m_i,m_{i-}\}}} \max\left\{ -\mathcal{D}\left(\theta^{\mathrm{t}}(Wx_i), \theta^{\mathrm{t}}(x_j)\right) \right.
$$

$$
\left. +\mathcal{D}\left(\theta^{\mathrm{s}}(Wx_i), \theta^{\mathrm{s}}(x_j)\right), 0 \right\} + \max\left\{ -\mathcal{D}\left(\theta^{\mathrm{t}}(Wx_i), \theta^{\mathrm{t}}(x_k)\right) + \mathcal{D}\left(\theta^{\mathrm{s}}(Wx_i), \theta^{\mathrm{s}}(x_k)\right), 0 \right\}
$$

(5.7)

其中，x_i 和 x_j 分别代表一个正对；x_i 和 x_k 分别代表不同的事件。这个函数的目的是减少这些正对之间的距离，同时广泛地分离负对。另外，增加的关系蒸馏也可以看作原始三重态损失的增强版本。

师生结构是针对离线情况设计的。学生和教师共享相同的网络结构，训练过程遵循经典的两阶段过程。首先，对教师网络进行训练并确定参数。然后，训练学生网络。每个学生不仅被鼓励通过三重损失从其数据的真值标签明确地学习检测知识，而且被引导通过特征蒸馏和关系蒸馏从教师的输出表示中探索知识。具体来说，在培训期间，在处理学生的过程中得到了处理过的学生语言消息图 $G(X_s, A_s)$，并且利用相应的学生-语言→教师-语言跨语言模型来获得转换后的消息初始特征 $X_{s\to t}$。转换后的特征在英语语义空间中。$G(X_s, A_s)$ 和 $G(X_{s\to t}, A_s)$ 分别是学生和教师网络的输入。获取跨语言属性特征 $X_{s\to t}$ 的目的是消除不同语言数据输入到指定为英语的预训练教师模型时存在的语言差异。将学生训练网络反向传播的总损失设为基于真标签的三元组损失与优化后的知识蒸馏损失的加权和：

$$
\mathcal{L}_{\mathrm{total}}^{\mathrm{stu}} = \mathcal{L}_t\left(h^{\mathrm{stu}}\right) + \lambda_1 \mathcal{L}_{KD_f}^{\mathrm{stu}} + \lambda_2 \mathcal{L}_{KD_r}^{\mathrm{stu}}
$$

(5.8)

其中，λ_1 和 λ_2 分别为控制特征和关系知识蒸馏损失权重的超参数。

有两个处理过的单语言社会事件数据 $G(X_{p_1}, A_{p_1})$ 和 $G(X_{p_2}, A_{p_2})$，分别指定用于 peer1 网络和 peer2 网络的训练。同样，为了消除语言差异，在 peer2 语言语义空间 $G(X_{p_1\to p_2}, A_{p_1})$ 中得到转换后的 peer1 数据，在 peer1 语言语义空间 $G(X_{p_2\to p_1}, A_{p_2})$ 中得到转换后的 peer2 数据。为了提高学习效率，在训练过程中，除了利用来自真实标签的显性知识，还利用了来自同伴的隐性点向知识和两两知识。例如，在两个网络的训练过程中，原始消息表示 $G(X_{p_1}, A_{p_1})$ 和转换的 $G(X_{p_1\to p_2}, A_{p_1})$ 同时分别输入 peer1 和 peer2 网络，相应的输出为 h^{p_1} 和 $h^{p_1\to p_2}$。$p_1 \to p_2$ 作为 peer1 的额外监控信号。以此类推，将 peer1 模型作为指导节点，可以同样的方法计算 peer2 网络的蒸馏损失。peer1 和 peer2 的总损失也表示为基于真标签的相应三元组损失和相应的知识蒸馏损失的加权和：

$$\mathcal{L}_{\text{total}}^{p_1} = \mathcal{L}_t\left(h^{p_1}\right) + \lambda_1 \mathcal{L}_{KD_f}^{p_1} + \lambda_2 \mathcal{L}_{KD_r}^{p_1} \tag{5.9}$$

$$\mathcal{L}_{\text{total}}^{p_2} = \mathcal{L}_t\left(h^{p_2}\right) + \lambda_1 \mathcal{L}_{KD_f}^{p_2} + \lambda_2 \mathcal{L}_{KD_r}^{p_2} \tag{5.10}$$

整个框架以在线方式进行训练，并根据组合损失以替代方式更新 peer1 和 peer2 的权值。假设 peer1 有更丰富的训练数据(即英语数据)，目标是获得更好的 peer2 网络(即为法语数据训练的网络)性能。

4. 持续检测框架

为了适应在线(增量)场景，我们采用了包含三个阶段的生命周期：预训练、检测和维护。在预训练阶段，我们使用前几个消息块构建初始消息图，并对初始模型进行训练。这个训练阶段仅进行一次。在检测阶段，针对每个新到来的消息块，我们构建一个新的图，并利用已经训练好的模型直接检测其中的事件。在维护阶段，我们不断使用最新的消息块对模型进行训练，使其学习到新的知识。通过交替进行检测和维护阶段以确保模型可以持续适应输入数据。持续检测框架能够检测到新的事件并更新模型的知识，同时还保证了轻量级的训练方案，因为过时节点会被删除。

5.6 基于多视图图注意网络的社会事件检测

第 3 章介绍了关于图注意网络的相关内容，本节将继续拓展图注意网络的知识，学习一种多视图图注意力网络的事件检测方法。社交网络由于具有公共性和传播性，是事件检测的重要来源。然而，社交网络文本的随机性和语义稀疏性给事件检测任务带来了很大的挑战。除了文字，时间是反映事件的另一个重要因素，因为事件通常会持续一段时间。因此，在本节介绍一种方法——多视图图注意网络(multi-view graph attention network，MVGAN)[156]用于社交网络中的事件检测。MVGAN 在异构社会事件图中通过邻居聚合和多视图融合来丰富事件语义。MVGAN 首先通过添加标签来构建异构图，以关联孤立的短文本并全面描述事件。然后，分别从文本语义和时间分布的角度，通过图卷积网络学习事件的视图特定表示。最后，介绍一个基于标签的多视图图注意力机制，以捕捉不同视图之间的内在交互，并集成特征表示来发现事件。

5.6.1 问题定义

给定消息集 $D = \{d_1, \cdots, d_n\}$，事件检测旨在通过多视图融合来学习表达特征，将 D 划分为不同的事件集 $E_t = \{e_1, \cdots, e_i\}$。该问题涉及异构图构造 $G = (V, E, f)$、多视图事件表示 $G_V = (G_s, G_t)$ 和基于标签的多视图图注意力。D 被提取到推文和标签中以形成节点集 V。每个节点 $v \in V$ 都有文本和时间两个属性，这两个属性共同描述了一个事件。当 v 表示短文本时，G 描述一个语义视图 G_s。然后 v 与时间特征形成时间分布视图 G_t。多视图图注意力模型融合了节点特征，并在主题标签的指导下检测社会事件，采用了将事件检测转化为图节点分类的思想。它由以下 3 个主要组件组成。

(1) 异构图的构造。通过探索推特和标签之间的关联来构建社交网络异构图。连接关系 "co-mid" 表示节点包含在同一条推文中，"co-h" 和 "co-url" 表示节点分别包含相同的标签和 "url"。

(2) 社会事件的多视图表示。从不同的角度学习社会事件的视图特定特征表示，探索文本语义和短文本的时间分布。在语义视图中，所有节点都映射到一致的特征空间中。在时态视图中，删除标签节点，并使用标签节点的时间作为相邻推特节点的时间分布特征。在语义视图中，所有节点都映射到一致的特征空间中。最后，该视图输出节点的语义特征和邻接结构特征，分别用 X_s、A_s 表示。时间视图将节点的时间特征表示为 X_t，邻接结构特征表示为 A_t。

(3) 哈希标签引导多视图图注意力。提取语义视图中的标签特征矩阵作为指导信息，融合基于标签的图注意力机制中的多视图特征。MVGAN 模型与作为短文本表示的融合特征一起进行联合训练，以实现事件检测。

5.6.2　异构社会事件图构建

为了解决短文本的语义稀疏性问题，挖掘离散消息之间的语义关联，构建异构社会事件图，以包含任何额外的语义信息，并捕获短文本和标签信息之间的丰富关系。

首先从数据中提取标签和链接信息 "url"，并将短文本分为两种实体类型，即推文和标签。然后，构建一个复杂的描述社会事件的异构图，其中包含推特节点和标签节点。异构图利用社交网络的特征(即标签和 "url")来引导和关联语义相似的短文本。首先为社交网络定义一个新的图模型。

定义 5.1　异构社会事件图：社会事件的异构图是一个加权无向图 $G = (V, E, f)$，其中 $V = \{V_t \bigcup V_h\}$ 表示节点集，V_t 和 V_h 分别表示推文和标签的实体集。节点数为 $|V| = |V_t| + |V_h| = N$，其中 $|V_t| = n$，$E \subseteq V \times V = \{E_{t \leftrightarrow h} \bigcup E_{t \leftrightarrow t} \bigcup E_{h \leftrightarrow h}\}$ 表示由连接关系(co-mid、co-h、co-url)构成的边集。其中，$f: V \to R^d$ 表示每个节点的 d 维特征向量。

使用标签和链接信息(即 "url")来构建异构社会事件图，因为这些信息是社会事件的代表性、汇总性和可扩展性信息。基于这些社会特征之间的共现关系，推文节点通过与标签节点的语义相关性进行建模。基于以下 3 个连接规则在节点之间建立连接边。

规则 5.1　(推文-标签关系)：标签是推文的一部分，或者推文包含与标签所在消息相同的 "url"。连接边建立在它们之间。

规则 5.2　(标签-标签关系)：如果两个主题标签出现在同一消息中，或者两个主题标签所在的消息包含相同的 "url"，那么在两个主题标签节点之间构建连接关系。

规则 5.3　(推文-推文关系)：如果两个推文节点包含相同的标签或 "url"，则两个推文节点之间的边在图中连接。

这些规则揭示了推文节点和标签节点之间的显式和隐式关系。显式关系是一种直接联系，即在同一条消息中标签和推文共同出现，这表明节点在语义和释放时间上具有较强的一致性。规则 5.3、规则 5.1 和规则 5.2 中 "url" 导向的连接关系是隐式关系，它们意味着节点包含事件的间接关系。因此，异构社会事件图结合了丰富的语义关联和结构化信息，为社会事件检测奠定了基础。

5.6.3　多视图社会事件表示

在异构社会事件图中，节点包含不同的类型并具有不同的属性。为了挖掘每个节点的多属性，从不同的特征空间中学习，以确保每个短文本特征的互补性。除了基于文本语义的检测，社会事件在事件发生时间的分布上也具有明显的特征。因此，本小节设计一个多视角的事件结构，从语义和时间分布的角度来充分感知事件。

定义 5.2　多视图事件：多视图事件包含 N 个具有多个视图的节点，记为 $G_V = (G_s, G_t)$，其中每个视图有一个节点集 V 和边集 E，形成一个图，如定义 5.1 所述。对于同一个社交网络，$G_s = (V, E, f_s)$ 是语义视图，$G_t = (V, E, f_t)$ 是时间视图，两者在节点上的映射关系不同。对于每个节点，f_s 将其映射到语义特征，f_t 将其映射到时间特征。

映射函数 f 将这些节点投影到不同的特征空间中。事件在不同的视角下表示，形成多视角事件。语义视图和时间视图是异构社会事件图的两种结构，具有不同的属性值。当每个节点的属性值为文本内容时，表示语义视图；否则，它就是一个时间视图。除了节点属性特征的差异之外，这两个视图之间还有一个主要的区别：语义视图的结构与社会事件的异构图一致；由于标签节点时间特征的特殊性，在时间视图的表示中需要将异构图转换为同构图。节点对之间的关联分为语义相似度和时间近似度。下面介绍两个具体视图中的特征表示和学习。

1. 语义视图 G_s

分析推文内容中短文本的语义特性，尽管构建的社会事件图是由两类实体组成的异构图，但推文和标签是描述含义的文本信息。因此，所有节点都具有相同的特征空间，并且避免了引入异构特征的复杂性。设置一个一致的语义特征矩阵 X_s 来表示异构图中所有节点的语义特征。具体来说，在推文节点中选择频率最高的前 2000 个单词，并添加从数据集中提取的标签来组成特征词汇。它确保标签节点的特征至少有一个不为零的维度向量。因此，每个节点的特征被转换为 d_s 维度向量，并且每个维度的相应元素是出现在短文本中的特征的数量。特征 vs_i 标准化为

$$\hat{vs}_{ij} = f_s\left(vs_{ij}\right) = \frac{vs_{ij}}{\sum\limits_{j'=1}^{d_s} vs_{ij'}} \tag{5.11}$$

其中，vs_{ij} 为节点 v_i 在语义视图中语义特征的第 j 维。f_s 生成 N 个节点的特征矩阵 $X_s \in R^{N*d_s}$，其中 $d_s = 2000 + |V_h|$。此外，连接节点之间存在不同程度的语义相似度。为了避免短文本之间的相似度计算中由于稀疏性造成的缺陷，我们用满足不同节点间连接规则的条件数来表示不同节点对的关联度，并将其设为边的权值 ws_{ij}。

$$ws_{ij} = \sum_{r_u}^{u\{1,2,3\}} \text{count}_{r_u}\left(vs_i, vs_j\right) \tag{5.12}$$

由于规则 5.2 或规则 5.3 中可能存在两个节点需要满足的多个条件，所以多个推文消息中可能出现两个标签，或者同时包含多个"url"。

同一标签或"url"可能包含在多个推文中，因此两个节点可能多次满足连接条件，这表明满足的条件越多，两个节点之间的语义关联就越强。因此，可以得到语义视图的加权邻接矩阵 A_s 作为结构信息：

$$A_s = \left(as_{ij}\right), A_s \in R^{N*N} \tag{5.13}$$

如果节点 vs_i 和 vs_j 之间存在一条边，那么 $es_{ij} \in E$，$as_{ij} = ws_{ij}$；否则，$as_{ij} = 0$。

2. 时间视图 G_i

另外，我们要学习基于时间特征的节点表示。由于相同的标签可能在不同的推文中传播，这将导致标签节点具有多个时间信息。此外，标签节点和推文节点具有相同的时间信息，如规则 5.1 所示。因此，标签节点使得同一消息的发布时间在异构社会事件图中反复出现，干扰了对事件中消息时间分布的挖掘。鉴于上述情况，为了避免出现对事件的时间分布和演化没有影响的特殊节点，删除了标签节点，在时间视图中只考虑推文节点之间的关系，这个过程是异构图到同构图的转换。删除标签节点和与之相连的边，同时将标签节点的时间集合收集到与其连接的推文节点中，将推文节点的时间信息展开为一组传播时间。

描述同一事件的推文在多个时间点传播，这些时间信息可以揭示事件在社交网络中的时间分布。通过标签在网络中的传播来收集一条推文的相关时间。将发布时间转换为时间戳，并通过添加标签节点在数据集中出现的所有时间来构建时间字典。标签节点的时间特征表示为向量 t_i^h，每个元素对应一个时间戳。T 是时间字典的大小。如果标签出现在该时间戳，则将相应的位设置为时间；否则，设置 0。将与该推文直接链接的所有标签的时间特征结合起来，表示每个推文节点的扩展时间特征。因此，推文节点的时间特征为

$$vt_i = [t_i; t_i^h], vt_i \in R^{1+T} \tag{5.14}$$

$$vt_i^h = [vt_{i1}^h, \cdots, vt_{ij}^h, \cdots, vt_{iT}^h] \tag{5.15}$$

其中，[;] 为两个向量的连接；$t_i \in R^1$ 为推文节点 vt_i 的时间特征；vt_i^h 为推文节点 vt_i 的扩展时间特征，表示为

$$vt_i^h = vt_i^{h_1} \odot vt_i^{h_2} \cdots \odot vt_i^{h_n} \tag{5.16}$$

其中，$\odot$ 为按位组合标签节点的时间特征。如果所有 t_i^h 的第 j 位都是 0，那么设 $t_{ij}^h = 0$；否则，$t_{ij}^h = t_{ij}^{h_i}$，$t_{ij}^h = 0$。如果推文节点的发布时间出现在 t_i^h 元素内，则设 $t_i^h = 0$；否则设为推文节点的时间值。节点特征映射函数 f_t 对 vt_i^t 进行归一化。时间视图的特征矩阵为 $X_t \in R^{n \times d_t}$，其中 $d_t = 1 + T$。

当事件发生时，与事件相关的推文数通常呈现随时间推移的泊松分布。因此，任意两个推文节点发布时间的相似度随着时间的推移而减小，这表明两个连续发布消息的时间间隔服从指数分布，即 $\Delta t \sim E(\lambda)$。因此，测量两个推文节点的时间近似为

$$\sim\left(vt_i, vt_j\right) = f_t\left(et_{ij}\right) = \begin{cases} \lambda e^{-\lambda \Delta t} & \Delta t \neq 0 \\ 1 & \Delta t = 0 \end{cases} \tag{5.17}$$

其中，$\Delta t = |\hat{v}_i^t - \hat{v}_j^t|$ 为相邻节点之间的释放时间差；λ 是一个速率参数，表示每单位时间内事件发生的次数。将节点之间的时间相似性作为边的权重 wt_{ij}，并在时间视图中形成加权相邻矩阵 A_t：

$$A_t = wt_{ij}, A_t \in R^{n \times n} \tag{5.18}$$

5.6.4　标签引导的多视图图注意力

我们的目标是通过利用 GCN 和设计一种新的注意力机制来学习图节点的表达特征表示，利用多视图之间的独立性和相关性，并将多视图事件投影到统一的特征空间中，以实现事件检测。将每个视图输入 GCN 中，对短文本的不同属性进行特征学习。在 GCN 的卷积运算中，可以保留全局结构信息和节点特征。通过一种新的基于标签的多视图图关注方法将学习到的多视图特征融合成一个整体特征。具体实施过程如下。

为了保证邻居聚合过程的接受场能够有效地实现间接连接节点的特征收敛，在每个视图中都设计了两层 GCN 结构。附加子网络实现多视图和 boost 节点分类的合并，其中包含标签引导的多视图图关注和事件检测层。

在 GCN 根据每个节点的邻域属性诱导节点嵌入向量的过程中，语义视图和时间视图中的节点特征矩阵分别为 X_s 和 X_t。为了突出节点之间的相关性和交互的重要性，在嵌入式学习中考虑了边的权重。也就是说，使用加权邻接矩阵 A_s 和 A_t 来表示不同视图的拓扑结构。给定每个视图的特征矩阵和邻接矩阵，分别将它们输入 GCN。第二层 GCN 生成的新节点特征矩阵为

$$H_{s/t} = \text{softmax}(\hat{A}_{s/t} \text{ReLU}(\hat{A}_{s/t} X_{s/t} W_{s/t}^{(0)}) W_{s/t}^{(1)}) \tag{5.19}$$

其中，s/t 为语义视图或时间视图；$\hat{A}$ 为归一化邻接矩阵，$\hat{A} = D^{-\frac{1}{2}}(A+I)D^{\frac{1}{2}}$，$I$ 为识别矩阵，D 为 $A+I$ 的度矩阵；$W^{(0)}$ 和 $W^{(1)}$ 为潜在层的参数矩阵。两个视图中的 GCN 输出分别为 H_s 和 H_t。

将 H_s 划分为文本语义特征矩阵 $T_s = \{s_i \mid s_i \in R^K, i = 1, 2, \cdots, n\}$ 和标签特征矩阵 $h_s = \{h_i \mid h_i \in R^K, i = 1, 2, \cdots, N-n\}$。一个标签描述了一个事件，因此它与推文的一部分以及 T_s 和 $H_t = \{t_i \mid t_i \in R^K, i = 1, 2, \cdots, n\}$ 中的时间信息相关联。因此，我们使用标签特征作为连接桥梁，将两个视图中的相关内容连接起来。我们采用标签来引导文本的语义特征和时间特征，并确定信息的哪些部分被关注。该方法通过逐步过滤，最终指向与该标签高度相关的区域。将 T_s 和 H_t 输入标签引导的多视图注意力层中，并使用 softmax 函数来生成 n 个文本语义和时间的注意力分布：

$$\sigma_i = \tanh(W_Y Y^{\text{T}} \| W_{h_i} h_i^{\text{T}}) \tag{5.20}$$

$$p_{h_i} = \text{softmax}(W_p \sigma_i + b_p) \tag{5.21}$$

其中，Y^T 为 T_s 或 H_t 的变换，$Y \in R^{n*K}$；标签 $h_i \in R^{1*K}$；参数 W_Y、$W_{h_i} \in R^{1*K}$，$W_{p_i} \in R^{1*2l}$；
$\|$ 为矩阵和向量之间的级联操作，通过向量将矩阵的每一列连接起来；$p_{h_i} \in R^{1*n}$ 为给定标签 h_i 下每个短文本的文本语义特征或时间特征的注意概率。

　　基于注意概率分布，每个节点在标签 h_i 的引导下注意相关特征后的新特征可以通过以下方式获得：

$$Y' = [y_1', y_2', \cdots, y_n'] = \left[p_{h_i}^1 \times y_1, p_{h_i}^2 \times y_2, \cdots, p_{h_i}^n \times y_n \right], p_{h_i}^i \in p_{h_i} \tag{5.22}$$

其中，$i \in [1,n]$；y_i 为 T_s 和 H_t 中的转置向量 s_i 或 t_i。在同一标签注意下，新的特征矩阵为 T_s' / H_s'。将这些特征合并并规范化为

$$\alpha_{h_i} = \frac{\exp(W_{\text{fusion}}[T_s' \| H_s'])}{\sum_i \exp(W_{\text{fusion}}[T_s' \| H_s'])} \tag{5.23}$$

其中，$T_s' \| H_s' \in R^{2K*n}$ 为特征矩阵；$W_{\text{fusion}} \in R^{1*2K}$ 为融合参数；$\alpha_{h_i} \in R^{1*n}$。利用矩阵 h_s 中的标签对语义视图和时间视图的多视图特征矩阵进行融合，生成统一的特征矩阵 $U \in R^{(N-n)*n}$。最后，将统一的特征矩阵 U 馈送到一个全连接的分类器层中，通过 softmax 函数对每个节点进行逐行分类：

$$S = \text{softmax}(U^T W_{\text{fc}}) \tag{5.24}$$

其中，$U^T \in R^{n*(N-n)}$，$W_{\text{fc}} \in R^{(N-n)*C}$ 为可训练参数矩阵，C 为数据集中事件类别的个数。计算交叉熵误差，并用它来更新整个网络中所有可学习的参数：

$$L = -\sum_{i=1}^{N} \sum_{j=1}^{C} l_i \log S_{ij} \tag{5.25}$$

其中，S_{ij} 为节点 i 的 softmax 概率的第 j 个维度，即节点属于第 j 类的概率；l_i 为节点的真实标签。采用随机梯度下降法对网络权值进行联合训练。最小化训练数据集上的损失函数，并通过反向传播计算梯度。

5.7　基于社交信息的强化、增量和跨语言事件检测

　　现有的针对社交流消息的事件检测方法普遍存在事件特征不明确、文本内容分散、多语言等问题，导致准确率和泛化能力较低。本节介绍一种强化的、增量的、跨语言的社会事件检测架构，即 FinEvent[157]。如图 5.2 所示，FinEvent 在处理原始的社交信息时，首先将其转换为具有加权边的多关系图。然后，FinEvent 利用多智能体强化学习来选择与不同关系相关的邻居节点，并通过带有加权多关系图神经网络的聚合来处理所有消息。为了在采样过程中获得平衡并适应增量检测场景，FinEvent 使用了基于策略的对比学习机制来训练图神经网络模型。最后，FinEvent 使用深度强化学习引导的 DBSCAN 模型进行事件聚类参数调优。接下来将具体介绍 FinEvent 模型的各个模块。

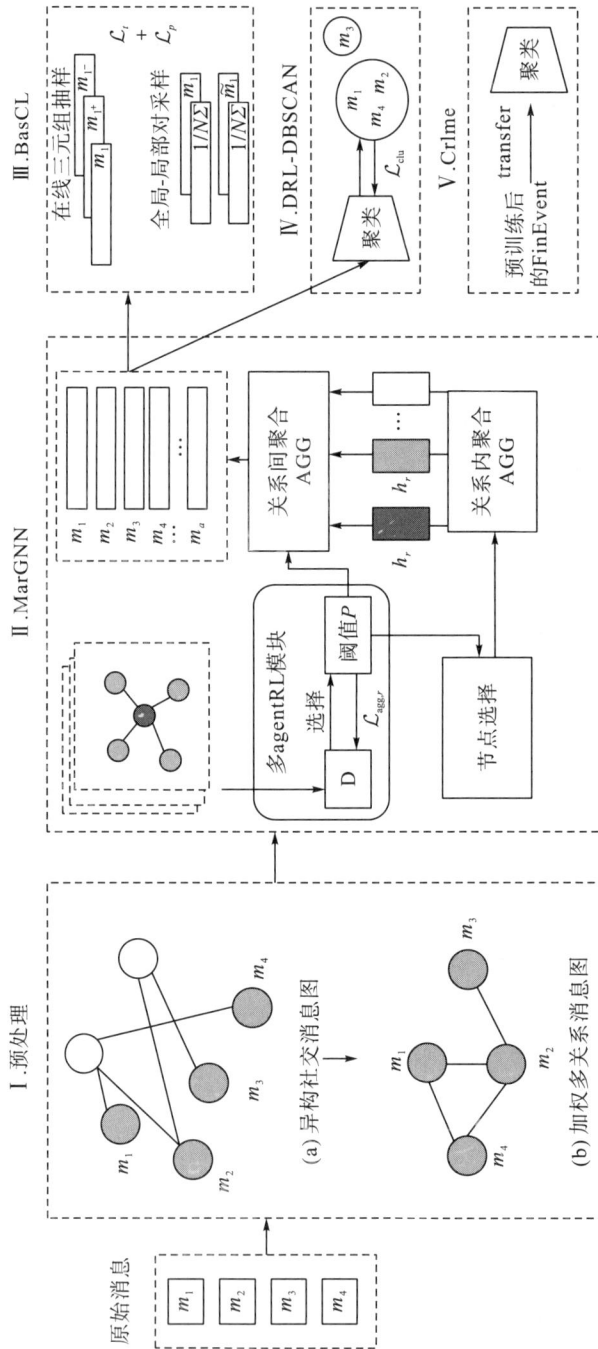

图5.2　FinEvent架构

5.7.1　加权多关系社会信息图

为了防止不同类型事件元素之间异构信息的丢失，FinEvent 通过将 HIN 映射到消息节点的加权多关系图 $\mathcal{G}=\{\mathcal{M},\mathcal{X},\mathcal{W},\{\varepsilon_r^\omega\}_{r=1}^R\}$ 来保存更丰富的连接信息。将多关系图中的节点定义为一系列具有 d 维特征 $\mathcal{X}$ 的消息集合 $\mathcal{M}$。当消息共享不同类型的事件元素时，将分别建立属于不同关系的边。关系图中关系 r 下的消息节点 m_i 和 m_j 的边 $e_{i,j}^r=(m_i,m_j)\in\varepsilon_r$ 如下：

$$e_{i,j}^r=\min\left\{\left[A_{mr},A_{mr}^\mathrm{T}\right]_{i,j},1\right\} \tag{5.26}$$

其中，A_{mr} 为 HIN 异构图邻接矩阵的一个子矩阵，其中行表示所有信息节点，列表示属于关系 r 的所有事件元素节点；T 为矩阵的转置；$\min\{,\}$ 为取两个元素中较小的那个。此外，为了应对同一关系下具有多个公共元素的两个消息节点之间的信息丢失，FinEvent 在不同关系的构建过程中引入了边权。定义图 $\mathcal{G}$ 中关系 r 下消息节点 m_i、m_j 的加权边为 $e_{i,j}^r=(m_i,m_j)\in\varepsilon_r^\omega$，其中边权 $\omega_{i,j}^r\in\mathcal{W}$ 是 $\left[A_{mr},A_{mr}^\mathrm{T}\right]_{i,j}$。

5.7.2　多关系图神经网络框架中的多智能体增强聚合

1. 强化邻居选择

考虑社交信息之间存在一些影响消息表示的无意义链接，FinEvent 首先在聚合前对每个关系进行采样，以保留具有高语义和结构连接的邻居。由于多关系图中的不同关系具有不同程度的杂质，并共同影响嵌入结果，因此我们需要一种协作学习方法来寻找不同关系之间的平衡。在 MarGNN（多智能体强化学习引导的多关系图神经网络）框架中引入多智能体强化学习，引导每个关系在聚合前进行 Top-p 邻居抽样。具体而言，首先根据欧氏距离升序排序关系 r 下的每个邻居，然后为每个关系建立一个智能体作为选择器，保持阈值 $p_r\in[0,1]$。当 $p_r=1$ 时，保留所有邻居；当 $p_r=0$ 时，丢弃所有邻居。

具体来说，每个关系的智能体（agent）将学习如何在流式社交检测任务中找到关系之间的平衡。这个过程是一个 R agent 的马尔可夫博弈，包含 4 个元素 $(N_{\mathrm{agg}},A_{\mathrm{agg}},S_{\mathrm{agg}},R_{\mathrm{agg}})$，其中 N_{agg} 为智能体数量，A_{agg} 为智能体的动作空间，S_{agg} 为智能体的状态空间，R_{agg} 为智能体的奖励函数。整个过程的具体细节如下。

（1）状态：鉴于不同关系的保留阈值共同影响最终的聚合效果，使用所有关系的保留阈值聚合的邻居节点表示 $h_m^{(k)}$ 来计算一个关系下的平均加权距离，使每个 agent 都能考虑其他关系的影响。在第 k 个训练轮次（epoch k），一个 agent 在关系 r 下观察到的状态 $s_{\mathrm{agg},r}^{(k)}$ 为

$$s_{\mathrm{agg},r}^{(l)(k)}=\frac{1}{|N|}\sum_{i=1}^N\frac{\displaystyle\sum_{m_j\in\mathcal{N}_r^{(k)}(m_i)}\omega_{i,j}^r\cdot\mathcal{D}(h_{m_i}^{(k)},h_{m_j}^{(k)})}{\displaystyle\sum_{m_j\in\mathcal{N}_r^{(k)}(m_i)}\omega_{i,j}^r} \tag{5.27}$$

其中，$\mathcal{N}_r^{(k)}(m_i)$ 为关系 r 下中心节点 m_i 在第 k 个 epoch（时期）中所有保留的邻居节点 m_j 的

集合；$\omega_{i,j}^r$ 为节点 m_i 和 m_j 在关系 r 下的边的权值。

(2)动作：agent 的动作 $a_{\text{agg},r}^{(l)(k)} \in A_{\text{agg}}$ 是在 epoch k 中关系 r 下的保持阈值 $p_{\text{agg},r}^{(k)}$。因为 $p_{\text{agg},r}^{(k)} \in [0,1]$ 具有最高的准确性，使用离散动作来加速学习过程。

(3)奖励：增强聚合的目标是找到最佳的聚合方案以获得消息的最佳聚类性能，因此使用归一化互信息(NMI)作为奖励函数来客观地度量聚类效果。定义 epoch k 中关系 r 下的奖励 $r_{\text{agg},r}^{(k)}$ 如下：

$$r_{\text{agg},r}^{(k)} = \text{NMI}_k(|E_{\text{true}}|) \tag{5.28}$$

其中，$\text{NMI}_k(|E_{\text{true}}|)$ 为 NMI 分数，该分数使用消息类别 $|E_{\text{true}}|$ 的实际数量来对消息的表示进行聚类。消息的表示基于动作 $a_{\text{agg},r}^{(l)(k)}$ 进行聚合。

(4)优化。基于前文所述，每个 agent 使用 Actor-Critic 算法，通过 actor 网络根据状态选择动作，最终获得相同的奖励来更新损失函数。在这个过程中，每个 agent 都力求获得最大的整体利益，多 agent 属于一种合作关系。关系 r 下 actor 的损失函数为

$$\mathcal{L}_{\text{agg},r} = -\left[\left(r_{\text{agg},r}^{(k)} + \gamma Q\left(s_{\text{agg},r}^{(k+1)}, a_{\text{agg},r}^{(k+1)}\right) - Q\left(s_{\text{agg},r}^{(k)}, a_{\text{agg},r}^{(k)}\right) \right) \cdot \log\left[\pi\left(a_{\text{agg},r}^{(k)} \mid s_{\text{agg},r}^{(k)}\right)\right] \right] \tag{5.29}$$

其中，$Q(,)$ 为动作值函数；$\pi(|)$ 为策略。

2. 加权关系感知邻居聚合

为了更好地引导加权多关系图神经网络学习消息嵌入，我们介绍一种加权关系感知邻居聚合方法——MarGNN。MarGNN 中的整个聚合过程分为两个部分：关系内聚合和关系间聚合。

对于关系内聚合，参与的邻居消息由保留阈值控制。该过程形式化表示为第 l 层属于关系 r 的消息 m_i 的聚合过程：

$$h_{m_i,r}^{(l)} \leftarrow \text{AGG}_{\text{intra},r}^{(l)}\left(\overset{\text{heads}}{\|}\left(\oplus\{h_{m_j,r}^{(l-1)} : m_j \in \mathcal{N}_r^{(l)}(m_i)\}\right)\right) \tag{5.30}$$

其中，$h_{m_j,r}^{(l-1)}$ 为消息 m_i 的邻居消息 m_j 在关系 r 下的第 $l-1$ 层的嵌入；$\mathcal{N}_r^{(l)}(m_i)$ 为消息 m_i 经过邻居选择过程后保持阈值 $p_r^{(l)}$ 的一系列邻居的集合。每条消息的嵌入 $h_m^{(0)}$ 为输入特征。考虑到不断增加的消息流，针对关系 r 内的邻居聚合器 $\text{AGG}_{\text{intra},r}^{(l)}$ 引入了多头注意机制。$\overset{\text{heads}}{\|}$ 代表头像拼接，在中间层拼接多个头像的输出，在最后一层进行平均操作。$\oplus$ 表示求和聚合操作符。在关系间聚合中，将关系的保留阈值用作关系间聚合过程中关系嵌入的权重。将第 l 层消息 m_i 的相互关系聚合定义为

$$h_{m_i}^{(l)} \leftarrow h_{m_i}^{(l-1)} \otimes \text{AGG}_{\text{inter}}^{(l)}(\otimes\{p_r^{(l)} \cdot h_{m_i,r}^{(l)}\}\big|_{r=1}^{R}) \tag{5.31}$$

其中，$h_{m_i,r}^{(l)}$ 为 m_i 在关系 r 下的聚合间嵌入。MarGNN 提出了一个基于保留阈值的关联间聚合器 $\text{AGG}_{\text{inter}}^{(l)}$，其中 $\otimes$ 是一个拼接聚合算子，例如拼接、求和或多层感知器(MLP)。将相互关系聚合器的结果与消息 m_i 上层的嵌入进行拼接，作为 m_i 在第 l 层的最终表示。MarGNN 将聚合后的嵌入 $h_{m_i}^{(l)}$ 作为 m_i 的最终嵌入 h_{m_i}。

3. 基于平衡抽样策略的对比学习机制(BasCL)

在得到全局-局部对损失 L_p 后，BasCL 使用噪声对比方法，通过 X 的逐行洗牌来构造 $\tilde{X}$，从而得到消息表示 h_{m_i} 的损坏表示 $\tilde{h}_{m_i}$。

最后以平衡的方式考虑正负样本比较和全局-局部比较，并将 BasCL 的总体损失函数定义为

$$L_{\text{BasCL}} = L_t + \mathcal{L}_p \tag{5.32}$$

4. 深度强化学习引导 DBSCAN(DRL-DBSCAN)模型

在事件检测阶段，根据学习到的消息表示对消息进行聚类。传统的基于距离的聚类算法 k-means 在聚类表示方面很常用，但由于需要指定聚类数量，所以在增量检测任务中有一定的局限性。相比之下，基于密度的聚类算法 DBSCAN 可以自动调整聚类数量，但它仍然需要手动调整两个参数(距离参数和最小样本数参数 minPts)，不能适应不断变化的消息输入中不同数据分布的情况。为了解决这个问题，本节提出了 DRL-DBSCAN 模型，其采用了一种新的强化学习方法，探索如何通过与 DBSCAN 的多轮参数交互来获得稳定的社会事件聚类效果，这种方法能够在不断变化的消息输入中适应匹配不同数据分布的情况，并获得稳定的社会事件聚类结果。DRL-DBSCAN 将参数调整系统作为 agent，增量社会数据作为环境，将过程形式化地表示为马尔可夫决策过程，MDP($S_{\text{clu}}; A_{\text{clu}}; R_{\text{clu}}$)，其中 S_{clu} 为状态空间，A_{clu} 为动作空间，R_{clu} 为奖励函数。具体来说，我们定义了以下 3 个要素。

(1)状态：状态是 agent 在每一段参数调整后观察到的消息块事件的聚类情况，即聚类结果的描述。考虑观测状态时不能使用事件的聚类标签，将事件 τ 中的状态 $s_{\text{clu}}^{(\tau)}$ 定义为一个四元集：

$$s_{\text{clu}}^{(\tau)} = \{\epsilon^{(\tau)}, |E|^{(\tau)}, \text{coh}^{(\tau)}, \text{sep}^{(\tau)}\} \tag{5.33}$$

其中，$s_{\text{clu}}^{(\tau)}$ 由当前最小邻居距离($\epsilon^{(\tau)}$、$|E|^{(\tau)}$)、平均内聚距离 $\text{coh}^{(\tau)}$ 和平均分离距离 $\text{sep}^{(\tau)}$ 组成。这些状态受到前一事件的作用 $a_{\text{clu}}^{(\tau-1)}$ 的影响。

(2)动作：为了防止维度诅咒并加快 DBSCAN 的处理速度，使用了分布式随机邻居嵌入将消息表示的维数降低到 2 维。因此，根据 DBSCAN 算法对最小样本数参数的推荐，将 minPts 固定为 2。然后，我们将事件 τ 中的动作 $a_{\text{clu}}^{(\tau)}$ 定义为当前状态 $s_{\text{clu}}^{(\tau)}$ 应选择的 ϵ 参数值的变化。另外，动作空间是有上界和下界的连续数据。

(3)奖励：对于奖励函数，我们引入外部评价指标 Calinski-Harabasz(也称为方差比准则)来刺激 agent。这种奖励的设置不需要依赖于样本的真实标签和事件类别的数量，并且在检测过程中能比其他外部评价指标更快地找到聚类组合。奖励函数定义为

$$r_{\text{clu}}^{(\tau)} = \begin{cases} \dfrac{SS_B^{(\tau)}}{|E|^{(\tau)}+1} \Big/ \dfrac{SS_W^{(\tau)}}{N-|E|^{(\tau)}}, & |E|^{(\tau)} \text{在边界} \\ 0, & |E|^{(\tau)} \text{不在边界} \end{cases} \tag{5.34}$$

其中，$SS_W^{(\tau)}$ 为总体簇内方差；$SS_B^{(\tau)}$ 为事件 τ 中的总体簇间方差；N 为消息总数。

在参数调整过程中，相邻事件的状态之间存在很强的相关性。为了避免神经网络学习

的单侧问题，我们选择双延迟深度确定性策略梯度算法来优化一个策略网络和两个价值网络。其中，价值网络的损失函数表示为

$$\mathcal{L}_{\text{clu}} = -E\left[\frac{1}{2}\left(r_{\text{clu}}^{(\tau)} + \gamma \min \hat{Q}\left(s_{\text{clu}}^{(\tau+1)}, a_{\text{clu}}^{(\tau+1)}\right) - Q\left(s_{\text{clu}}^{(\tau)}, a_{\text{clu}}^{(\tau)}\right)\right)^2\right] \tag{5.35}$$

其中，E 为随机采样过渡元组 $(s_{\text{clu}}^{(\tau)}, a_{\text{clu}}^{(\tau)}, r_{\text{clu}}^{(\tau)}, s_{\text{clu}}^{(\tau)})$ 计算期望值的过程；Q 为当前价值网络中的行动价值函数；$\min \hat{Q}$ 为选择两个价值网络中最小的动作值，以抑制高估。

5. 跨语言信息嵌入方法(Crlme)

在更广泛的社会事件检测场景中，除了英语等资源丰富的语言外，还有一些原始信息不足的非英语语言无法重用英语模型的训练过程。为了实现更多的低资源社会事件检测，降低训练成本，在检测非英语事件时，直接将英语模型 f_E 训练中保留的参数 θ 继承为非英语模型 f_{NoE} 的参数 $\bar{\theta}$，将此方法命名为 Crlme。其中，参数 θ 包括通过对比学习对保留消息的语义和结构的认知，通过多智能体强化学习发现的多关系平衡方法，以及通过深度强化学习获得的 DBSCAN 聚类参数调整能力。

5.8 基于不确定性引导学习的不平衡社会事件检测

在现实社会中，事件的类别通常呈现严重的不平衡分布，这给训练良好的检测模型带来了泛化挑战。许多研究从频率的角度解决这个问题，强调对罕见类别的表示或分类器学习。然而，根据观察，类别的稀有性并不能很好地预测性能下降。相反，通过深度学习网络估计的校准不确定性能更好地反映出模型的性能。为此，本节介绍一种不确定性导向的不平衡学习框架 UCL_{SED} 及其变体 $\text{UCL}-\text{EC}_{\text{SED}}$，用于不平衡社会事件检测任务。不确定性导向的不平衡学习框架通过增强模型对不确定类的泛化来提高模型的整体性能。首先，介绍一种名为不确定性引导的对比学习损失(uncertainty-guided contrastive learning loss，UCL) 及其变体——不确定性引导的对比学习损失与估计质心(uncertainty-guided contrastive learning loss with estimated centroid，UCL-EC)的方法，以操纵不平衡数据的可区分表示分布。在训练过程中，这些方法通过迫使所有类别(特别是那些不确定的类别)在特征空间中自适应地调整，从而形成清晰的可分离边界。另外，为了获得更稳健和准确的类别不确定度估计，采用附加校准方法，并利用 D-S 证据性理论将多视图证据分类器的结果进行组合。接下来，我们先了解一些基本概念，然后再对该框架进行具体描述。

5.8.1 问题定义

1. 分类任务

分类任务的目的是学习一个从输入空间 X 到目标空间 $Y = \{1, 2, \cdots, C\}$ 的复杂映射函数。通常，映射函数由两部分组成：编码器模型 f，它将输入映射到潜在空间 $Z \in R^h$；分类器

g，它将潜在空间 $\mathcal{Z}$ 映射到目标空间 Y。

2. 时间感知 GNN 编码器

对于图上的每个节点，GNN 编码器通过结合其一跳邻居的信息来迭代地更新其表示，学习到的表示既包含图的结构信息，又包含节点的属性信息，信息很全面。通常，GNN 编码器层由两类操作组成：特征变换操作和特征聚合操作。设索引 i 在第 $l-1$ 层的节点表示为 h_i^{l-1}，其在下一层（l 层）的更新表示如下：

$$h_i^{(l)} \leftarrow \sigma\left(\underset{\forall j \in \mathcal{N}(i)}{\text{Aggregator}} \left(\text{Transformation}\left(h_j^{l-1} \right) \right) \right) \tag{5.36}$$

其中，$\mathcal{N}(i)$ 为节点 i 的邻居索引集。在不同的 GNN 模型中，Aggregator 和 Transformation 的设计不同。对于变换操作，使用简单的线性可训练变换。具体的分层传播变成

$$h_i^l \leftarrow \sigma\left(\sum_{j \in \mathcal{N}(i)} a_{ij} W h_j^{l-1} \right) \tag{5.37}$$

其中，W 为训练中学习到的变换矩阵。权值 a_{ij} 度量来自节点 i 的消息与来自节点 j 的消息之间的时间近似，计算方法如下：

$$a_{ij} = \frac{e^{-fc\left(h_i^l\right)\cdot|t_j-t_i|}}{\sum_{j \in \mathcal{N}(i)} e^{-fc\left(h_i^l\right)\cdot|t_j-t_i|}} \tag{5.38}$$

其中，t_i 和 t_j 分别为消息 i 和消息 j 的发布时间；$|t_j-t_i|$ 为对应的时间间隔，以天为单位；$fc(\cdot)$ 为全连接层。

3. 对比学习

对比学习基于一个简单的原则，即通过施加几何约束来调节样本表示，将来自同一类的样本拉到一起，并将来自不同类的样本分开。在这里，介绍以下两种监督对比学习损失的变体，以帮助读者更好地理解后续的修改情况。

（1）监督对比损失。监督对比损失（supervised contrastive loss，SCL）利用标签信息来寻找与正样本在同一类中的样本。例如，在批次 B 中，编码器 f 学习到的表示为 z_i 的样本 x_i，监督对比度损失写为

$$\mathcal{L}_{\text{SCL}}(z_i) = -\frac{1}{|\{x_i^+\}|} \sum_{j \in \{x_i^+\}} \log \frac{\exp(S(z_i,z_j)/\tau)}{\sum_{k \in B\{i\}} \exp(S(z_i,z_k)/\tau)} \tag{5.39}$$

其中，$\{x_i^+\}$ 为 B 的一个子集，它包含与 x_i 在同一类中的所有样本；$|\{x_i^+\}|$ 为批次 B 中所有正样本的个数；τ 为温度参数；S 为相似度度量函数，通常选择余弦相似度。

（2）原型监督对比损失。原型监督对比（prototypical supervised contrastive，PSC）损失用原型代替特定的正样本和负样本来解决记忆问题。在 PSC 中，每个样本都被拉向其所属类的原型，并被推离其他类的原型。例如，假设有一个样本 x_i（表示为 z_i），其标签为 y_i，则 PSC 损失函数可以表示为

$$\mathcal{L}_{\mathrm{PSC}}(z_i) = -\log \frac{\exp(S(z_i \cdot p_{y_i})/\tau)}{\sum_{k=1}^{C} \exp(S(z_i \cdot p_k)/\tau)} \tag{5.40}$$

其中，p_{y_i} 为样本 x_i 所属类 y_i 的原型表示。

5.8.2 不确定性引导类不平衡学习框架：$\mathrm{UCL_{SED}}$ 和 $\mathrm{UCL\text{-}EC_{SED}}$

总的来说，整个不确定性引导类不平衡学习框架中的两个关键模块是表示调整模块和多视图分类器模块。接下来将具体介绍该框架的各个模块。其架构如图 5.3 所示。

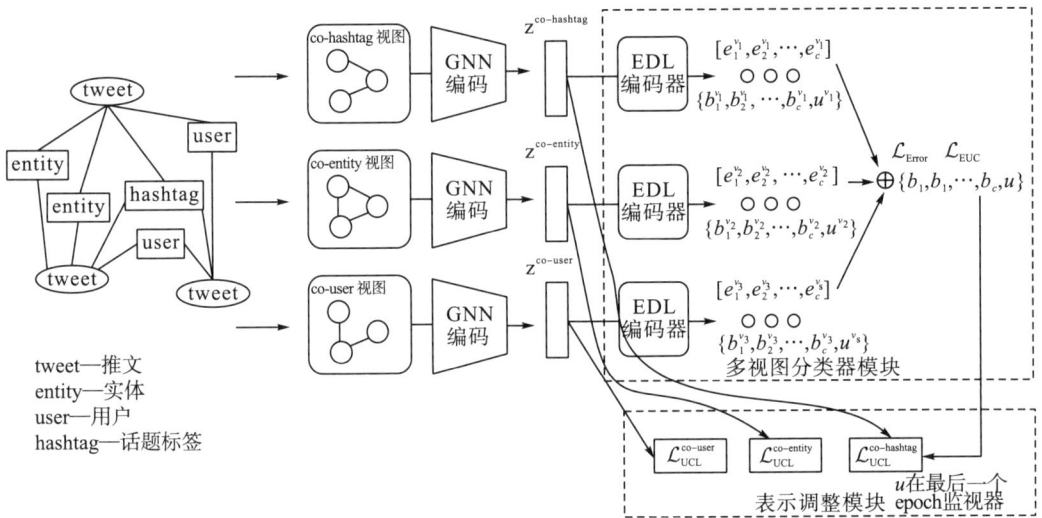

图 5.3 不确定性引导类不平衡学习架构

1. 表示调整模块

(1) 不确定性导向对比学习损失(UCL)。UCL 是原型监督对比损失的扩展。它与原型监督对比损失的关键的区别在于阶级边际的设置。为了便于理解，将 PSC 损失改写如下：

$$\mathcal{L}_{\mathrm{PSC}}(z_i) = \log\left[\sum_{k=1, k\neq y_i}^{C} 1 + e^{\Delta_{y_i} k} + S(z_i, p_k) - S(z_i, p_{y_i})\right], \quad \Delta_{y_i} k = 0 \tag{5.41}$$

为简单起见，我们去掉了温度参数 τ。同时，为了获得更好的不平衡事件数据的表示分布，需要一种自适应的、灵活的正则化损失，它可以设置适当的类相关边距。对于难以直观区分的事件，应该扩大它们与其他事件的距离。换句话说，修改后的损失应该使其他事件的分布远离它们，以防止错误分类。为了达到这个目的，将原来的 PSC 损失修改为一个由不确定性控制的可调边界损失，将其转换为 UCL：

$$\mathcal{L}_{\mathrm{UCL}}(z_i) = \log\left[\sum_{k=1, k\neq y_i}^{C} 1 + e^{\beta_{u_{y_i}}} + S(z_i, p_k) - S(z_i, p_{y_i})\right] \tag{5.42}$$

其中，u_{y_i} 为 y_i 类的不确定性值，是反映其当前代表性分布状况的有效指标；β 是一个正超参数。修改后的 UCL 添加了一个额外的正值，鼓励原型之间更大余量。因此，UCL 同时增强了类内的紧密性和类间的差异性。

（2）不确定性引导的对比学习损失与估计质心（UCL-EC）。在 UCL 中，原型是通过在训练过程中学习得到的，并且每个批次更新一次。然而，由于不同批次之间的样本差异很大，学习的原型可能会出现较大的波动性，这种训练不稳定性问题在处理不平衡数据时尤为严重，因为大多数类别是少数类别，并且可能在不同批次中被采样。为了增强训练的稳定性，我们提出使用全局类质心来替代原型，全局类质心是在批处理数据之外计算得到的。然而，利用完整的数据集计算类质心需要大量时间和计算资源。为了在训练稳定性和资源消耗之间进行权衡，我们并不是在每个批次训练后更新类质心，而是在每个 epoch 开始时估计类质心，并将其固定在内存中，在整个 epoch 期间保持不变。通过这种方式，我们可以减轻训练过程中原型波动性带来的影响，同时降低计算成本。这样做可以提高模型在不平衡数据上的学习效果，并改善整体的训练稳定性。

2. 多视图分类器模块

（1）证据深度学习（evidence deep learning，EDL）的单视图不确定性。不确定性可以分为两种：认知不确定性（模型不确定性）和任意不确定性（数据不确定性）。认知不确定性是有限知识而产生的，而任意不确定性则是类别之间重叠所固有的噪声引起的。例如，在模糊类边界上分布的样本具有较高的任意不确定性。如果具有高任意不确定性的类别未能很好地表示，那么在表示调整模块中应该加以强调。

EDL 基于深度神经网络输出的结果，通过直接对预测后验的参数进行估计，从而估计任意不确定性。EDL 被应用于单视图事件检测。在主观逻辑和 Dempster-Shafer 理论框架下，EDL 提供了一个原则性的方法，用于联合建模预测的高阶概率和整体决策的不确定性。具体来说，它假设使用狄利克雷（Dirichlet）分布作为多项式分布的共轭先验来表示类别概率分布的密度。EDL 通过在 Dirichlet 分布上确定每个事件类别的信念质量分配以及总体不确定性质量，并从神经网络收集的证据中推导出 Dirichlet 参数。

在形式上，对于单个视图 v，$v \in \{\text{co-hashtag}, \text{co-entity}, \text{co-user}\}$，假设存在 C 个互斥事件，则狄利克雷分布 $\alpha^v = [\alpha_1^v, \alpha_2^v, \cdots, \alpha_C^v]$ 由 $e^v = [e_1^v, e_2^v, \cdots, e_C^v]$ 从关系 $\alpha_c^v = e_c^v + 1$ 的数据中收集。每个事件的信念质量分配和总体不确定性质量计算如下：

$$b_c^v = \frac{e_c^v}{S^v}, u^v = \frac{C}{S^v} \tag{5.43}$$

其中，$S^v = \sum_{c=1}^{C} e_c^v + 1 = \sum_{c=1}^{C} \alpha_c^v$ 为狄利克雷强度。显然，证据越多，不确定性就越小。

（2）D-S 证据性理论多视图不确定性。在获得基于证据的单一观点后，为了确保更可靠的最终结果，通过 D-S 证据性理论将它们结合在一起。组合规则，又称 Dempster 合成规则，它强调多种观点之间的一致性，并提取其共同的信念作为最终判断。具体来说，需要组合 3 个独立的质量赋值集 $M^v = \{\{b_c^v\}, u^v\}$，其中，我们详细展示了两个独立视图合并的计算规则，可以进一步扩展到多视图情况：

$$\begin{cases} M = M^{v_1} \oplus M^{v_2} \\ b_c = \dfrac{1}{1-T}\left(b_c^{v_1} b_c^{v_2} + b_c^{v_1} u^{v_2} + b_c^{v_2} u^{v_1} \right) \\ u = \dfrac{1}{1-T} u^{v_1} u^{v_2}, T = \sum_{i \neq j} b_i^{v_1} b_j^{v_2} \end{cases} \tag{5.44}$$

由于有三组质量，即 $\{co\text{-}hashtag, co\text{-}entity, co\text{-}user\}$，使用最终结果可以按照以下规则依次得到：

$$M = M^{v_1} \oplus M^{v_2} \oplus M^{v_3} \tag{5.45}$$

其中，v_1、v_2 和 v_3 分别对应于 co-hashtag、co-entity、co-user。

（3）不确定度校准方法。校准不确定性是指通过调整模型的输出，使得预测结果与真实值更加接近，并且在预测正确时表现出较高的自信度，预测错误时表现出较高的不确定度。一般来说，有 4 种可能的输出：①准确和确定（AC）；②准确和不确定（AU）；③不准确和确定（IC）；④不准确和不确定（IU）。我们提出了一种校准方法，鼓励多视图分类器输出更多的 AC 和 IU 样本。

具体来说，对于每一个样本 i，假设其真实标签为 y_i，模型的预测值为 $\hat{y}_i$。我们通过调整预测的不确定性来实现校准。其中，狄利克雷参数 α_i 表示模型预测的总体不确定性。将正确类别的位置设置为 1，即当模型做出坚定而准确的预测（$\hat{y}_i$ 等于真实标签 y_i，并且 p_i 的最大值对应于正确类别）时，通过增加总体证据强度（S_i 趋近于无穷大），迫使模型给出一个较低的不确定性。当模型预测错误时，通过使误导性证据缩小到零（$\tilde{\alpha}_i \to 1$）来迫使它给出高不确定性：

$$\mathcal{L}_{\text{EUC}}(p_i) = \lambda_e \left(-\sum_{i \in (\hat{y}_i = y_i)} \max(p_i) \log\left(1 - \frac{K}{S_i}\right) + \sum_{i \in (\hat{y}_i = y_i)} \text{KL}[D(p_i \mid \tilde{\alpha}_i) \| D(p_i \mid 1)] \right), \tag{5.46}$$
$$\lambda_e = \min(1.0, e/10)$$

其中，$D(\cdot \mid \cdot)$ 为由 Dirichlet 参数形成的多项意见。第一项通过确保收集到更多的证据来鼓励 AC 输出，而第二项试图通过删除所有错误的证据 $\tilde{\alpha}_i$ 来提供 IU 输出。同时，考虑早期学习到的证据往往不准确，我们还采用了系数 λ_e 来动态调整校准损失的权重。e 为当前 epoch 的索引。

类不确定性是指对于每个类别，在训练过程中估计该类别内所有训练样本的不确定度，并将其作为权衡训练稳定性和资源消耗的因素。为了在训练过程中平衡稳定性和资源消耗，我们在每个 epoch 的训练后更新完整数据集中每个类别的不确定性，并在整个 epoch 的持续时间内将其保存在内存中。类的不确定度被定义为该类别内所有训练样本的不确定度值的平均数。在初始阶段，UCL 损失中使用类不确定性的初始值为 1。

3. 优化目标

优化目标包括表示调整模块的损失和多视图分类器模块的损失：

$$\mathcal{L}_{\text{Total}} = \mathcal{L}_{\text{Error}} + \lambda_1 \mathcal{L}_{\text{EUC}} + \lambda_2 \mathcal{L}_{\text{UCL}}^v + \lambda_3 \mathcal{L}_{\text{Common}}, \tag{5.47}$$
$$v \in \{co\text{-}hashtag, co\text{-}entity, co\text{-}user\}$$

其中，λ_1、λ_2、λ_3 为超参数。后两项位于表示模块中。具体来说，$\mathcal{L}_{UCL}^{v}$ 是不确定性引导的对比学习损失，其目的是使每个视图中的表征规范化。$\mathcal{L}_{Common}$ 通过保证多视图通用性来解决 Dempster 规则在处理高冲突数据方面的不足。这里将来自特定视图的一批训练样本的归一化嵌入表示为 $H_{nor}^{v}, v \in \{\text{co-hashtag,co-entity,co-user}\}$。节点 Sim^v 的相似度计算为 $H_{nor}^{v} \cdot (H_{nor}^{v})^{\mathrm{T}}$。$\mathcal{L}_{Common}$ 给出了以下约束：

$$\mathcal{L}_{Common} = \|Sim^h - Sim^e\|_F^2 + \|Sim^h - Sim^u\|_F^2 + \|Sim^e - Sim^u\|_F^2 \tag{5.48}$$

其中，$\mathcal{L}_{Error}$ 和 $\mathcal{L}_{EUC}$ 来自多视图分类器模块。具体来说，$\mathcal{L}_{EUC}$ 表示校准计算出的多视点不确定性。$\mathcal{L}_{Error}$ 表示预测误差损失，本质上是经典交叉熵损失函数对学习到的 Dirichlet 分布的积分。

$$\mathcal{L}_{Error} = \sum_{j=1}^{C} y_{ij} \left(\Psi(S_i) - \Psi(\alpha_{ij}) \right) \tag{5.49}$$

其中，$\Psi(\cdot)$ 为二格函数；S_i 为狄利克雷强度。

4. 时间复杂度分析

UCL_{SED} 的总时间复杂度约为 $O(\sum_{v \in V} N_e^v)$。其中，v 为视图集；N_e^v 为特定视图 v 下的边的总数。这意味着时间复杂度与多视图的大小近似呈线性关系。具体来说，由于节点特征是低维且 $N_e^v \gg N$，所以 GNN 编码器在所有视图下的传播需要 $O(|V|Ndd' + \sum_{v \in V} N_e^v d') = O(\sum_{v \in V} N_e^v)$。其中 $|V|$ 为视图总数；N 为消息总数。d 和 d' 分别为传播层的输入和输出维度。所有视图下的 UCL 损失的时间复杂度可以粗略估计为 $O(|V|NCd')$，其中 C 表示类的总数。对于 EDL 神经网络，其在所有视图下的时间复杂度约为 $O(|V|Nd'C)$。此外，计算视图特定的不确定性需要 $O(|V|NC)$，计算多视图不确定性需要 $O(|V-1|N(C+1)^2)$，计算 $\mathcal{L}_{EUC}$ 和 $\mathcal{L}_{Error}$ 需要 $O(NC)$，计算 $\mathcal{L}_{Common}$ 需要 $O\left(|V|(|V|-1)\sum_{b=1}^{B}|m_b|^2 d'\right)$。其中，$|m_b|$ 为批量大小；B 为小批量的数量。与 UCL_{SED} 相似，$UCL\text{-}EC_{SED}$ 的总时间复杂度也约为 $O(\sum_{v \in V} N_e^v)$。唯一的区别在于计算这些原型所需的 $O(Nd')$，这可以忽略不计。

5.9　基于 GCN 的社会事件检测

本节将介绍基于 GCN 的社会事件检测算法，也是一种事件分类算法，我们将从 GCN 的基本原理入手，为大家详细讲述一个基于 GCN 的变种模型在社交网络事件检测场景下的应用过程，可以在这个过程中加强对社交网络事件建模方法的认知和对 GCN 算法机理的进一步理解。成对流行图卷积网络（PP-GCN）用于进行细粒度的社会事件分类，并学习不同任务中元路径的最优权重。在前文我们也初步接触到了这个模型，接下来，先了解一些基本概念，然后对该框架进行具体描述。

5.9.1　面向事件的 GCN 算法机理

在正式开始对 PP-GCN 进行介绍之前，先简要了解一下 GCN 的核心机理。

多层 GCN 模型的分层传播规则为

$$H^{(l+1)} = \sigma(\tilde{D}^{-\frac{1}{2}} \tilde{A} \tilde{D}^{-\frac{1}{2}} H^{(l)} W^{(l)}) \tag{5.50}$$

其中，$\tilde{A} = A + I_N$；$\tilde{D}$ 为一个对角矩阵；$\tilde{D}_{ii} = \sum_j \tilde{A}_{ij}$ 为邻接矩阵；I_N 为单位矩阵；W 为参数矩阵；l 为模型层数。设 Z 为输出的 $N \times F$ 特征矩阵，F 为每个实例事件的输出表征维数。GCN 的输入层是 $H^{(0)} = X, X \in R^{N \times d}$，它包含原始事件的实例特征，$H^{(l)} = Z$ 且 Z 为图形级的输出。σ 表示一种激活函数，比如 sigmoid 函数或者 ReLU 函数。

5.9.2　问题定义

我们给出一些与事件 HIN 相关的概念、必要的符号，前面的章节中给出了 HIN 相关的定义，在此我们将对 HIN 相关的知识进行回顾。

定义 5.3　异构信息网络是一个图形 $G = (V, E)$ 与一个实体类型映射 $\phi: V \to A$ 和关系类型映射 $\psi: E \to R$，V 表示实体集，E 表示链路集，R 表示关系类型集，A 表示实体类型集。实体类型集的个数 $|A| > 1$，关系类型集的个数 $|R| > 1$。

定义 5.4　给定一个 HIN $G = (V, E)$，其实体类型映射为 $\phi: V \to A$，关系类型映射为 $\psi: E \to R$，那么网络 G 的元模式(或网络模式)表示为 $T_G = (A, R)$，其中节点是来自 A 的实体类型，边是来自 R 的关系类型。

定义 5.5　元路径 P 是在网络模式图 $T_G = (A, R)$ 上定义的路径，形式 $A_1 \xrightarrow{R_1} A_2 \xrightarrow{R_2} A_3 \cdots$ $A_L \xrightarrow{R_L} A_{L+1}$ 定义了一个 $A_1, A_2, A_3, \cdots, A_{L+1}$ 之间的复合关系，$R = R_1, R_2, \cdots R_L$，其中 • 表示关系合成运算符，并且 L 是 P 的长度。

定义 5.6　给定一个元路径 $P = (A_1 \cdots A_{L+1})$，Cou 是元路径实例计数的函数，使得 $\mathrm{Cou}_P(v_i, v_j) = M_P(v_i, v_j)$，其中 $M_P = W_{A_1 A_2} \cdot W_{A_2 A_3} \cdot \cdots \cdot W_{A_L A_{L+1}}$，$W_{A_k A_{k+1}}$ 是元路径 P 中类型之间的邻接矩阵。

定义 5.7　基于知识元路径实例的社交事件相似性(knowledgeable meta-paths instances based social event similarity，KIES)度量：基于社会实例事件或事件相似性的知识元路径实例。给定一组有意义的元路径集合，表示为 $P = \{P_m\}_{m=1}^{M'}$，则定义两个实例事件 e_i 和 e_j 之间的相似性度量指标如下：

$$\mathrm{KIES}(e_i, e_j) = \sum_{m=1}^{M'} \omega_m \frac{2 \times \mathrm{Cou}_{P_m}(e_i, e_j)}{\mathrm{Cou}_{P_m}(e_i, e_i) + \mathrm{Cou}_{P_m}(e_j, e_j)} \tag{5.51}$$

其中，$\mathrm{Cou}_{P_m}(e_i,e_j)$ 为实例事件 e_i 和 e_j 之间的元路径 P_m 的计数；$\mathrm{Cou}_{P_m}(e_i,e_i)$ 为实例事件 e_i 和 e_i 自身之间的元路径数；$\mathrm{Cou}_{P_m}(e_j,e_j)$ 为实例事件 e_j 和 e_j 自身之间的元路径数。用一个参量 $\omega_m = [\omega_1, \omega_2, \cdots, \omega_{M'}]$ 来表示元路径权重，其中，ω_m 为元路径 P_m 的权重参数。$\mathrm{KIES}(e_i,e_j)$ 定义分为两个部分：①分子中的语义重叠，由事件 e_i 和 e_j 之间的元路径数定义；②分母中的语义广度，由它们与自身之间的总元路径数定义。因此，可以对任意两个实例事件给出一个带有权重的 KIES 距离，由此给出标准化后基于知识元路径实例的社交网络事件相似性度量标准。这些度量标准有助于通过对元路径的相似性进行分析并挖掘社交网络事件的相关性，从而划分不同事件类别。

5.9.3　PP-GCN：成对流行图卷积网络

在现实世界的社交网络事件中，经常会面临稀疏性问题，即每个事件类别的实例数较少，但事件类别本身较多，这给模型训练带来了挑战，即如何在数据样本量有限的情况下，有效地训练一个可以区分不同类别事件的模型。为了应对这个挑战，我们可以采用一种名为"成对学习"的数据采样方法。成对学习方法的核心思想是通过创建样本对来增加数据样本，从而为模型提供更多有效的参考。

成对学习是一种适用于小样本情况的特征学习方法，它通过将多分类问题转化为二值化过程，以解决许多学习算法只能处理两类问题的限制。实质上，成对学习是一种分类算法，通过为每个类别构建一个二进制分类器来实现。其中，正训练样本是属于该类别的样本，而负训练样本则由其他所有类别的样本组成，这个过程可以被称为"成对分类"，即将一个 c 类问题转化为 $\dfrac{c(c-1)}{2}$ 个二分类问题，每个类别对应一个问题。对于多种学习算法（如支持向量机、规则学习等），成对学习方法被证实比一对一方法更准确，并且具有更高的训练效率。考虑到我们常常面对样本类别多而数量不足的问题，即一个类别只有很少的样本数据，成对学习可以巧妙地解决这个问题。通过将数据两两组对，可以获得远远超过单一样本数量的成对样本。

基于成对学习的应用较为广泛，其思想可以拓展到许多不同的领域。比如在软件测试方面，设计成对策略进行组合测试可以极大地提高测试效率；在排序学习方面，成对方法将所有问题都近似为分类问题，输入的单条样本为"标签-文本对"。对于一次查询的多个结果文档，组合任意两个文档形成文档对作为输入样本，即把排序问题转化为学习一个二分类器，对输入的一对文档对 AB，根据两个文档中的相关性强弱对比，二分类器给出分类标签 1 或 0，对所有文档对进行分类，即可得到一组偏序关系，从而构造文档全集的排序关系。比如对于 $A > B > C$ 这样的关系，可以通过分别组对分析 $A > B$、$B > C$、$A > C$ 得到这个结果。在上下文预测场景下，中心词与上下文词可以组成正对，而与无关词组成负对，并通过相似性度量优化这一过程。类比上述思路，同样可以把成对学习的思想应用在面向社交网络事件的检测中，结合成对学习优化距离度量学习。

在解释 PP-GCN 模型之前，我们首先阐述如何实现面向社交网络事件挖掘的成对学习数据采样。具体来讲，如果一对实例事件 e_i 和 e_j 隶属于同一个事件分类，可将这一对 e_i 和 e_j 实例命名为正对实例；如果一对实例事件 e_i 和 e_j 隶属于两个不同的事件分类，可将这一对 e_i 和 e_j 实例命名为负对实例。如图 5.4 所示，得到了一个扩充后的成对训练样本以解决样本数量不足的问题。在理解了社交网络事件情境下的成对学习概念之后，将这一过程应用于 GCN 训练过程中，由此得到 PP-GCN。具体而言，可以按照以下步骤进行训练。

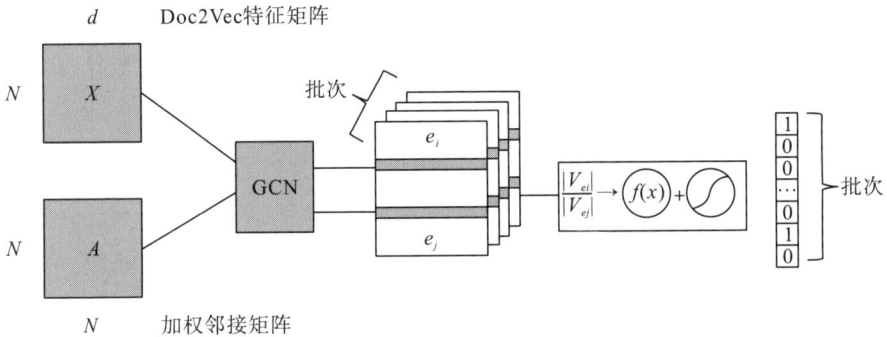

图 5.4 PP-GCN 概括图

(1) 随机选择 R 个实例事件作为初始集合，然后为集合中的每个实例事件随机选择两个实例事件，分别形成一个正对样本和一个负对样本。

(2) 从这 $2R$ 个实例事件对中随机抽取 B 个样本，形成一个批次，并使用前向传播方式训练模型。

(3) 重复上述步骤 E 次，形成一个"时期"(epoch)。对于下一个时期，我们会反复循环执行这 3 个步骤。

然而，上述基于成对采样的 GCN 模型无法有效避免过拟合问题。为了进一步解决这个问题，我们可以假设每个事件分类平均有 r 个实例事件。在成对采样时，我们使一个实例事件被选入正对样本的概率为 $\frac{1}{r}$，而被选入负对样本的概率约为 $\frac{1}{N-r}$。很显然，负对样本具有更强的多样性，即 $\frac{1}{r} \gg \frac{1}{N-r}$。有学者发现：样本的连接概率决定了其流行度。因此，在特征表示学习中假设流行度越大，学习到的特征向量的模就越大，学到的正对实例事件特征向量的两个模将更接近。

为了实现 GCN 模型的判别特征学习，使用输出实例事件特征向量在特征矩阵中的流行度来区分不同的类别。对于任意学习到的实例事件向量 V_{e_i} 和 V_{e_j}，如果满足 $|V_{e_i}| \geq |V_{e_j}|$，使用模的比值 $\frac{|V_{e_i}|}{|V_{e_j}|}$ 作为非线性映射函数 $f(x) = -\log(x-1+c)$ 的输入。为了避免没有上限输出的情况，将常数 c 设置为 0.01。非线性映射函数 $f(x)$ 将值 x 从 $[1,2]$ 映射到 $(0,2)$，并将值 x 从 $[2,+\infty)$ 映射到 $(-\infty,0)$。然后，应用 sigmoid 函数将非线性映射层的输出映射到 0 或 1，通过阈值 0.5 进行分类。

对于一批样本，模型可以生成一个批量大小的零输出向量。因此，可以使用交叉熵函数作为模型的损失函数，并使用随机梯度下降方法迭代所有参数。学习到的权重 ϖ 将用于衡量任意两个社交网络实例事件的相似性。

5.9.4　实验结果

数据集：选择两个独立的社交媒体平台——腾讯新闻和新浪微博来搜集数据集。在数据集中，每个实例事件都是不重复的社交消息文本。一个事件由一组实例事件组成，包含围绕真实世界事件的语义相同的信息。由于事件总是有特定的发生时间，它可能涉及一组社交用户、组织、参与人员、一个或多个地理位置、其他类型的实体、关键词、主题等。一个事件是由一组事件演化而来的，这些事件是按顺序发生的，描述了在事件的不同阶段发生的特定事件。分布式数据采集平台平均每天搜集 235 万条微博，经过过滤噪声和去除重复，总共有 10 万条有意义的微博社交信息被人工标记为参考标准，搜集到的微博信息的事件和事件演变标签由外包公司标记。在这项工作中，社交网络事件涵盖了多种类型，包括大量发生在现实世界中并在网络社交平台上广泛传播的事件，如地震、国家出台政策、经济危机等。每个事件类别都引用一个唯一的事件，例如社交媒体关于 "老虎" 伍兹（Woods）在 2019 年美国高尔夫大师赛中夺冠的新闻在现实世界中是一个有影响力的事件，与帕特里克·瑞德（Patrick Reed）在 2018 年美国高尔夫大师赛中获奖不同，它们是现实世界中发生的两个不同的事件，属于不同的事件类别。新浪微博和腾讯新闻数据集的事件标签由外包公司标注，腾讯新闻数据集的实体和关键词都已手动提取。对于这两个数据集，使用 60% 的样本作为训练集，20% 的样本作为开发集，剩下的 20% 作为测试集。这两个数据集的统计数据划分如表 5.4 所示。可以看到，类别的总数很大，每个类别中的样本数量很少，具备一定的数据稀疏性特点。

表 5.4　数据集划分

数据集	训练集样本个数	验证集样本个数	测试集样本个数	类别总数
腾讯新闻	17438	5813	5812	9941
新浪微博	6000	2000	2000	5470

基线方法：在这里主要引入一些文本匹配和文本距离的基线方法，具体实验结果对比如表 5.5 所示。

（1）词频-逆文档频率（term frequency-inverse document frequency，TF-IDF）：使用词袋表示除以每个词的文档频率，反映了一个词在文本集合中对文档的重要程度。

（2）卷积匹配架构-I（convolutional matching architecture-I，ARC-I）：通过卷积神经网络捕获不同级别的丰富匹配模式来编码文本对，并将每个文本的编码表示与多层感知进行比较。

表 5.5　事件检测的准确率和 F1 评分结果

算法	腾讯新闻数据集		新浪微博数据集	
	准确率	F1 评分	准确率	F1 评分
ARC-I	0.5384	0.4868	0.4910	0.4857
ARC-II	0.5437	0.3677	0.5277	0.5137
MLDR	0.5625	0.5237	0.5397	0.5523
DSSM	0.5808	0.6468	0.5765	0.5411
C-DSSM	0.6017	0.4857	0.6170	0.5814
MPSM	0.5562	0.6383	0.6252	0.6613
SVM	0.7581	0.7581	0.6511	0.6268
SE-GCN	0.7901	0.7893	0.7063	0.7150
MV-LSTM	0.5574	0.6107	0.5985	0.6492
PP-GCN	0.9252	0.9231	0.8000	0.8134

(3) 卷积匹配架构-II (convolutional matching architecture-II, ARC-II)：直接建立在两个文本之间的交互空间上，并用带有 softmax 函数的一维卷积和二维卷积神经网络对它们的所有可能组合进行建模。

(4) 卷积深度结构化语义模型 (convolutional deep structured semantic model, C-DSSM)：基于卷积神经网络构建潜在语义模型，学习文本的低维语义向量，其中使用了卷积最大池化操作、局部上下文信息和单词序列中的显著局部特征，通过 CNN 学习输入文本的低维语义向量。

(5) 深度结构化语义模型 (deep structured semantic models, DSSM)：利用深度神经网络将高维稀疏特征映射为低维特征，并计算文档对的语义相似度。通过最大化条件似然来判别训练深度。

(6) 暹罗编码图卷积网络 (Siamese encoded graph convolutional network, SE-GCN)：通过暹罗神经网络学习顶点表示，并通过 GCN 聚合顶点特征生成文档匹配。

(7) 双向长短期记忆 (bidirectional long short-term memory, BiLSTM) 神经网络：匹配两个具有多个位置文本表示的文本，其中每个位置句子表示都是由双向长短期记忆在该位置生成的句子表示。通过 k-Max 池化和多层感知器，最终通过聚合这些不同位置句子表示之间的相互作用产生输出分数。

(8) 具有词频-逆文档频率 (TF-IDF) 特征的支持向量机 (SVM)：具有成对文档 TF-IDF 特征的支持向量机是处理分类任务最经典的方法。在该方法中，分别提取社会消息和社会事件的 TF-IDF 特征，然后使用 SVM 分类器实现静态事件和事件进化分类。

(9) 潜在狄利克雷分配 (latent Dirichlet allocation, LDA)：一种文本文档的生成统计模型，将文档表示为单词主题上的分布，并允许未观察到的组来解释观察集，这些组可以解释为什么数据的某些部分是相似的。

(10) 成分计数网格 (componential counting grid, CCG)：一种生成模型，将文档建模为单词分布和 LDA 的混合物，通过窗口重叠使用计数网格嵌入。

（11）词移距离（word mover's distance，WMD）：衡量两个文档之间的不相似性，即一个文档的单词到达另一个文档的单词所需移动的最小距离。

（12）知识驱动的文档相似度度量（knowledge-driven document similarity measure，缩写为 KnowSim）：也是基于元路径实例的文档相似度，并且没有考虑社会用户的影响。元路径的权重由文档的拉普拉斯分数估算。

（13）边缘堆叠去噪自编码器（marginalized stacked denoising autoencoder，mSDA）：由多层去噪自编码器堆叠而成，是由堆叠表示自编码器学习而来。

性能分析：表 5.5 显示了腾讯新闻和新浪微博数据集上不同算法在事件检测任务中的准确率和 F1 评分方面的表现。总体而言，所提出的 PP-GCN 模型在准确率和 F1 评分方面明显优于其他基线方法。在腾讯新闻数据集中，PP-GCN 的准确率和 F1 评分相较于其他基线方法提高了 13%～56%；在新浪微博数据集上，相较于其他基线方法，PP-GCN 的准确率和 F1 评分提高了 10%～33%。这些优势可以归因于 PP-GCN 模型的 3 个特点。第一，相较于传统的文本建模方法（如 SVM 的词袋模型、N-gram 模型和单词序列模型），具有丰富背景知识的 HIN 能够更好地对社交网络事件进行建模。与包含结构和概念语义的 SE-GCN 模型相比，PP-GCN 在事件检测准确率方面整体提高了 10%以上。第二，与基于文本对的特征提取方法相比，PP-GCN 采用基于 KIES 加权邻接矩阵和 Doc2Vec 的组合更适合于细粒度的实例事件表示学习。第三，基于生成的实例事件表示的模数比的分类器优于传统的成对距离。相较于其他方法，PP-GCN 的一个优势是元路径权重 ω 可以根据具体的事件检测任务进行学习。由于元路径和相似性度量的可解释性，学习到的权重 ω 可以用于其他应用。

在表 5.6 的归一化互信息（NMI）评分方面，提到的 KIES 相似性度量在两个聚类任务上表现最好。此外，在基线方法中，WMD、mSDA 和 CCG 在文本相似性方面取得了显著效果。基于 KIES 的 k-means 方法在 NMI 方面相较于其他相似性度量实现了 6%～24% 的提升。

表 5.6　时间聚类的 NMI 评分结果

数据集	TF-IDF	LDA	mSDA	CCG	WMD	KnowSim	KIES	KIES（T）
腾讯新闻	0.6686	0.6979	0.7545	0.7715	0.8166	0.8059	0.9012	0.8937
新浪微博	0.5824	0.6014	0.6518	0.6973	0.7261	0.7191	0.7820	0.8041

还对元路径权重传递进行了实验，实现了在腾讯新闻数据集和新浪微博数据集之间进行权重传递。结果显示，在使用腾讯新闻数据集的权重时，新浪微博数据集的性能提高了 2%以上。这表明通过人工标注实体和关键词进行训练的腾讯新闻数据集具有更适用的元路径权重。基于学习到的权重和可解释的距离度量，该实验证明了该方法可以获得半监督事件聚类的最佳性能。

5.10　基于元学习的社会事件检测

随着新兴在线主题成为许多新事件的来源，如何发现未观测到或罕见的事件类型对现有的事件检测方法提出了挑战，导致训练时仅有有限的数据访问权限。为了应对上述问题，我们介绍一种基于元学习的框架——MetaEvent[158]，用于零和少量样本的事件检测。具体来说，该方法从现有的事件类型中采样训练任务，并进行元学习来寻找最优参数，以快速适应未观测的任务。在该框架中，采用了基于混淆的提示和具有触发意识的软语言合成器，高效地将输出映射到未知的事件类型。此外，基于最大平均差异(maximum mean discrepancy，MMD)设计一个对比元目标，以学习分类特征。因此，MetaEvent可以通过将特征映射到事件类型而实现零样本事件检测，不需要任何先验知识。

5.10.1　问题定义

考虑以下事件检测问题设置，其中 N-way K-shot 示例可用于训练每个任务(对于零样本设置，K 为0)。我们的目标是训练一个模型 f，使其在看不见的任务中的性能最大化。重点是检测任务集合 $\{\mathcal{T}_i\}_{i=1}^M$ 的零次和少次事件。对于每个任务 $\mathcal{T}_i$，提供一个 N-way K-shot 训练集和一个保留评估集(即，$\mathcal{D}_i^{\text{train}}$，$\mathcal{D}_i^{\text{test}} \in \mathcal{T}_i$)。MetaEvent 的训练有两个方面：①使用每个采样任务中的训练集更新初始模型，以实现局部收敛(即内循环优化)；②更新后的模型用于计算相应评估集上的元损失，然后导出梯度 w.r.t。MetaEvent 使用元学习算法的初始模型(即外循环优化)。每个任务 $\mathcal{T}_i$ 的输入包括以下内容。

(1)训练集：$\mathcal{D}_i^{\text{train}}$ 包含 N 个类中每个类的 K 个示例。一个例子包括上下文 $x_c^{(j)}$、触发器 $x_t^{(j)}$ 和标签 $y_c^{(j)}$ (即 $\mathcal{D}_i^{\text{train}} = \{x_c^{(j)}, x_t^{(j)}, y_c^{(j)}\}_{j=1}^{N*K}$)。在少样本设置中，$\mathcal{D}_i^{\text{train}}$ 用于调整模型，而 $\mathcal{D}_i^{\text{train}}$ 是零样本设置的空集。训练集也称为支持集。

(2)评估集：类似地，来自相同输入和标签空间的保留评估集 $\mathcal{D}_i^{\text{test}}$ 用于计算训练中的元损失。部署后，模型可以使用 $\mathcal{D}_i^{\text{train}}$ 进行更新，并且应该在 $\mathcal{D}_i^{\text{train}}$ 上表现良好。评估集通常被称为查询集。

学习一个由 θ 参数化的编码器模型 f。传统的事件检测方法将触发器计算为中间变量，然后进行事件类型分类。因此，我们用上下文作为输入，用事件特征作为输出来表示 f_θ，然后用一些分类器将特征映射到所需的事件类型(即 $y = \text{CLF}(f_\theta(x_c))$)。我们的目标是找到最佳参数集 θ，该参数集 θ 使用 $\mathcal{D}_i^{\text{train}}$ 快速适应未知的任务 $\mathcal{T}_i$，并使评估集 $\mathcal{D}_i^{\text{test}}$ 的性能最大化。从数学上讲，这被表述为在 M 个评估任务集合上对 θ 进行优化：

$$\min_\theta \frac{1}{M} \sum_{i=1}^M \mathcal{L}\big(\text{Alg}(\theta, \mathcal{D}_i^{\text{train}}), \mathcal{D}_i^{\text{test}}\big) \tag{5.52}$$

其中，$\mathcal{L}$ 为损失；Alg 为梯度下降优化算法。

5.10.2　MetaEvent：基于元学习的零样本和少样本的事件检测

1. 模型的设计

为了有效地执行基于提示的事件检测元训练，MetaEvent 设计了一个集成触发器识别和分类阶段的一步模型。MetaEvent 模型集成了注意触发功能，以避免额外的前向传递。

MetaEvent 模型创新性地使用注意触发特征和提示输出来预测事件类型。注意触发特征 t 可以使用集成的触发分类器和来自预训练的语言模型的注意力权重来计算。具体地，在每个令牌特征上训练触发分类器来执行二进制分类(即输入令牌是否为触发令牌)。在推理中，分类器预测输入令牌被分类为触发词的概率 p。为了更好地估计预测触发令牌的重要性，该模型设计了一种重加权策略，从输入上下文中选择信息触发特征。注意力重加权策略利用模型中的注意力得分来选择更相关的特征。注意力得分揭示了上下文标记的不同重要性权重，因此可以基于语义计算"软"触发特征。形式上，注意力重加权策略使用触发概率 p 和来自最后一个转化层的上下文跨度的注意力得分 A 来计算权重 ω。ω 中的第 i 个令牌 ω_i 为

$$\omega_i = \sigma\left(p \odot \frac{1}{H}\sum_{j}^{H}\left(\sum_{k}^{L_c}A_{j,k}\right)\right) \tag{5.53}$$

其中，H 为注意头数；L_c 为上下文长度；$\odot$ 和 σ 分别为元素积函数和 softmax 函数。输入 x_c 和 ω，注意触发特征 t 可以表示为令牌特征的加权和，即

$$t = \sum_{i=1}^{L_c}\omega_i f_\theta(x_c)_i \tag{5.54}$$

对于事件分类，MetaEvent 使用预定义的提示和触发器感知的软语言表达器设计了一个基于提示的范例。具体来说，我们通过预处理提示 "A<mask>event" 输入上下文，将预测转换为掩码语言建模(masked language model，MLM)任务。预训练的编码器模型和 MLM 头部在所有标记上以概率分布 v 填充位置。然后，触发感知软语言表达器将预测的分布 v 映射到输出事件类型。与预定义的语言表达器函数不同，MetaEvent 基于 MLM 预测 v 和注意触发特征 t 设计了一个可学习的语言表达器。对于 N-way 少触发设置，具有触发感知的软语言表达器，其权重 $W \in R^{(|v|+|t|)\times N}$，偏置 $b \in R^N$，通过 GELU(Gaussian error linear unit，高斯误差线性单元)激活预测输出标签：

$$\hat{y} = \operatorname{argmax}(\operatorname{GELU}([v;t])W + b) \tag{5.55}$$

对于零样本事件检测，我们使用串联特征 $[v;t]$ 将输入投影到未知的事件类型。

2. 元训练

在提供了来自采样任务的训练和评估集的情况下，给出元事件的公式以及零次和少次训练的方法。所设计的框架利用元训练来搜索最优参数 θ。

一旦经过训练，即使没有实例，事件检测模型也能快速适应未知的任务。给定一组任务 $\{\mathcal{T}_i\}_{i=1}^M$ 和由 θ 参数化的模型 f，MetaEvent 旨在最大限度地减少任务的总体评估损失。

MetaEvent 由一个内循环优化阶段(即 Alg)和一个外循环优化阶段组成，该阶段可最大限度地减少 w.r.t. θ 的总损失。对于循环更新，Alg 表示具有学习率 α 的梯度下降，即

$$\mathrm{Alg}\left(\theta,\mathcal{D}_i^{\mathrm{train}}\right)=\theta-\alpha\nabla_\theta\mathcal{L}\left(\theta,\mathcal{D}_i^{\mathrm{train}}\right)=\phi \tag{5.56}$$

用 ϕ 表示更新后的参数集。在外部优化中，我们感兴趣的是学习一个最优集 θ，使评估集上的元损失最小化。学习是通过内循环优化(即 Alg)微分回到初始参数集 θ 来实现的，这需要计算二阶梯度或一阶近似。具体来说，推导出梯度 w.r.t θ：

$$\frac{\mathrm{d}\mathcal{L}}{\mathrm{d}\theta}=\frac{\mathrm{d}\phi}{\mathrm{d}\theta}\nabla_\phi\mathcal{L}\left(\mathrm{Alg}\left(\theta,\mathcal{D}_i^{\mathrm{train}}\right),\mathcal{D}_i^{\mathrm{test}}\right) \tag{5.57}$$

注意，$\mathrm{Alg}\left(\theta,\mathcal{D}_i^{\mathrm{train}}\right)$ 等价于 ϕ。分量 $\nabla_\phi\mathcal{L}\left(\mathrm{Alg}\left(\theta,\mathcal{D}_i^{\mathrm{train}}\right),\mathcal{D}_i^{\mathrm{test}}\right)$ 是指与任务特定参数集 ϕ (即 $\mathcal{L}\to\phi$)相关的第一阶梯度。左分量 $\dfrac{\mathrm{d}\phi}{\mathrm{d}\theta}$ 通过 Alg 跟踪从 ϕ 到 θ 的参数变化(即 $\phi\to\theta$)。

零样本 MetaEvent：对于零样本评估，学习到的初始参数集应该直接在 $\mathcal{D}^{\mathrm{test}}$ 上对未知任务进行评估。因此，没有提供 $\mathcal{D}^{\mathrm{train}}$ 直接对于零样本事件检测是不可行的。然而，对于优化，训练事件类型可以用于模型的内循环优化。因此，我们从不同的训练任务中抽取 $\mathcal{D}^{\mathrm{train}}$ 和 $\mathcal{D}^{\mathrm{test}}$ 样本，以提高对未知事件的模型泛化。具体到训练任务 $\mathcal{T}_j$，进行优化：

$$\min_\theta\mathcal{L}\left(\mathrm{Alg}\left(\theta,\mathcal{D}^{\mathrm{train}}\sim\left\{\mathcal{T}_i\right\}_{i=1,i\neq j}^M\right),\mathcal{D}_j^{\mathrm{test}}\right) \tag{5.58}$$

其中，$\mathcal{D}^{\mathrm{train}}$ 为一个从 $\left\{\mathcal{T}_i\right\}_{i=1,i\neq j}^M$ 中抽样的不相交训练集。因此，该模型通过优化不同的训练和评估集来"学习适应"未知事件。为了提高未知事件类型的性能，我们在元目标中额外设计了一个对比损失项来学习类分离特征，将在后文中进行介绍。

少样本 MetaEvent：在少样本事件检测中，我们直接对训练任务进行采样并优化模型。与零样本 MetaEvent 类似，少样本 MetaEvent 每次迭代中根据初始参数 θ 分别对任务进行参数更新(即 ϕ)。然后，使用更新的 ϕ 和评估集计算每个任务的元损失 $\mathcal{L}$ 和梯度 w.r.t. θ。

3. 元目标

损失函数包含两个分类损失：触发分类损失 $\mathcal{L}_{\mathrm{trigger}}$ 和事件分类损失 $\mathcal{L}_{\mathrm{event}}$ (即负对数似然损失)。为了扩大类间的事件差异以提高零样本和少样本性能，还使用了种基于最大平均差异(MMD)的对比损失 $\mathcal{L}_{\mathrm{con}}$。特别是，通过估计 MMD 距离来测量两种不同事件类型之间的差异。MMD 使用从这些事件类型中提取的任意数量的输入特征来计算两个事件分布之间的距离。从数学上讲，输入特征 X 与 Y 之间的 MMD 距离可计算为

$$\mathcal{D}(X,Y)=\frac{1}{|X\,||X|}\sum_{i=1}^{|X|}\sum_{j=1}^{|X|}k\left(\Psi\left(x^{(i)},\Psi\left(x^{(j)}\right)\right)\right)+\frac{1}{|Y\,||Y|}\sum_{i=1}^{|Y|}\sum_{j=1}^{|Y|}k\left(\Psi\left(y^{(i)},\Psi\left(y^{(j)}\right)\right)\right)$$
$$+\frac{2}{|X\,||Y|}\sum_{i=1}^{|X|}\sum_{j=1}^{|Y|}k\left(\Psi\left(x^{(i)},\Psi\left(y^{(j)}\right)\right)\right) \tag{5.59}$$

其中，k 为高斯核；Ψ 为转换器网络(即特征编码器)定义的特征映射函数。

基于 MMD 距离，进一步计算了所有事件类型对的类间距离。假设 X_i 代表第 i 类的一组触发软件事件特征，则 N 向的对比损失可以定义为

$$\mathcal{L}_{\text{con}} = -\frac{1}{N(N-1)} \sum_{i=1}^{N} \sum_{j=1, j\neq i}^{N} \mathcal{D}(X_i, X_j) \tag{5.60}$$

其中，计算了 $N(N-1)$ 对类间距离，这种类间距离在元目标函数中被最大化（通过取负值），以体现 MetaEvent 中的类分离特征，从而提高了事件检测中的零样本和少样本性能。

总体目标：现在将上述术语合并为 MetaEvent 的单个优化目标。在目标函数中，$\mathcal{L}_{\text{event}}$ 和 $\mathcal{L}_{\text{trigger}}$ 分别表示事件和触发器的分类损失（即负对数似然损失），$\mathcal{L}_{\text{con}}$ 表示基于 MMD 的对比损耗。总体目标 $\mathcal{L}$ 包含三项，其中 $\mathcal{L}_{\text{con}}$ 由比例因子 λ_c 加权（根据经验选择）。

$$\mathcal{L} = \mathcal{L}_{\text{event}} + \mathcal{L}_{\text{trigger}} + \lambda_c \mathcal{L}_{\text{con}} \tag{5.61}$$

5.11　本 章 小 结

社会事件检测是一项关键的任务，旨在从社交媒体数据中识别和提取出具有重要意义的事件。社会事件检测是一个具有挑战性且具有广泛应用价值的任务。通过有效地识别和提取社交媒体中的事件，我们能够获得更全面和实时的信息，从而更好地理解社会的变化。社会事件检测的研究和应用将继续推动社交媒体分析和信息科学的发展，对于推动社会进步和智能化决策具有重要意义。

(1)事件检测模型在地震、台风等自然灾害事件检测方面应用很广泛，比如开发地震报告系统、模拟"桑迪"飓风造成的天然气供应短缺、第一时间报告灾害发生详细地点等，可帮助人们实时掌控灾情动态。

(2)小样本驱动的事件检测相关研究极具挑战性。面对稀疏数据，成对学习方法可以提供一个优化思路：首先，利用异构信息网络数据建模实现基于元路径和元图的社交消息之间的相似度表达；其次，融合成对学习技术处理数据样本，学习元路径和元图的重要性；最后，结合谱聚类或密度聚类等方法，实现细粒度的开放域社交网络事件类簇检测。大数据驱动下的事件检测实现了对数据流的跟踪和关联性分析，揭示了事件演变过程，通过在线方式实现了流式场景下的数据处理。

(3)CLKD 旨在通过借用高资源语言（即英语）的先验知识来检测低资源语言中的事件。混合蒸馏同时考虑了特征信息和关系信息，并着重考虑如何有效地传递它们。

(4)FinEvent 在处理原始的社交信息时，首先将其转换为具有加权边的多关系图，利用多智能体强化学习选择邻居节点，并通过多关系图神经网络处理所有消息，然后使用基于策略的对比学习机制来训练图神经网络模型的平衡性并适应增量检测场景，最后使用DBSCAN 模型进行事件聚类参数调优。

(5)MVGAN 通过学习图结构中多视图事件的特征来实现有效的事件分类。学习到的节点特征具有丰富的语义和结构信息，使得事件检测任务克服了短文本的稀疏性。

(6) 不平衡学习框架 UCL_{SED} 及其变体 $UCL\text{-}EC_{SED}$ 通过增强模型对不确定类的泛化来提高模型的整体性能，以操纵不平衡数据的可区分表征分布，并利用 Dempster-Shafer 理论将多视图证据分类器的结果进行组合。

(7) 面对稀疏性问题——每个事件分类的实例数较少，但事件类别数量较多，可引入成对学习数据采样方法扩充数据样本，将实例事件组对训练模型，在此基础上提出了 PP-GCN 训练方法。

(8) MetaEvent 采用基于混淆的提示和具有触发意识的软语言合成器，高效地将输出映射到未知的事件类型。此外，它基于最大平均差异设计了一个对比元目标，以学习分类特征。它可以通过将特征映射到事件类型而实现零样本事件检测，不需要任何先验知识。

第 6 章　特征驱动的事件检测

前面的章节主要介绍的是在深度学习时代的事件检测。但是，在深度学习时代到来之前，人们就一直在努力寻找一种能够高效准确地检测事件的方法。事件是指社会、自然或科技领域中发生的具有一定影响力和意义的事情。准确地检测事件对于政府、企业、学术界等都具有重要意义，可以帮助决策者及时了解社会动态、掌握市场信息、预警灾害等。本章将介绍在深度学习时代到来之前采用的一些进行事件检测的传统技术和方法。本章主要介绍的内容包括回顾性事件检测、新事件检测、跨语言事件检测、基于社会传感器的实时事件检测、基于时间序列数据的事件检测、基于信号聚类的事件检测、动态社会网络中的事件检测、基于特征分布的事件检测和基于高阶共聚类的事件检测，进一步了解事件检测的发展历程。

6.1　回顾性事件检测

从时间顺序的新闻报道流中检测新事件，可以是回顾性的，也可以是随着新闻报道逐渐进行的。我们发现，所得到的集群层次结构对以前未识别的事件的回顾性检测具有很高的信息量，能够有效地支持无查询和查询驱动的检索。我们还发现，文档簇的时间分布模式为改进回顾性检测和在线检测新事件提供了有用的信息。回顾性事件检测是对语料库中的故事进行分组的任务，其中每个组唯一地标识一个事件。在线事件检测是在每个文档到达时按顺序标记 Near 或 Old 标志的问题，指示当前文档是否为当时讨论新事件的第一个故事。在本节我们要将聚类技术应用于事件检测[159]，主要介绍两种聚类方法：一种是基于群平均聚类(group average clustering，GAC)的聚类(分层)算法；另一种是一种单步算法，即增量聚类(incremental clustering，INCR)，它生成输入集合的非分层分区。GAC 设计用于批量处理，并用于回顾性检测。单步算法设计用于顺序处理，可用于回顾性检测和在线检测。

6.1.1　聚类表示

在使用传统的向量空间模型实现聚类表示时，采用词袋(bag-of-words)模型来进行表示。文档(故事)使用加权术语(单词或短语)的向量表示。聚类中文档的归一化向量被用来表示聚类，称为聚类的原型或质心。使用词频(term frequency，TF)和逆文档频率(inverse document frequency，IDF)对文档向量或聚类原型中的术语进行统计加权，并进行适当的规范化。只保留每个向量(最多)k个最重要的项,而忽略其余的项。根据经验选择k的值来优化检测或跟踪性能。使用标准余弦相似度,即文档和聚类原型向量之间的余弦值来度量它们的相似度。给定文档d中的项t,其权值定义为

$$\omega(t,d) = \frac{\left(1 + \log\mathrm{TF}_{(t,d)}\right) \times \mathrm{IDF}_{(t)}}{\|d\|} \tag{6.1}$$

其中,分母$\|d\|$为向量d的2范数,即该向量中所有元素的平方和的平方根。IDF是一个语料库级统计量,定义为N/n_t,其中N为训练文档总数,n_t为包含t项的训练文档数量。

6.1.2 基于 GAC 的层次聚类

基于群平均聚类(GAC)是一种聚类算法,它在聚类结果中最大化文档对之间的平均相似度。简单的 GAC 算法在时间和空间上的复杂度通常是输入文档数量的二倍,对于大型应用程序来说,这比简单的方法(如单链接聚类)更不经济或更容易处理。在每次迭代中,它将当前活动聚类/文档集划分为桶,并在每个桶内进行本地聚类。该过程重复并在越来越高的级别上生成聚类,直到获得预定数量的顶级聚类。

当将上述算法应用于事件检测时,根据文档的时间顺序对文档/集群进行分类。我们的动机不仅仅是提升计算效率,也是利用讨论给定事件的新闻故事的时间接近性实现事件主题的演化追踪。

话题检测与跟踪(topic detection and tracking,TDT)语料库中大多数人工标记的事件持续时间不超过 2 个月。事件往往出现在新闻突发事件中,这一事实使人们有理由根据它们的时间顺序将故事进行分类。GAC 算法的输入是一个文档集合,输出是带有用户指定的树数量的簇树森林。聚类是通过自下而上的方式生长二叉树产生的:树的叶节点是单文档聚类;中级节点是两个最相似的低级集群的合并聚类。在默认情况下,自下向上集群将一直持续到创建根节点,根节点表示包含所有聚类和所有故事的通用聚类。如果预先指定了所需的聚类数量,则算法在达到该聚类数量时停止,而不是继续到根。该算法包括以下步骤。

(1)按时间顺序对故事进行排序,并将其用作语料库的初始分区,其中每个集群由单个文档组成。

(2)将当前分区划分为固定大小的不重叠且连续的存储桶。

(3)通过以自下而上的方式将较低级别的聚类组合为较高级别的聚类,将 GAC 应用于每个桶,直到桶大小(其中的集群数量)减少一个 p 因子,称为减少因子。

(4)删除桶边界(组装所有 GAC 集群),同时保留聚类的时间顺序。使用生成的聚类系列作为语料库的更新分区。

(5)重复步骤(2)~(4),直到在最后一个分区中获得预定数量的顶级聚类。

定期地(在步骤(5)中每 k 次迭代一次)通过扁平化组件聚类和从叶子节点内部重新生长 GAC 聚类,在每个顶级聚类中重新聚集故事。

当事件跨越初始时间桶边界时，此步骤是有用的；在不同桶中讨论事件的子集通常会在较低层次上与一些相似的故事聚类在一起，并且稍后才在聚类树的较高级别节点中进行组装。随后的重聚类减少了初始桶的系统偏差，因此得到的聚类比没有重聚类的聚类更紧密。

在上述算法中使用了以下几个可调参数。

(1) 桶大小(簇的数量)，它限制了每次迭代中 GAC 聚类的范围。

(2) 每次迭代中的缩减因子 p。

(3) 两个聚类组合的最小相似度阈值。

(4) 每个聚类原型中需要保留的项数。

(5) 术语加权方案。

(6) 重新聚类之间的迭代次数。

6.1.3　单步算法聚类

增量聚类算法非常简单，它按顺序处理输入文档，每次处理一个，并逐渐增加聚类集群。如果一个新文档与该聚类的原型之间的相似性高于预先选择的阈值，则该新文档被先前生成的最相似的聚类吸收；否则，该文档将被视为新聚类的种子。通过调整阈值，可以获得不同粒度级别的聚类集群。

1. 增量 IDF

在线检测中的一个特定任务约束是禁止使用关于未来故事的任何信息，即当前处理点之后的文档，这就提出了一个问题，即如何处理来自传入文档中不断增长的词汇表和语料库级统计数据(如 IDF)的动态更新，这会影响术语加权和向量规范化，从而影响文档聚类。

解决上述问题两种可能的方法是：在类似的应用领域(例如在 TDT 所涉及的故事或事件发生之前的 CNN 或 WSJ 新闻报道)中使用回顾性语料库获得固定的词汇表和静态 IDF 统计数据，并在新出现的文档/聚类中使用该词汇表和 IDF 值进行术语加权；另一种方法是为词汇表外(out of vocabulary，OOV)术语分配一个恒定的权重，或者使用其他类型的术语权重平滑。

每次处理新文档时，增量地更新文档词汇表并重新计算 IDF。在处理了足够数量的"过去"文档后，增量 IDF 方法可以有效地进行文档检索。

选择结合这两种方法，从回顾语料库的 IDF 统计数据开始，用每个传入的文档更新IDF。递增的 IDF 定义为

$$\text{IDF}_{(t,p)} = \log(N_{(p)} / n_{(t,p)}) \tag{6.2}$$

其中，p 为当前时间；t 为一个项；$N_{(p)}$ 为截至当前点的累积文档数量(包括使用的回顾性语料库)；$n_{(t,p)}$ 为截至当前点包含项 t 的文档数量。

2. 时间窗口和衰减函数

对于在线检测，使用时间窗口将之前的上下文限制为 m 个以前的故事。对于顺序处理中的每个当前文档，计算每个文档在时间窗口中的相似度得分。如果窗口中的所有相似度分数低于预先确定的阈值，则将文档标记为 New。该决策的置信度得分定义为

$$\text{score}(x) = 1 - \max_{d_i \in \text{window}} \{\text{sim}(x, d_i)\} \tag{6.3}$$

其中，x 为当前文档；d_i 为窗口中的第 i 个文档，$i = 1, 2, \cdots, m$。

还测试了一个衰减权重函数，其中随着时间的推移进一步删除的文档对当前决策的影响逐渐减小。对文档 x 的置信度分数使用修改后的公式进行计算：

$$\text{score}(x) = 1 - \max_{d_i \in \text{window}} \left\{ \frac{i}{m} \text{sim}(x, d_i) \right\} \tag{6.4}$$

这种方法提供了一种比均匀加权窗口更平滑的方法来使用时间接近度。

3. 检测阈值

使用两个用户指定的阈值来控制增量算法的检测决策：聚类阈值 (t_c) 和新颖性阈值 (t_n)。前者决定了结果聚类的粒度，这对回顾性事件检测至关重要；后者决定了对新颖性的敏感性，这对在线检测至关重要。

令 $t_c \geqslant t_n$，并且 $\text{sim}_{\max}(x) = 1 - \text{score}(x)$，在线检测规则定义为：

(1) 如果 $\text{sim}_{\max}(x) > t_c$，则将标志设置为 OLD，并将文档 x 添加到窗口中最相似的聚类中；

(2) 如果 $t_c \geqslant \text{sim}_{\max}(x) > t_n$，则将标志设置为 Old，并将文档 x 视为新的单例聚类；

(3) 如果 $t_n \geqslant \text{sim}_{\max}(x)$，则将标志设置为 New，并将文档 x 视为新的单例聚类。

使用这两个阈值可以对不同的任务进行更好的经验优化。例如，$t_c = t_n$ 适用于回顾性聚类(即不需要 t_n)，但对于在线检测，发现不使用聚类($t_c = \infty$)更好。

6.2　新事件检测

如果说回顾性事件检测侧重于从积累的历史集合中发现以前未识别的事件，那么新事件检测就涉及在(近)实时的情况下从直播流中发现新事件[160]。本节介绍传统媒体事件检测中的另一个方法——新事件检测，该检测方法使用单次聚类算法和一种新的阈值模型，该模型将事件的属性作为主要组成部分。

新事件检测在严格的在线环境中运行，在新闻流中的故事到达时一次处理一个。解决该问题的方法是对众所周知的单次聚类算法进行修改。该算法按以下顺序处理流中的每个新故事。

(1) 使用特征提取和选择技术为故事内容构建查询表示。

(2) 通过查询评估新故事来确定查询的初始阈值。

(3) 将新故事与内存中的早期查询进行比较。

(4)如果故事没有通过超出其阈值来触发任何先前的查询,则将故事标记为包含新事件。

(5)如果故事触发了现有的查询,则将故事标记为不包含新事件。

(6)(可选)将故事添加到它触发的查询聚合列表中。

(7)(可选)使用故事重新构建现有查询。

(8)向内存中添加新的查询。

将每个故事的内容(假设讨论了某个事件)表示为查询。如果新故事触发了现有查询,则假定该故事讨论查询中表示的事件,否则它包含新事件。

6.2.1　检测方法

新的事件检测算法结合 Inquery 的排序检索机制、基于关联反馈的特征提取和选择过程[161]以及 InRoute 的路由架构[162]来实现。

为了比较文档 d 和查询 q,使用 Inquery 的#WSUM 运算符的求值函数:

$$\mathrm{eval}(q,d) = \frac{\sum_{i=1}^{N} w_i \cdot d_i}{\sum_{i=1}^{N} w_i} \tag{6.5}$$

其中, w_i 为查询特征 q 的相对权重; d_i 为文档中与查询相关的特征出现的置信度。

系统中使用的文档表示是一组与查询中指定的每个特征相对应的信念值。置信度由 Inquery 的置信函数产生,该函数由术语频率分量 tf 和逆文档频率分量 idf 组成。对于文档 d 和集合 c 的任何实例:

$$d_i = \mathrm{belief}(q_i, d, c) = 0.4 + 0.6 * \mathrm{tf} * \mathrm{idf} \tag{6.6}$$

其中, $\mathrm{tf} = t / \left(t + 0.5 + 1.5 * \dfrac{\mathrm{dl}}{\mathrm{avg\_dl}} \right)$, $\mathrm{idf} = \dfrac{\log\left(\dfrac{|c| + 0.5}{\mathrm{df}} \right)}{\log(|c| + 1)}$, t 为特征 q_i 在文档中出现的次数;df 为特征出现在集合中的文档数;dl 为文档的长度;avg_dl 为集合中的平均文档长度;$|c|$ 为集合中文档的数量;c 为一个辅助集合,独立于流。由于在严格在线的情况下,未来的特征出现是未知的,因此无法确定特征在集合中出现的次数。我们可以使用来自当前流或具有类似域的辅助语料库的回顾性统计来估计 idf。

6.2.2　检测阈值

新事件检测的一个假设是利用时间改进检测。广播新闻的一个副作用是,在流媒体上距离较近的故事比在流媒体上距离较远的故事更有可能讨论相关事件。当一个重要的新事件发生时,通常每天都有几个与之相关的故事;随着时间的推移,旧事件的报道会被最近的事件所取代。

通过阈值模型将时间因素纳入其中。阈值处理技术为每个查询使用一个初始阈值,该阈值是对创建故事的查询进行的评估。查询的最终阈值 Q 计算为初始阈值与 Inquery 使用的默认评估值 0.4 的恒定百分比 p。

该模型的第二个因素是时间惩罚 tp，它根据查询和故事之间的时间量增加查询的阈值。如果将第 j 个故事与第 i 个故事的查询结果进行比较，对于 $i < j$，

$$\theta(q_i, d_j) = 0.4 + p * \left(\text{eval}(q_i, d_j) - 0.4\right) + tp * (j - i) \tag{6.7}$$

我们使用这个具有不同 p 值的模型来确定一个相似性阈值。该阈值指示可能触发查询的最低评估分数和一个整合阈值，以及确定在重建现有查询时是否包括故事的合并阈值。

检测新事件的一般方法是从流中的故事内容构建连续的事件分类器。这里，使用的分类器是查询及查询阈值。

6.3　跨语言事件检测

本节将介绍一个语际概率主题模型，该模型在计算语间主题模型方面扩展了潜在狄利克雷分布模型，以及使用语间主题和实体名称对事件进行跨语言聚类，并成功地将该模型应用于跨语言事件检测任务中[163]。

6.3.1　在单语中的潜在狄利克雷分布

LDA 是一个生成过程，它创建一组文档。首先，语料库与两个相关变量相关联：α 和 β。α 是狄利克雷分布的 k 维参数，对于每个文档，对 k 个主题的混合物进行采样，称为 θ。然后，对于文档中的 N 个单词位置，通过从 θ 中采样来分配一个主题 z_n。当单词位置的主题已知时，根据 $p(w_n | \beta, z_n)$ 选择单词 w_n 本身，其中 β 为每个 z_n 定义了词汇表上的多项分布。总而言之，LDA 的生成过程如下。

（1）选择 $\theta \sim \text{Dir}(\alpha)$。

（2）对于 N_t 个单词的每一个位置 t_n：①选择一个主题 $z_n \sim \text{Multinomial}(\theta)$；②以主题 z_n 为条件，从 $p(t_n | z_n, \beta)$ 中选择一个多项式概率的单词 t_n。

6.3.2　多语言文档中的 LDA

计算两种语言语际主题分布的扩展模型非常接近的原始模型（图 6.1）。

（1）选择 $\theta \sim \text{Dir}(\alpha)$。

（2）对于 N_t 个单词的每一个位置 t_n：①选择一个主题 $z_n \sim \text{Multinomial}(\theta)$；②以主题 z_n 为条件，从 $p(t_n | z_n, \beta)$ 中选择一个多项式概率的单词 t_n。

（3）对于 N_v 个单词的每个位置 v_n：①选择一个主题 $z_n \sim \text{Multinomial}(\theta)$；②以主题 z_n 为条件，从 $p(v_n | z_n, \gamma)$ 中选择一个多项式概率的单词 v_n。

每个文档都有两种不同的特征：t_n 和 v_n。t_n 是一种语言中的单词，v_n 是另一种语言中的单词。t_n 按照以 z_n 和全局变量 β 为条件的多项式分布进行采样。如果 t_n 具有词汇 (V_t)

索引 j 且 $z_n = i$，则 $p(t_n | z_n, \beta)$ 被取为 β_{ij}。对于另一种语言中的单词，我们遵循相同的推理，如果 v_n 具有词汇 (V_v) 索引 j 且 $z_n = i$，则 $p(v_n | z_n, \gamma)$ 被取为 γ_{ij}。

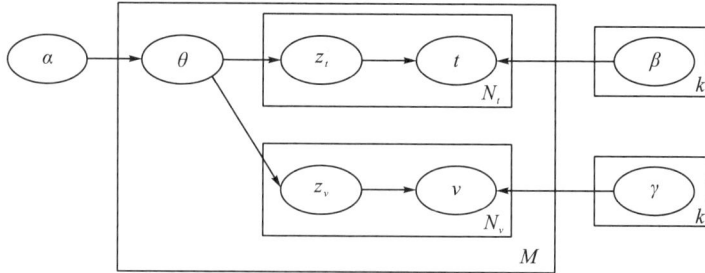

图 6.1 语际主题分布的扩展模型

给定参数 α 和 β，在另一种语言中，主题混合物 θ、一组 $N_t + N_v$ 主题集 z、N_t 单词集 t 和 N_v 单词集 v 的联合分布为

$$p(\theta, z, t, v | \alpha, \beta, \gamma) = p(\theta | \alpha) \prod_{n=1}^{N_t} p(z_n | \theta) p(t_n | z_n, \beta) \prod_{n=1}^{N_v} p(z_n | \theta) p(v_n | z_n, \gamma) \tag{6.8}$$

对 θ 积分，对 z 求和，得到文档的边际分布：

$$p(t, v | \alpha, \beta, \gamma) = \int p(\theta | \alpha) \prod_{n=1}^{N_t} p(z_n | \theta) p(t_n | z_n, \beta) \prod_{n=1}^{N_v} p(z_n | \theta) p(v_n | z_n, \gamma) \mathrm{d}\theta \tag{6.9}$$

训练一个 LDA 模型意味着找到参数 β、γ 和 θ 的值，使所有文档的概率乘积最大化。

从一个可比较的语料库进行训练，该语料库包含两种语言的文档对。每对文档讨论相同的主题。也可以使用平行语料库来构建语际主题模型，但平行语料库的使用频率较低。

6.3.3 事件检测

接下来测试语际概率主题模型,将用英语和荷兰语撰写的新闻故事聚类为描述同一事件的故事组。定义一种跨语言自动链接事件故事的方法：一个事件可以被视为一个主题的混合体，其中一些主题很突出，而另一些主题只出现在次要位置。

当 LDA 在文档的全文上进行训练时，命名实体(例如人员、位置或组织名称)是主题分布的一部分，这有一个不希望出现的属性，即在训练集中不明显的实体(鉴于新闻的动态性质，经常发生)不能影响新事件的主题推断。

因此，在文档上训练 LDA 模型时，其中的实体是由一个简单的识别器检测到的，它依赖于文本中的大写模式，首先被删除。

为了表示文档的命名实体，考虑文档中实际存在的命名实体，并通过文档中的平滑最大似然估计来估计命名实体的概率。

文档现在由主题上的概率分布和实体上的概率分布表示。如果想根据事件对文档进行聚类，那么需要一个相异函数。对于这两种表示，我们使用 n 维概率分布 d_i 和 d_j 的对称 Kullback-Leibler 散度，定义为

$$KL\left(d_i, d_j\right) = \frac{1}{2}\left(\sum_{l=1}^{n} d_i^l \log\left(\frac{d_i^l}{d_j^l}\right) + \sum_{l=1}^{n} d_j^l \log\left(\frac{d_j^l}{d_i^l}\right)\right) \qquad (6.10)$$

对于实体，d_i 是通过其总和进行归一化后的平滑词向量；对于 LDA 生成的主题，d_i 是与文档相关的分布。N 可以是主题的数量，也可以是实体的数量。

为了得到最终的相异性函数，将主题分布和实体分布的相异度通过最大函数组合起来，这被证明是单语事件检测的最佳结果：

$$\mathrm{dis}\left(d_i, d_j\right) = \max_k \mathrm{dis}(A_{d_i}^k, A_{d_j}^k), k = 1 \to N \qquad (6.11)$$

其中，N 为文档被拆分为的内容表示的数量，在此为主题分布和实体分布；A_d^k 为 d 的第 k 个内容表示。

当至少有一个方面具有不同的分布时，max 函数确保两个文档是不同的：如果两个文档在一个方面差异太大，那么其他方面是否相近就无关紧要了。

在事件设置中，这可以转换为以下内容：如果检测到不同的参与者或位置，那么假设处理不同的事件(即使它们的主题相似)。类似地，在同一地点发生的具有不同主题的事件将被视为不同的事件。

6.3.4 聚类

在聚类算法中使用了文档相异性 $\mathrm{dis}\left(d_i, d_j\right)$，它是主题和命名实体相异性的融合。我们使用了具有完全链接的层次聚类算法。层次聚类算法不需要先验地选择聚类的数量。我们可以在聚类上使用适应度条件来创建一个自然的、无监督的停止准则，这种自然聚类是无监督方法最合乎逻辑的扩展：数据本身提供了聚类的数量。

对于语料库中的每个文档 d_i，将其在簇 C_i 中的适应度计算为 d_i 到第二优簇 C_j 的距离与 d_i 到 C_i 中其他文档的平均距离之间的归一化差：

$$\begin{cases} f\left(d_i\right) = \dfrac{b\left(d_i\right) - a\left(d_i\right)}{\max\{a\left(d_i\right), b\left(d_i\right)\}} \\ a\left(d_i\right) = \dfrac{1}{|C_i| - 1} \sum_{d_j \in C_i} \mathrm{dis}\left(d_i, d_j\right) \\ b\left(d_i\right) = \arg\min_{C_j} \sum_{d_j \in C_j} \mathrm{dis}\left(d_i, d_j\right) \end{cases} \qquad (6.12)$$

如果 C_i 是一个单例集群(只包含 d_i)，将 $f\left(d_i\right)$ 赋值为默认值 0，搜索在层次结构中所有可能的地方上使 f 的平均值最大化的聚类。

6.4 基于社会传感器的实时事件检测

推特(Twitter)的一个重要特点是它的实时性。例如，当地震发生时，人们会在推特上发布许多与地震有关的帖子(推文),这使得只需关注 Twitter 就可以及时检测到地震的发生。本节介绍一种监测推文和检测目标事件的算法[164]。为了检测目标事件,根据推文中的关键词、字数及其上下文等特征设计了一个推文分类器。随后,为目标事件生成一个概率时空模型,该模型可以找到事件位置的中心和轨迹。将每个 Twitter 用户视为传感器,并应用卡尔曼滤波器和粒子滤波器估计事件中心。

6.4.1　问题定义

我们的目标是事件检测,事件是对时空区域的任意分类。一个事件可能有积极参与的主体、被动因素、产品和空间/时间位置。针对地震、台风和交通堵塞等事件,这些都可以通过 Twitter 看到。这些事件有以下几个属性。

(1)它们的规模很大(许多用户都经历了事件)。

(2)它们特别影响人们的日常生活。

(3)它们同时具有空间和时间区域(因此可以实时估计位置)。

这些事件不仅包括大型聚会、体育赛事、展览、事故等社会事件,还包括自然事件,如暴雨、龙卷风、台风/飓风/旋风和地震。使用 Twitter 指定想要检测的事件作为目标事件。

1. 推文语义分析

为了从 Twitter 中检测目标事件,从 Twitter 中搜索并找到有用的推文。推文可能包含对目标事件的提及。例如,用户可能会发布"地震!"或者"现在它在摇晃"。因此,地震或震动可能是关键字(我们称之为查询词)。

为了将推文分类为积极类或消极类,我们使用支持向量机(SVM)。这是一种广泛使用的机器学习算法,通过准备积极和消极的例子作为训练集,可以产生一个模型自动将推文分为积极和消极的类别。

为每条推文准备了三组特征,如下所示。

特征 A(统计特征):推文消息中的单词数量,以及查询词在推文中的位置。

特征 B(关键词特征):推文中的单词。

特征 C(词上下文特征):查询词前后的词。

2. 推文感官价值

搜索推文,如果发现用户就目标事件发布推文,可以将其分类为积极类。换句话说,用户充当了事件的传感器。如果用户发布了一条关于地震发生的推文,那么可以作为"地震传感器"返回一个正值。因此,推文可以被视为传感器读数。这是一个至关重要的假设,它使得与感官信息相关的各种方法得以应用。

假设 1:每个 Twitter 用户都被视为一个传感器。传感器检测到目标事件并按概率报告。

假设 2:每条推文都与一个时间和地点相关联。

6.4.2　模型介绍

在本节中，使用概率模型进行事件检测和位置估计。首先介绍从时间序列数据中检测事件，然后介绍目标事件的位置估计。

1. 时序模型

每条推文都有其发布时间。当目标事件发生时，传感器如何检测到该事件？介绍事件检测的时序模型，其通过检查实际数据确定事件发生时间和顺序。

指数分布的概率密度函数为 $f(t;\lambda) = \lambda e^{-\lambda t}$，其中 $t > 0$ 且 $\lambda > 0$。在描述齐次泊松过程中到达间隔时间的长度时，自然会出现指数分布。

在 Twitter 的例子中，可以推断，如果用户在时刻 0 检测到一个事件，假设他从 t 到 $t + \Delta t$ 发布推文的概率固定为 λ。然后，发布推文的时间可以被认为是指数分布。

因此，即使用户检测到一个事件，如果没有在线或做其他事情，该用户可能不会立即发布推文。这些问题解决后，才有可能发布推文。因此，推文数量的分布遵循指数分布是合理的。

为了评估警报，必须计算多个传感器值的可靠性。例如，用户可能会通过写推文发出错误警报。分类器也有可能将错误推文分类为正类。可以使用以下两个事实来设计警报。

(1) 传感器的假阳性率 p_f 约为 0.35。

(2) 传感器被假定为独立且同分布。

假设有 n 个传感器，它们产生正信号，那么所有的 n 个传感器返回假警报的概率是 p_f^n。因此，事件发生的概率可以估计为 $1 - p_f^n$。给定时刻 0 的 n_0 个传感器和时刻 t 的 $n_0 e^{-\lambda t}$ 个传感器。因此，我们期望时刻 t 的传感器数量为 $n_0(1 - e^{-\lambda(t+1)}) / (1 - e^{-\lambda})$。事件在时刻 t 发生的概率为

$$p_{\text{occur}}(t) = 1 - p_f^{n_0(1 - e^{-\lambda(t+1)})/(1 - e^{-\lambda})} \tag{6.13}$$

设 $\lambda = 0.34$，$p_f = 0.35$，可以计算出事件发生的概率。例如，如果收到 0 条正推文，并且想要发出假阳性率小于 1% 的警报，那么可以计算

$$t_{\text{wait}} = [1 - (0.1264 / n_0)] / 0.7177 - 1 \tag{6.14}$$

2. 空间模型

每条推文都与一个地点相关联。以下介绍如何从传感器读数估计事件的位置。

为了定义位置估计问题，考虑一个目标的状态序列 $\{x_t, t \in N\}$ 的演化，给定 $x_t = f_t(x_{t-1}, u_t)$，其中 f_t 是状态 x_{t-1} 的非线性函数。此外，它是一个独立的过程噪声序列。跟踪的目的是从测量值 $z_t = h_t(x_t, n_t)$ 递归估计 x_t，其中 h_t 是一个非线性函数，n_t 是一个独立且同分布测量噪声序列。从贝叶斯的角度来看，跟踪问题是递归地计算给定数据 z_t 在时间 t 时处于状态 x_t 的可信度。

假设 $p(x_{t-1}|z_{t-1})$ 是可用的，预测阶段使用公式 $p(x_t|z_{t-1}) = \int p(x_t|x_{t-1})p(x_{t-1}|z_{t-1})\mathrm{d}x_{t-1}$，这里使用一阶的马尔可夫过程。因此，可以假设 $p(x_t|x_{t-1}, z_{t-1}) = p(x_t|x_{t-1})$。在更新阶段，应用贝叶斯规则得到 $p(x_t|z_t) = p(z_t|x_t)p(x_t|z_{t-1}) / p(z_t|z_{t-1})$，其中归一化常数为 $p(z_t|z_{t-1}) = \int p(z_t|x_t)p(x_t|z_{t-1})\mathrm{d}x_t$。

下面介绍卡尔曼滤波器和粒子滤波器，这两种方法在位置估计中都有广泛的应用。

1）卡尔曼滤波器

卡尔曼滤波器假设每个时间步长的后验密度是高斯的，因此使用均值和协方差进行参数化。可以写成 $x_t = F_t x_{t-1} + u_t$ 和 $z_t = H_t x_t + n_t$，其中 F_t 和 H_t 是定义线性函数的已知矩阵。u_t 和 n_t 的协变分别是 Q_t 和 R_t。

因此，卡尔曼滤波器可以看作以下递归关系：

$$\begin{cases} p(x_{t-1}|z_{t-1}) = \mathcal{N}(x_{t-1}; m_{t-1|t-1}, P_{t-1|t-1}) \\ p(x_t|z_{t-1}) = \mathcal{N}(x_t; m_{t|t-1}, P_{t|t-1}) \\ p(x_t|z_t) = \mathcal{N}(x_t; m_{t|t}, P_{t|t}) \end{cases} \tag{6.15}$$

其中，$m_{t|t-1} = F_t m_{t-1|t-1} + u_t$；$P_{t|t-1} = Q_t + F_t P_{t-1|t-1} F_t^{\mathrm{T}}$；$m_{t|t} = m_{t|t-1} + K_t(z_t - H_t m_{t|t-1})$；$P_{t|t} = P_{t|t-1} - K_t H_t P_{t|t-1}$；$\mathcal{N}(x; m, P)$ 为一个高斯密度，参数为 x，均值为 m，协方差为 P，并且以下内容成立：$K_t = P_{t|t-1} H_t^{\mathrm{T}} S_t^{-1}$。如果假设成立，这就是跟踪问题的最优解。卡尔曼滤波器在线性高斯环境下效果更好。在使用卡尔曼滤波器时，要构造一个好的模型和参数，并构建以下两种情况的模型。

案例 1：地震中心的位置估计。在这种情况下，不需要考虑时间转换属性，因此只使用位置信息 $x(d_x, d_y)$。设 $x_t = (d_{x_t}, d_{y_t})^t$，其中 d_{x_t} 是经度，d_{y_t} 是纬度；$z_t = (d_{x_t}, d_{y_t})$，$F = I_2, H = I_2, u_t = 0$。假设时间转换的误差不发生，为简单起见，假设观测误差为高斯分布：$Q_t = 0, R_t = [\sigma^2], n_t = \mathcal{N}(0; R_t)$。

案例 2：台风轨迹估计。需要同时考虑事件的位置和速度。将牛顿运动方程应用如下：$x_t = (d_{x_t}, d_{y_t}, v_{x_t}, v_{y_t})^t$，其中，$v_{x_t}$ 是在经度上的速度，v_{y_t} 是在纬度上的速度。设

$$z_t = (d_{x_t}, d_{y_t})^t, \quad F = \begin{pmatrix} 1 & 0 & \Delta t & 0 \\ 0 & 1 & 0 & \Delta t \\ 0 & 0 & 1 & 0 \\ 0 & 0 & 0 & 1 \end{pmatrix}, \quad H = \begin{pmatrix} 1 & 0 & 0 & 0 \\ 0 & 1 & 0 & 0 \end{pmatrix}, \quad B_t = I_4, \quad u_t = \left(\frac{a_{x_t}}{2}\Delta t^2, \frac{a_{y_t}}{2}\Delta t^2, \right.$$

$\left. a_{x_t}\Delta t, a_{y_t}\Delta t \right)$，其中 a_{x_t} 是在经度上的加速度，a_{y_t} 是在纬度上的加速度。

与案例 1 类似，为简单起见，假设时间转换的误差不发生，并且观测误差为高斯分布，如 $Q_t = 0, R_t = [\sigma^2], n_t = \mathcal{N}(0; R_t)$。

2）粒子过滤器

粒子滤波是一种实现贝叶斯滤波的概率近似算法，是序列蒙特卡罗方法家族的一员。

对于位置估计,它保持时刻 t 位置估计的概率分布,指定为置信 $\mathrm{Bel}(x_t) = \{x_t^i, \omega_t^i\}, i = 1, \cdots, n$。每个 x_t^i 是一个关于物体位置的离散假设。ω_t^i 是非负的权重,称为重要性因子,其和为 1。

序列重要性采样(sequential importance sampling,SIS)算法是一种蒙特卡罗方法,它构成了粒子滤波器的基础。SIS 算法由权重和支持点的递归传播组成,因为每个测量都是按顺序接收的。使用从 Twitter 用户分布中获得的权重分布 $D_\omega(x, y)$ 来考虑用户位置的偏差。算法案例如下。

(1)初始化:根据 Twitter 用户在日本的地理分布计算权重分布 $D_\omega(x, y)$。

(2)生成:生成一个粒子集并赋予其权重,即 N 个离散假设。①生成粒子集 $S_0 = (s_0^0, s_0^1, s_0^2, \cdots, s_0^{N-1})$,并在地图上均匀分配:粒子 $s_0^k = (x_0^k, y_0^k, \omega_0^k)$,其中 x 对应经度,y 对应纬度,ω 对应权重。②根据权重分布 $D_\omega(x, y)$ 对其进行加权。

(3)重采样:①从粒子集 S_t 中重新采样 N 个粒子,使用各自粒子的权重,并将其分配到地图上。②生成一个新的粒子集 S_{t+1},并根据权重分布 $D_\omega(x, y)$ 对它们进行加权。

(4)预测:从牛顿运动方程中预测粒子集 S_t 的下一个状态。

$$\begin{cases} \left(x_t^k, y_t^k\right) = \left(x_{t-1}^k + v_{x_{t-1}}\Delta t + \dfrac{a_{x_{t-1}}}{2}\Delta t^2, y_{t-1}^k + v_{y_{t-1}}\Delta t + \dfrac{a_{y_{t-1}}}{2}\Delta t^2\right) \\ \left(v_{x_t}, v_{y_t}\right) = \left(v_{x_{t-1}} + a_{x_{t-1}}, v_{y_{t-1}} + a_{y_{t-1}}\right) \\ a_{x_t} = \mathcal{N}\left(0; \sigma^2\right), a_{y_t} = \mathcal{N}\left(0; \sigma^2\right) \end{cases}$$

(5)计算重量:通过测量 $m(m_x, m_y)$ 重新计算 S_t 的重量。

$$\mathrm{d}x_t^k = m_x - x_t^k, \mathrm{d}y_t^k = m_y - y_t^k$$

$$\omega_t^k = D_\omega\left(x_t^k, y_t^k\right) \cdot \frac{1}{\sqrt{2\pi}\sigma} \cdot \exp\left(-\frac{(dx_t^{k^2} + dy_t^{k^2})}{2\sigma^2}\right)$$

(6)测量:用 $s(x_t, y_t) \in S_t$ 的平均值计算当前物体位置 $o(x_t, y_t)$。

(7)迭代:迭代步骤(3)~(6),直到收敛。

6.5 基于时间序列数据的事件检测

上一节介绍了基于社交传感器的事件检测方法,然而,人们对从监测时间变化现象的传感器产生的时间序列数据越来越感兴趣。在某些情况下,确定传感器读数何时应产生事件的规则是明确的。然而,如果对这种现象不了解,陈述这样的规则就是困难的。因此,我们考虑一个动态现象,其行为随时间的变化足以被认为是一个重大的质的变化,将其称为变化点检测问题。标准的方法是:①先验地确定要发现的变化点的数量;②确定将用于在连续变化点之间的区间内进行曲线拟合的函数。本节将沿着这两个维度进行拓展,介绍两种版本的变化点检测问题,即批量和增量版本[165]。

6.5.1　变化点检测下的事件检测

用 $y(t), t = 1, 2, \cdots, n$ 表示一个时间序列。其中，t 是时间变量。假设可以对时间序列进行数学建模，其中每个模型都由一组参数表征。事件检测的问题变成了在未知时间识别模型中参数的变化，甚至可能是识别模型本身的变化。

问题描述：考虑用 $y(t), t = 1, 2, \cdots, n$ 表示一个时间序列。其中，t 是时间变量。想要找到一个分段的模型 M：

$$Y = f_1(t, w_1) + e_1(t), (1 < t \leqslant \theta_1), \tag{6.16}$$
$$\cdots$$
$$= f_k(t, w_k) + e_k(t), (1 < t \leqslant \theta_k)$$

其中，$f_i(t, w_i)$ 为在分段 i 中拟合的函数（其参数向量为 w_i）；θ_i 为连续段之间的变化点；$e_i(t)$ 为误差项。此时，对 $f_i(t, w_i)$ 的性质没有任何约束。

最大似然估计：如果所有变化点都是先验指定的，并且为每个分段找到具有参数 w_i 和估计标准偏差 σ_i 的模型，那么变化点的统计似然 L 为

$$L = \begin{cases} \prod\limits_{i=1}^{k} \sigma_i^{-m_i}, \text{异方差} \\ \left[\sum\limits_{i=1}^{k} m_i \sigma_i^2 \right]^{-n/2}, \text{均方差} \end{cases} \tag{6.17}$$

其中，k 为变化点的个数；m_i 为分段 i 中时间点的个数；n 为总时间点的个数。

如果变化点是未知的，θ_i 的最大似然估计（maximum likelihood estimation，MLE）可以通过在所有可能的 θ_i 集合上最大化似然 L 来找到，或者等效地，通过最小化 $-2\log L$ 来找到：

$$-2\log L = \begin{cases} \sum\limits_{i=1}^{k} m_i \log \sigma_i^2, \text{异方差} \\ n\log\left(\sum\limits_{i=1}^{k} m_i \sigma_i^2 \right), \text{均方差} \end{cases} \tag{6.18}$$

术语似然准则将函数 $-2\log L$ 表示为 $\mathcal{L}$。由于 $\log$ 是单调递增函数，对于同方差误差情况，使用最小化函数 $\mathcal{L}$ 的等价似然准则 $\sum\limits_{i=1}^{k} m_i \sigma_i^2$。

对于每个分段 i，模型估计是找到最接近数据的函数 $\hat{f}_i(t, w_i)$ 的问题。由学习系统产生的近似质量由损失函数 $\text{Loss}(y(t), \hat{f}_i(t, w_i))$ 测量，其中 $\theta_{i-1} < t \leqslant \theta_i$。损失的期望值称为风险泛函 $R_i(w_i) = E[\text{Loss}(y(t), \hat{f}_i(t, w_i))]$。因此，对于每个分段，学习系统必须找到一个使 $R_i(w_i)$ 最小的 $\hat{f}_i(t, w_i)$。

6.5.2　批处理算法

假设在分析开始之前收集了整个数据集。

1.　算法描述

假设保持时间点 $t_i, t_{i+1}, \cdots, t_j$ 为单个分段的最佳模型。设 S 为该模型的残差平方和。该段中的点数为 $m = j - i + 1$。如果使用异方差模型，则设 $\mathcal{L}(i, j) = m\log\left(\dfrac{S}{m}\right)$，如果误差模型是同方差模型，则设 $\mathcal{L}(i, j) = S$。

算法背后的关键思想是，在每次迭代时，都会检查每个片段，看看它是否可以被分割成两个明显不同的片段。拆分过程可以通过考虑第一阶段来进行说明，因为所有后续阶段都由等效的按比例缩小的问题组成。

让数据集覆盖时间点 $t_1, t_2, \cdots, t_n$。第一阶段的变化点是 j 最小化 $\mathcal{L}(1, j) + \mathcal{L}(j+1, n)$，比如 j^*。这里 j^* 被定义为

$$\mathcal{L}\left(1, j^*\right) + \mathcal{L}\left(j^*+1, n\right) = \min_{p \leqslant j \leqslant n-p}\{\mathcal{L}(1, j) + \mathcal{L}(j+1, n)\} \tag{6.19}$$

其中，j 的范围通过在每个片段中至少用 p 个点进行模型拟合获得。进一步地，根据所使用的模型选择方法，在每个片段中拟合的模型是基函数所描述的空间中的最佳模型。

在第二阶段，如上所述，对两个片段进行分析，并确定每个片段的最佳候选变更点 c_1 和 c_2。然后选择较好的候选序列，将原始序列划分为 3 个片段。在不失一般性的前提下，我们假设选择了点 c_1。现在，模型的似然标准变为

$$\mathcal{L} = \mathcal{L}\left(1, c_1\right) + \mathcal{L}\left(c_1+1, j^*\right) + \mathcal{L}\left(j^*+1, n\right) < \mathcal{L}\left(1, j^*\right) + \mathcal{L}\left(j^*+1, c_2\right) + \mathcal{L}\left(c_2+1, n\right) \tag{6.20}$$

重复上述过程，直到达到停止标准。

2.　停止条件

由于变化点的数量是未知的，因此该算法必须使用一个停止准则。在实践中，人们会期望，一旦算法检测到所有"真实的"变化点，添加更多的变化点不会显著改变可能性。事实上，在添加足够数量的虚假变更点之后，总体似然值就会增加。在算法的连续迭代中，首先，似然准则值急剧下降，直到它变得稳定。然后，当发现伪变化点时，似然准则值开始缓慢增加。因此，当似然准则值趋于稳定或开始增加时，算法应停止。形式上，如果在迭代 k 和 $k+1$ 次时，各自的似然准则值分别为 $\mathcal{L}_k$ 和 $\mathcal{L}_{k+1}$，则算法应停止。

$$\frac{\mathcal{L}_k - \mathcal{L}_{k+1}}{\mathcal{L}_k} < s \tag{6.21}$$

其中，s 为用户自定义的稳定性阈值。当稳定性阈值 s 设置为 0%时，只有当似然准则值开始增加时，算法才会停止。

6.5.3　增量算法

批处理算法只有在数据收集先于分析时才有用。在某些情况下，变化点检测必须与数据收集同时进行，例如高速公路匝道计量灯的动态控制。为此，我们介绍一种增量算法。其关键思想是，如果传感器收集的下一个数据点反映了现象的显著变化，那么它成为变化点的可能性标准将小于不是变化点的可能性标准。然而，如果可能性的差异很小，就不能确定是否发生了变化，因为它可能是数据中大量噪声的产物。因此，我们认定当且仅当以下条件成立时，才确认这一个变更点：

$$\frac{\mathcal{L}_{\text{no\_change}} - \mathcal{L}_{\text{change}}}{\mathcal{L}_{\text{no\_change}}} > \delta \tag{6.22}$$

其中，δ 为用户定义的似然增加阈值。

假设最后一个变化点是在时间 t_{k-1} 检测到的。在时间 t_k，算法首先收集足够的数据来拟合回归模型。假设在时间 t_j 处收集到一个新的数据点。用似然准则 $\mathcal{L}_{\min}(k,j)$ 确定 t_i，找到候选的变化点，使得

$$\mathcal{L}_{\min}(k,j) = \min_{k < i \leq j}\{\mathcal{L}(k,i) + \mathcal{L}(i+1,j)\} \tag{6.23}$$

如果这个最小值明显小于 $\mathcal{L}(k,j)$，即从 t_k 到 t_j 无变化点的似然准则，则 t_i 为一个变化点。否则，该过程应继续进行下一个点的收集与计算，即 t_{j+1}。

在增量算法中，执行时间是一个重要的考虑因素。如果存储了足够的信息，就可以避免多余的计算。因此，在 t_{j+1} 时间找到似然准则：

$$\mathcal{L}_{\min}(k,j+1) = \min_{k < i \leq j}\{\mathcal{L}(k,i) + \mathcal{L}(i+1,j+1)\} \tag{6.24}$$

只需要计算 $\mathcal{L}(i+1,j+1)$，因为 $\mathcal{L}(k,i)$ 在前一次迭代中已经计算过了。

应该注意的是，如果长时间未检测到更改点，则后续计算将变得越来越复杂。一个可能的解决方案是只考虑最后 ω 个点的滑动窗口。

6.6　基于信号聚类的事件检测

Twitter 作为一种社交媒体，是部分国家和地区人们进行网络互动的主要平台之一。用户使用 Twitter 来报道现实生活中的事件。实际生活中有很多通过分析 Twitter 中文本流来检测事件的案例。尽管事件检测长期以来一直是一个研究课题，但 Twitter 的特点使其成为一项不简单的任务。报道某项事件的 Twitter 通常被大量无意义的"胡言乱语"淹没可通过 EDCoW（基于小波信号聚类事件检测）来应对这些挑战。首先，EDCoW 通过对单词基于频率的原始信号应用小波分析来构建单个单词的信号。然后，EDCoW 通过查看它们相应的信号自相关来过滤掉琐碎的单词。最后，EDCoW 使用基于模块化的图划分技术对剩余的单词进行聚类以形成事件。

6.6.1 小波分析

在 EDCoW 中应用小波分析对单个词进行信号构建。

1. 小波变换

小波分析提供了关于信号频率何时以及如何随时间变化的精确测量方法。小波是一个快速消失的振荡函数。傅里叶分析的正弦和余弦函数在频率上精确地局部化，但在时间上无限扩展，而小波在时间和频率上都是相对局部化的。小波分析的核心是小波变换。

小波变换将信号从时域转换到时间尺度域（尺度可以看作频率的倒数）。小波变换将信号分解为小波系数和一组线性无关基函数的组合。基函数的集合称为小波族，是通过对选定的母小波 $\psi(t)$ 进行缩放和平移而产生的。缩放对应于拉伸或收缩 $\psi(t)$，而平移将其移动到不同的时间位置而不改变其形状。换句话说，小波族被 $\psi_{a,b}(t)$ 定义为

$$\psi_{a,b}(t) = |a|^{-\frac{1}{2}} \psi\left(\frac{t-b}{a}\right) \tag{6.25}$$

其中，a、b 分别为尺度、平移参数，a、$b \in \mathrm{R}$，$a \neq 0$；t 为时间。

小波变换分为连续小波变换（continuous wavelet transform，CWT）和离散小波变换（discrete wavelet transform，DWT）。一般来说，CWT 提供了被分析信号的冗余表示，直接计算也很耗时。相反，DWT 提供了信号的非冗余、高效的小波表示。对于母小波函数 $\psi(t)$ 的一个特殊选择和一个离散参数集 $a_j = 2^{-j}$ 和 $b_{j,k} = 2^{-j}k$，其中 j、$k \in \mathrm{Z}$，DWT 中的小波族被定义为 $\psi_{j,k}(t) = 2^{\frac{j}{2}}\psi(2^j t - k)$，构成了 $L^2(R)$ 的一个标准正交基。正交基的优点是任意函数都可以被唯一地分解，并且分解是可逆的。

DWT 提供信号 S 的非冗余表示，其值构成小波序列中的系数，即 $\langle S, \psi_{j,k}\rangle = C_j(k)$。$C_j(k)$ 表示尺度 j 中的第 k 个系数。DWT 只产生与分析信号 S 中采样点数量相同的系数，而不会丢失信息。这些小波系数以一种简单的方式提供了完整的信息，并直接估计了不同尺度下的局部能量。

假设信号由采样值给出，即 $S = \{s_0(n) \mid n = 1, \cdots, M\}$，其中采样率为 t_s，M 是信号中采样点的总数。假设采样率为 $t_s = 1$。如果分解是在所有尺度上进行的，即 $N_J = \log(M)$，则信号可以通过 $S(t) = \sum_{j=1}^{N_J}\sum_k C_j(k)\psi_{j,k}(t) = \sum_{j=1}^{N_J} r_j(t)$ 来重构，其中小波系数 $C_j(k)$ 可以被解释为分别在尺度 j 和 $j+1$ 处的连续信号近似之间的局部残差，并且 $r_j(t)$ 是尺度 j 处的细节信号，其包含与频率 $2^j \omega_S \leqslant |\omega| \leqslant 2^J \omega_S$ 相对应的信号 $S(t)$ 的信息。

2. 小波能量、熵和 H-测度

由于 DWT 中的小波族是 $L^2(R)$ 的标准正交基，也可以应用傅里叶理论衍生的能量概念[166]。信号 S 在各尺度 $j(j \leqslant N_J)$ 下的小波能量可表示为 $E_j = \sum_k |C_j(k)|^2$。

尺度 $N_J + 1$ 的小波能量可推导为 $E_{N_J+1} = \sum_k |A_{N_J}(k)|^2$。信号 S 所携带的总小波能量为
$$E_{\text{total}} = \sum_{j=1}^{N_J+1} E_j。$$

一个归一化的 ρ 值度量每个单独尺度 j 上的相对小波能量(relative wavelet energy，RWE)为 $\rho_j = \dfrac{E_j}{E_{\text{total}}}$，$\sum_{j=1}^{N_J+1} \rho_j = 1$。$\{\rho_j\}$ 表示信号在不同尺度上的小波能量分布。

对 $\{\rho_j\}$ 上的香农(Shannon)熵进行评估，可以测量信号 S 的 Shannon 小波熵(SWE) $\text{SWE}(S) = -\sum_j \rho_j \cdot \log \rho_j$。SWE 测量不同尺度(即频带)的信号能量分布。信号 S 的 H-测度定义为 $H(S) = \text{SWE}(S)/\text{SWE}_{\max}$，$H(S)$ 是 $\text{SWE}(S)$ 的归一化值，$\text{SWE}_{\max}$ 是通过信号能量在不同尺度上的均匀分布获得的，例如 $\{\rho_j\} = \left\{ \dfrac{1}{N_J+1}, \dfrac{1}{N_J+1}, \cdots, \dfrac{1}{N_J+1} \right\}$。

6.6.2　EDCoW：基于小波信号聚类事件检测

在此，主要介绍 EDCoW 的 3 个重要组成部分：信号构建、相互关联计算、基于模块化的图划分。

1. 利用小波分析构造信号

每个单词的信号分两个阶段构建。假设 T_c 是当前时间。在第一阶段中，T_c 处的单词 w 的信号可以被写为序列：
$$S_w = [s_w(1), s_w(2), \cdots, s_w(T_c)] \tag{6.26}$$
其中，每个采样点 t 处的 $s_w(t)$ 由其 DF-IDF 分数给出，其定义为
$$s_w(t) = \frac{N_w(t)}{N(t)} \times \log \frac{\sum_{i=1}^{T_c} N(i)}{\sum_{i=1}^{T_c} N_w(i)} \tag{6.27}$$

上述方程右侧(right hand side，RHS)的第一个分量为 DF(文档频率)。$N_w(t)$ 为包含单词 w 且出现在采样点 $t-1$ 之后、t 之前的推文个数，$N(t)$ 为同一时间段内所有推文的个数。DF 是 TF-IDF 中 TF 的对应项，TF-IDF 通常用于测量文本检索中单词的重要性。不同之处在于，DF 只计算包含单词 w 的推文的数量，这在 Twitter 的上下文中是必要的，因为通常同一单词的多次出现与单个短推文中的同一事件相关联。上述方程中 RHS 的第二分量相当于 IDF。不同之处在于，对于传统的 IDF，集合大小是固定的，而在 Twitter 中，新推文的生成速度非常快。因此，上述方程中的 IDF 分量使得容纳新词成为可能。如果在 $t-1$ 到 t 期间，单词 w 的使用频率比其他单词高，而在 T_c 之前很少使用，则 $s_w(t)$ 取高值，否则取低值。

第二阶段，在滑动窗口的帮助下构建信号，该窗口覆盖了许多第一阶段的采样点。将滑动窗口的大小表示为 Δ。每个第二阶段采样点捕捉滑动窗口中 $s_w(t)$ 的变化量(如果有的话)。

在这一阶段，单词 w 在当前时刻 T'_c 的信号再次被表示为一个序列：

$$S'_w = \left[s'_w(1), s'_w(2), \cdots, s'_w(T'_c) \right] \tag{6.28}$$

请注意，第一阶段中的 t 和第二阶段中的 t' 不一定在同一单元中。例如，在第一阶段中，两个连续 t 之间的间隔可以是 10 分钟，而在第二阶段中，间隔可以是 60 分钟。

计算每个第二阶段采样点的 $s'_w(t')$。EDCoW 首先将滑动窗口从 $s_w((t'-2)*\varDelta+1)$ 移动到 $s_w((t'-1)*\varDelta)$ 以覆盖第一阶段采样点。将这个窗口中的信号片段记为 $\mathcal{D}_{t'-1}$。然后 EDCoW 导出信号在 $\mathcal{D}_{t'-1}$ 中的 H-测度，记为 $H_{t'-1}$。接下来，EDCoW 移动滑动窗口以覆盖从 $s_w((t'-1)*\varDelta+1)$ 到 $s_w(t'*\varDelta)$ 的第一阶段采样点。将新片段记为 $\mathcal{D}_{t'}$。然后，EDCoW 将段 $\mathcal{D}_{t'-1}$ 和段 $\mathcal{D}_{t'}$ 依次连接，形成一个更大的段 $\mathcal{D}_{t*}$，则可得到其 H-测度记为 H_{t*}。然后，$s'_w(t')$ 的值为

$$s'_w(t') = \begin{cases} \dfrac{H_{t*} - H_{t'-1}}{H_{t'-1}}, & H_{t*} > H_{t'-1} \\ 0, & \text{其他} \end{cases} \tag{6.29}$$

如果在 $\mathcal{D}_{t'}$ 内 $s_w(t)$ 没有变化，则 $s'_w(t')$ 和 $s'_w(t'-1)$ 之间不会有显著差异。另外，单词 w 的使用量增加/减少将导致 $\mathcal{D}_{t'}$ 中的 $s_w(t)$ 以更多/更少的比例出现。这表示 $\mathcal{D}_{t*}$ 中的小波熵相对于 $\mathcal{D}_{t'-1}$ 中的小波熵的增加/减少。$s'_w(t')$ 表示变化量。

通过在一个第二阶段采样点中捕捉一段时间内单词出现模式的变化，减少了存储信号所需的空间。事实上，事件检测只需要检测一个单词在一定时间段内是否表现出任何突发的信息（即在 EDCoW 的情况下为 $\varDelta$）。例如，第一阶段信号包含关于特定单词完整出现历史的冗余信息。然而，大多数现有算法存储的数据相当于第一级信号。

在建立了信号之后，每个单词在接下来的两个分量中被表示为其对应的信号。

2. 互相关的计算

EDCoW 通过将一组具有相似突发模式的单词分组来检测事件。要做到这一点，首先需要计算单词之间的相似度。互相关部分接收一段信号作为输入。根据应用场景的不同，分段的长度会有所不同。例如，如果需要对一天内发生的事件进行总结，则可能需要 24 小时。如果需要更及时地了解正在发生的事情，也可能只需要短至几分钟。将该段表示为 $\mathcal{S}^{\mathfrak{T}}$，并且将该段中的单个信号表示为 $\mathcal{S}_i^{\mathfrak{T}}$。

在信号处理中，互相关是两个信号之间相似性的常见度量。将两个信号表示为函数 $f(t)$ 和 $g(t)$，两者之间的互相关定义为

$$(f \lozenge g)(t) = \sum f*(\tau) g(t+\tau) \tag{6.30}$$

这里，$f*$ 为 f 的复共轭。互相关的计算基本上移位了一个信号（即式中的 g），并计算两个信号的点积。换句话说，它测量的是两个信号之间的相似性，作为其中一个信号的时间滞后的函数。

互相关也可以应用于信号本身。在这种情况下，它被称为自相关，它总是在零滞后处显示一个峰值，除非信号是平凡的零信号。考虑到这一点，可以使用自相关性（零时间滞后）来评估一个单词的琐碎程度。将信号 $\mathcal{S}_i^{\mathfrak{T}}$ 的自相关表示为 $A_i^{\mathfrak{T}}$。

互相关计算是一种成对操作。考虑 Twitter 中使用的大量单词,测量所有信号对之间的相互关系是复杂的。然而,大量的信号实际上是微不足道的。即大多数信号是平凡的($A_i^{\tau} \approx 0$)。鉴于此,我们丢弃 $A_i^{\tau} < \theta_1$ 的信号。设置:

$$\mathrm{MAD}\left(\mathcal{S}^{\tau}\right) = \mathrm{median}(|A_i^{\tau} - \mathrm{median}(A_i^{\tau})|) \tag{6.31}$$

其中,MAD 为一种在存在"异常值"的情况下对数据样本可变性的统计可靠度量。在 EDCoW 中,我们对那些 A_i^{τ} 非常高的"异常值"感兴趣。因此,我们对 $A_i^{\tau} < \theta_1$ 的信号进行过滤,θ_1 设置如下:

$$\theta_1 = \mathrm{median}\left(A_i^{\tau}\right) + \gamma \mathrm{MAD}(\mathcal{S}^{\tau}) \tag{6.32}$$

其中,γ 为比例因子。

用 $\mathcal{K}$ 表示剩余信号的数量,然后以成对的方式计算所有剩余 $\mathcal{K}$ 个信号之间的互相关。将 $\mathcal{S}_i^{\tau}$ 和 $\mathcal{S}_j^{\tau}$ 之间的互相关表示为 X_{ij}。鉴于此,对于每个信号 $\mathcal{S}_i^{\tau}$,EDCoW 在 X_{ij} 上应用另一个阈值 θ_2,其定义如下:

$$\theta_2 = \mathrm{median}_{\mathcal{S}_j^{\tau} \in \mathcal{S}^{\tau}}\left(X_{ij}\right) + \gamma \mathrm{MAD}_{\mathcal{S}_j^{\tau} \in \mathcal{S}^{\tau}}(X_{ij}) \tag{6.33}$$

其中,γ 与式(6.32)中的含义相同。如果 $X_{ij} \leqslant \theta_2$,则设 $X_{ij} = 0$。然后将剩余的非零 X_{ij} 排列成一个方阵,形成相关矩阵 M。由于只对信号对之间的相似性感兴趣,M 的主对角线上的单元格设为 0。M 在应用阈值 θ_2 后是高度稀疏的。

3. 基于模块化图划分的事件检测

矩阵 M 是一个对称稀疏矩阵。从图论的角度来看,它可以看作一个稀疏无向加权图 $G = (V, E, W)$ 的邻接矩阵,其中顶点集 V 包含经过自相关滤波后的所有 $\mathcal{K}$ 个信号,边缘集 $E = V \times V$。$X_{ij} > \theta_2$,则在两个顶点 v_i 和 v_j 之间存在一条边,且权值 $w_{ij} = X_{ij}$。

通过对 M 进行这种图论解释,事件检测可以被公式化为图划分问题,即将图切割成子图。每个子图对应一个事件,该事件包含一组具有高度互相关的单词,并且不同子图中的单词之间的交叉相关性期望较低。

图的模块化定义为(在划分后)子图中所有边的权值之和减去随机放置的边的期望权值之和,正模块化表示可能存在分区。可以定义节点 v_i 的度数为 $d_i = \sum_j w_{ji}$。G 中所有边权的和定义为 $m = \sum_j d_i / 2$。分区的模块化定义为

$$Q = \frac{1}{2m} \sum_{ij} \left(w_{ij} - \frac{d_i \cdot d_j}{2m} \right) \delta_{c_i, c_j} \tag{6.34}$$

其中,c_i、c_j 分别为节点 v_i 和 v_j 所属子图的索引;δ_{c_i, c_j} 为克罗内克函数。如果 $c_i = c_j$,则 $\delta_{c_i, c_j} = 1$;否则 $\delta_{c_i, c_j} = 0$。

这里的目标是划分 G 使 Q 最大化。首先构造图 G 的模块化矩阵(B),其元素定义为

$$B_{ij} = w_{ij} - \frac{d_i \cdot d_j}{2m} \tag{6.35}$$

然后对对称矩阵 B 进行特征值分析,求出其最大特征值和对应的特征向量(v)。最后,根据 v 中元素的符号将 G 分成两个子图,递归地应用于每两个片段,进一步将它们划分为更小的子图。注意,使用基于模块化的图分区,EDCoW 不需要额外的参数来预先设置要生成的子图(即事件)的数量。当不能再构造子图(即 $Q < 0$)时,它会自动停止。这是 EDCoW 的优点之一。

该组件的主要计算任务是找到稀疏对称模块化矩阵 B 的最大特征值(和相应的特征向量)。这可以通过幂次迭代有效地解决。

4. 事件重要性的量化

EDCoW 要求每个单独的事件至少有两个单词,因为图分区后最小的子图包含两个节点,这是基本原理,如果有这么多用户在讨论一个大事件,那么只用一个词来描述它是很少见的。然而,由于每条图文通常都很短,因此将一个事件与太多的单词联系起来也是不合理的。

鉴于此,EDCoW 定义了一个度量来评估事件的重要性。表示与事件对应的子图(划分后)为 $C = (V^c, E^c, W^c)$。V^c 为顶点集,$E^c = V^c \times V^c$,W^c 包含边的权值,由关系矩阵 M 的一部分给出,则定义事件显著性为

$$\epsilon = \left(\sum w_{ij}^c\right) \times \frac{e^{1.5n}}{(2n)!} \ , n = |V^c| \tag{6.36}$$

式(6.36)包含两部分。第一部分将与事件相关联的信号之间的所有互相关值相加。如果事件与太多单词相关,则第二部分不考虑其重要性。ϵ 值越高,事件越重要。最后,EDCoW 过滤 ϵ 值异常低的事件。

6.7 动态社会网络中的事件检测

社交网络中的社区检测是数据挖掘研究人员特别感兴趣的,因为它在营销分析、社会学和行为研究等方面有直接的应用。本节介绍一个框架用于分析随时间变化的社会网络中的社区检测问题[167]。该框架基于动态图离散化和图聚类,旨在有效地可视化演化关系和隐式层次结构。该框架通过可视化来识别社会网络中不断变化的关系,通过观察社会结构中的任何激进变化来发现重要事件,并通过总结社会网络动态来推断角色等级(如果存在)。

6.7.1 主要方法概述

给定的社交网络可以定义为在时间段 $[0, \cdots, T]$ 上描述的动态图 G。该方法框架由 4 个主要步骤组成,接下来对这些步骤进行简要概述。

第一步,将输入的社交网络和相应的动态图 G 转换为一组快照图。将 G 分解为一系列静态快照 $G_{[0,\epsilon]}, \cdots, G_{[T-\epsilon,T]}$,其中 ϵ 是离散化因子,$G_{[t,t+\epsilon]}$ 是与时间段 $[t, t+\epsilon]$ 相对应的静

态快照(包含 $[t, t+\epsilon]$ 期间涉及的所有顶点和边的图)。ϵ 的值根据经验进行调整,并取决于数据集中存在的时间戳的粒度。

第二步,该框架使用重叠聚类算法分别对每个静态图进行聚类,以产生模糊聚类。这一步使我们能够识别网络中的社区,也可以识别其轴心(几个集群共享的顶点),同时对网络中的微小变化不敏感。

第三步,检测网络中的主要结构变化。该框架使用相似性度量来比较在每对连续静态图上获得的聚类。低相似度表示在对应于这些快照对的时段期间的主要变化,而高相似度对应于网络的拓扑结构不发生任何主要变化的稳定时段。因此,一旦在第二步中计算出聚类的相似性矩阵,就可以将输入网络的时间变化分解为高活动时期和稳定时期的共识社区。

第四步,从第三步过滤出来的共识社区中找到一个角色或影响层次。

将影响层次定义为树 $G_T = (V_T, E_T)$,其中 $V_T \subset V$ 是输入社交网络中顶点的子集。节点 $v \in V_T$ 的高度表示该节点在网络中的影响强度。

6.7.2　图分解

1. 强度度量

分解算法是基于强度度量的。该度量量化了给定边的邻域凝聚力,从而确定边是社区内边缘还是社区间边缘。边的强度 $e = (u, v)$,$w_s(e)$ 定义如下:

$$w_s(e) = \frac{\gamma_{3,4}(e)}{\gamma_{max}(e)} \tag{6.37}$$

其中,$\gamma_{3,4}(e)$ 为边 e 所属的大小为 3 或 4 的循环数;$\gamma_{max}(e)$ 为这种循环的最大可能数。最后,我们可以这样定义顶点的强度:

$$w_s(u) = \frac{\sum_{e \in adj(u)} w_s(e)}{deg(u)} \tag{6.38}$$

其中,$adj(u)$ 为与 u 相邻的边的集合;$deg(u)$ 为 u 的度。

2. 最大独立集提取

为了识别网络内社区的中心,我们提取了一个顶点的最大集合 $\mathcal{V}$,使得 $\forall u, v \in \mathcal{V}$,$dist_G(u, v) \geq 2$。这有两个优点:首先,它给出了相对于网络拓扑的簇的数量;其次,该方法保证了每个找到的簇的唯一性(即找到的两个簇不可能是相同的),因为一个中心只能属于一个簇。具有高强度值的顶点必须添加到集合 $\mathcal{V}$ 中,因为 $\mathcal{V}$ 中的顶点是社区的中心,这些顶点不应该是网络的枢纽,这可能导致过度拟合一个大型社区,而不是几个较小的社区。网络枢纽节点可以通过低强度值来识别。

为了计算 $\mathcal{V}$,根据顶点 V 的强度值将其排序(按降序)为 V'。此后,在 V' 上迭代,将顶部节点添加到 $\mathcal{V}$,并从 V' 中移除它及其邻居直到 $|V'| = 0$。

3. 社区提取

使用高强度节点集 $\mathcal{V}$ 从输入网络中提取社区。主要思想是在 $\mathcal{V}$ 的顶点周围建立半径为 1 的球。对于每个节点 $u \in \mathcal{V}$，如果一条边 (u,v) 的强度值高于给定阈值 τ，则将该边视为簇内边，并将该节点 v 加入 u 的邻域中。阈值 τ 是网络中顶点和边的数量的函数。考虑几个阈值 $(\tau_1, \cdots, \tau_m)$，在每个时间戳得到 m 个不同的聚类。

6.7.3 共识结构

在图分解步骤之后，从输入网络 G 中获得 $n \times m$ 个聚类，其中 n 是快照图的数量，m 是在图构建或图分解过程中应用的参数 τ 的不同值的数量。用 C 表示聚类（簇）集，其中每个聚类 $C_{i,j}$ 对应于具有参数 τ_j 的图 G_i 的分解。由于分解的图在时间上是自然有序的，最可能的聚类演化可以通过比较每个 $C_{i,j}$ 与每个 $C_{i+1,k}$，$\forall i,j,k$ 且满足 $1 \leqslant c < n$，$1 \leqslant j$，$k \leqslant m$ 来找到，使得 $1 \leqslant i < n, 1 \leqslant j, k \leqslant m$。接下来描述一个相似性度量来评估 C 中每对聚类之间的相似性。

1. 相似性度量

相似性度量旨在评估在相同元素上绘制的两个集合之间的相似性。如果聚类 c_a 中含有聚类 c_b 的元素的比例很高，而不属于 c_b 的元素的比例很小，聚类 $c_a \in C_{i,j}$ 是聚类 $c_b \in C_{i+1,k}$ 很好的代表，将有向簇代表性定义为

$$\rho_{c_a \to c_b} = c_a \bigcap c_b / |c_b|, \rho_{c_b \to c_a} = c_a \bigcap c_b / |c_a| \tag{6.39}$$

其对应于两个簇之间的公共元素的归一化比率。进一步将无向簇代表性或者更简单的簇代表性定义为

$$\rho_{c_a, c_b} = \sqrt{\rho_{c_a \to c_b} \cdot \rho_{c_b \to c_a}} \tag{6.40}$$

其对应于每个簇的直接代表性的几何平均值。

接下来，将聚类代表性的定义扩展到聚类组或聚类。如果 $c_{i,j}$ 包含 $c_{i+1,k}$ 中每个簇的良好代表簇，$C_{i,j}$ 是 $C_{i+1,k}$ 的良好代表。由于小规模簇往往会使代表性值产生偏差，更重视代表较大规模簇的集群，而不是较小规模簇。将定向簇代表性定义为对于 $C_{i+1,k}$ 中的每个簇，在 $C_{i,j}$ 中找到的最佳簇代表的值的加权平均值（在聚类的基数）：

$$\sigma_{C_{i,j} \to C_{i+1,k}} = \frac{\sum_{c_b \in C_{i+1,k}} \max_{c_a \in C_{i,j}} \rho_{c_a, c_b} \cdot |c_b|}{\sum_{c_b \in C_{i+1,k}} |c_b|} \tag{6.41}$$

类似地，将无向簇代表性定义为相似度度量：

$$\sigma_{C_{i,j} \to C_{i+1,k}} = \sqrt{\sigma_{C_{i,j} \to C_{i+1,k}} \cdot \sigma_{C_{i+1,k} \to C_{i,j}}} \tag{6.42}$$

2. 社区提取

随着时间的推移，社区可以扩展以包括新节点，也可以与其他社区合并，或者通过删除节点或拆分为子组来缩小规模。因此，由于先前的拆分或即将进行的合并，给定时间步

长的社区可能会显示为两个不同的组。为了解决这个问题并获得社区组成的全局概念，计算输入网络中的共识社区。在每个时间步长，每个社区都由检测到的簇表示。由于这些簇代表了社区的快照，可以通过在连续的时间步长之间匹配簇来跟踪社区的演变。

设 $\bar{C}_x, \bar{C}_{x+1}, \bar{C}_{x+2} \cdots$ 是沿着相同路径的类簇 $C_{x,j}, C_{x+1,k}, C_{x+2,l}$，我们知道每一对连续的 $\bar{C}_i$、$\bar{C}_{i+1}$ 簇的相似度度量 σ，因此，知道每个 $c_a \in \bar{C}_i$ 和 $c_b \in \bar{C}_{i+1}$ 之间的簇代表性。我们使用这些值来匹配簇，并识别代表簇 c_a 的簇 c_b。然后，可以从上面生成的匹配簇的集合中检测到共识社区。

我们使用不同的过滤算法，如并集、交集、分数阈值等，具体选择哪种算法取决于上下文和输入数据集的属性。两个簇 $C_{i,j}$、$C_{i+1,k}$ 之间的 σ 由每对簇 $c_a \in C_{i,j}$、$c_b \in C_{i+1,k}$ 之间的交集来约束。

该步骤最多需要进行 $Q^2|V|$ 次比较，其中 Q 是 $C_{i,j}$ 的最大基数，V 是网络中的节点数。有 n 个时间步长，每个时间步长有 m 个不同的簇。当每个簇 $C_{i,j}$ 与后续时间步长的所有簇进行比较时，我们计算相似性度量 $(n-1)m^2$ 次。共识社区的计算取决于用户选择的过滤算法，但通常受相似图的计算限制。

6.7.4 层次结构影响

为了评估社交网络中节点的影响力，必须量化网络中节点交换信息的效率。所有节点在图 $G = (V, E)$ 表示的网络上交换信息，如果需要，其他节点可以选择这些信息。网络在节点 i 和 j 之间的通信效率 ε_{ij} 与图中 i 和 j 之间的最短路径成反比：$\forall i, j \in V, \varepsilon_{ij} = 1/d_{ij}$，其中 d_{ij} 是 i 和 j 之间的最短路径。如果 i 和 j 之间没有路径，则 $d_{ij} = +\infty$，$\varepsilon_{ij} = 0$。可以通过计算每对节点的 ε_{ij} 来量化整个网络的效率。图 G 的平均效率可以定义为

$$\text{Eff}(G) = \sum_{i \neq j \in V} \frac{\varepsilon_{ij}}{|V| \cdot (|V|-1)} \tag{6.43}$$

这个度量提供了网络的通信效率。为了在网络中找到层次结构，需要评估每个节点的效率或临界性。如果网络的一个重要成员被删除，图的效率应该降低，反之亦然。将节点的增量效率(delta efficiency，DE)定义为

$$I(\text{node}_i) = \Delta \text{Eff}_i = \text{Eff}(G) - \text{Eff}(G\{i\}) \tag{6.44}$$

从社会的角度来看，社会网络中有 3 种角色。第一种是"领导者"，他们是思想领袖；第二种是控制信息在网络中传播的"看门人"；第三种是执行命令的"追随者"。在网络中活动最频繁的人是看门人，因此，他们的 DE 值最高。另外，领导者和追随者之间的沟通非常有限(领导者只是发布命令，而追随者接受/执行命令)，这就是他们的 DE 值很低的原因。层次检测的主要目标之一是区分追随者和领导者。由于社交网络中由 3 个角色构成一个层次结构，通过找到一棵代表这个层次结构的树来实现这一点，这样它就可以揭示领导者和追随者。

领导者(老板)的看门人(右手)是层次结构中最关键的节点。根据定义，它们非常接近网络中的领导者节点。通过使用修改后的网络的生成树来推断层次结构，其中每条边都由

两个节点之间关系的重要性加权，并使用 DE 作为重要性度量。然后，根据生成树计算的影响层次结构中对不同的角色类型进行分类。

1. 确定生成树

将权重与两个节点之间的每条边关联起来，即连接节点的 DE 值之间的差异。DE 值之间的较大差异表明两个连接节点不应该放在层次结构中的同一级别上，因此可以去除这些节点之间的边。采用与边相关的值成反比的绝对值作为克鲁斯卡尔(Kruskal)的最小生成树算法的边权重来计算层次树。

2. 推断层次结构

有了生成树，下一步就是找到网络中的领导者(老板)。老板的 DE 值很低，因为他试图通过减少在网络中的交流来隐藏自己，而且他在看门人(右手)的附近。为此需要找到老板右手的正确数量。找出右手沟通最多的节点，这个节点就可能是网络的老板，因为老板用右手交流很多。如果两个或多个节点具有相同的计数，则采用 DE 值较低的节点，因为老板没有较高的 DE 值。

有了一个生成层次树和层次结构的老板，就可以调整树的方向，从根(老板)开始，以获得有序的层次结构。

6.8　基于特征分布的事件检测

有一种被称为部分监督文本分类的技术，它可以使用较少的正面示例来构建分类器。在这个背景下，研究人员会产生一个问题，即能否找到一组特征来描述正面示例，而不需要用户指定这组正面示例。我们将这个问题形式化为突发事件检测问题，即从按时间顺序排列的文档序列中检测突发事件。这里，突发事件被定义为一组潜在的突发特征，这些特征被认为是构建分类器的潜在类别。然而突发事件检测问题与话题检测与跟踪(TDT)不同。TDT 试图使用聚类技术将文档聚类为事件，而突发事件检测的重点是检测一组突发特征所构成的突发事件。本节将介绍一种无参数概率方法(称为特征枢轴聚类)[168]。该方法充分利用时间信息，以确定可能出现在不同时间窗口中的一组突发特征，通过对特征分布进行分析，可以检测出突发事件的发生，而不需要调整或估计任何参数。

6.8.1　突发事件检测问题定义

考虑一个文本流 $\mathcal{D} = \{d_1, d_2, \cdots\}$，其中 d_i 是一个文档，$\mathcal{D}$ 的长度为 $|\mathcal{D}|$。文档 d_i 由一组特征 $f_{i_1}, f_{i_2}, \cdots$ 组成，并在时刻 t_i 报告。在文本流 $\mathcal{D}$ 中，如果 $i < j$，则 $t_i \leqslant t_j$。将文本流 $\mathcal{D}$ 分成相同长度的 L 个不重叠的时间窗口，W_i 的长度相同。热突发事件检测的问题是找到一组突发事件，其中突发事件由一组最小的突发特征组成，在时间窗口 $W_i, W_j, \cdots$，这些特征共同识别出包含突发特征的文档数量最多的事件。

热突发事件检测的关键问题是自动找到突发特征的最小集合。换句话说，问题的重点是识别突发特征集，而 TDT 的重点是找到文档簇。热突发事件检测可以通过对文档进行聚类，然后从找到的聚类中选择特征来处理。我们称之为文档中心聚类方法，因为它首先将类似的文档聚在一起，然后从聚类中选择特征作为突发事件。

下面介绍用于热突发事件检测的特征枢轴聚类方法。该方法通过特征枢轴聚类发现突发事件的中心(作为区别于文档枢轴聚类的术语)。首先，通过特征分布识别热突发特征，作为时间窗中的时间序列。其次，将突发特征分组为突发事件。最后，识别突发事件的热点时段。这个方法的主要优点是无参数。没有需要调优的参数，也不需要使用任何加权模式，因为不需要对特征进行加权。另外，该方法反过来可以帮助 TDT 为现有的事件检测问题选择特征。

6.8.2　突发事件检测：一种特征中心聚类方法

该方法主要分为 3 个步骤：突发特征识别、突发特征分组、突发事件热周期确定。

1. 突发特征识别

假设在窗口 W_i 中包含特征 f_j 的文档数量为 $n_{i,j}$，遵循生成概率模型，该模型是基于未知概率分布的模型。通过生成概率模型，可以计算出在时间窗口 W_i 内包含特征 f_j 的文档个数的概率，记为 $P_g(n_{i,j})$。

$P_g(n_{i,j})$ 可以使用超几何分布建模。从 N' 个对象中随机(不需要替换)选择一个大小为 n' 的对象样本，使得 n' 中的 K' 个对象被分类为成功，$N'-K'$ 个对象被分类为失败，那么表示样本中成功次数的随机变量 X' 具有超几何分布。N' 是文本流中的文档数量，n' 是窗口中的文档数，K' 是在特定窗口中包含特定特征的文档数，$N'-K'$ 是不在特定时间窗口中包含该特定特征的文档数。时间窗口 W_i 中的特征 f_j 可以通过超几何分布来建模其概率。因此，$P_g(n_{i,j})$ 由二项式分布建模，如下所示：

$$P_g\left(n_{i,j}\right) = \binom{N}{n_{i,j}} p_j^{n_{i,j}}(1-p_j)^{N-n_{i,j}} \tag{6.45}$$

其中，N 为一个时间窗口中的文档数量。虽然每个时间窗口中的文档数量 N_i 可能不同，但可以在所有时间窗口中重新缩放它，从而使所有 N_i 变得相同。p_j 是包含特征 f_j 的文档在随机时间窗口中的期望概率，因此是在包含 f_j 的所有时间窗口中观察到的概率的平均值。

$$p_j = \frac{1}{L'}\sum_{i=0}^{L'} P_0\left(n_{i,j}\right) \tag{6.46}$$

其中，$P_0\left(n_{i,j}\right) = \dfrac{n_{i,j}}{N}$；$L'$ 为包含 f_j 的时间窗的个数。注意，当 $\dfrac{n_{i,j}}{N} = p_j$ 时，$P_g\left(n_{i,j}\right)$ 取最大值。

下面讨论一个重要特征 f_j 被错误地当作无用词的可能性。假设 f_j 是突发事件 E_k 中的突发特征，使得 f_j 仅在 E_k 的热时段以高频率出现。这意味着 $n_{i,j}$ 在时间窗口 W_i 中很大，而 E_k 是突发事件。如果发生这种情况，在每个滑动窗口中观察到的所有概率 $P_0\left(n_{i,j}\right)$ 将很大，而包含 f_j 的时间窗口的数量将很小，即 L' 将很小。因此，p_j 将很大。因此，在理论上，f_j 可能会被错误地当作无用词。然而，由于以下原因，f_j 不太可能被错误地当作无用词：特征分布在本质上是稀疏的，尽管 f_j 可能只与 E_k 的突发性特征有关，但 f_j 很可能会出现在 E_k 不是突发性窗口的其他时间窗口中。换句话说，对于相同的特征 f_j，包含它的文档数量 $n_{i,j}$ 在一些时间窗口中会很大，而在其他一些窗口中会很小。平均而言，对于这样的特征 f_j，观测到的概率 $P_0\left(n_{i,j}\right)$ 将不会像停止语那样大。

可根据二项分布 $P_g\left(n_{i,j}\right)$ 确定特征是突发性的概率。设 $P_b\left(i,f_j\right)$ 为特征 f_j 在时间窗口 W_i 中突发的概率。设文档数量有三个区域 R_A、R_B 和 R_C，考虑以下 3 种情况。

(1)若 $n_{i,j}$ 在 R_A 中，意味着 $P_0\left(n_{i,j}\right) \leqslant p_j$，这表明在 W_i 中特征 f_j 的概率小于等于 f_j 是随机绘制的概率。我们认为 f_j 是 W_i 中的非突发特征，令 $P_b\left(i,f_j\right)=0$。

(2)若 $n_{i,j}$ 在 R_C 中，意味着 $P_0\left(n_{i,j}\right)$ 明显高于特征 $f_j(p_j)$ 的先验概率。提示 f_j 在 W_i 中表现出异常行为。我们认为 f_j 是 W_i 中的一个突发特征，令 $P_b\left(i,f_j\right)=1$。

(3)若 $n_{i,j}$ 在 R_B 中，有 3 种情况。当 $n_{i,j}$ 接近 R_B 和 R_C 的边界时，对应的特征 f_j 为突发特征；当 $n_{i,j}$ 接近 R_B 和 R_A 的边界时，f_j 为非突发特征；当 $n_{i,j}$ 位于区域 R_B 的中点时，f_j 可以是突发的，也可以是非突发的。使用 sigmoid 函数来确定当 $n_{i,j}$ 在 R_B 区域时，f_j 是否为突发：

$$P_b\left(i,f_j\right)=\frac{1}{1+\mathrm{e}^{-x}} \tag{6.47}$$

其中，$x=P_g\left(n_{i,j}\right)\cdot\theta-q$；$q$ 为 R_B 区域的中点；θ 为 sigmoid 函数的斜率。

2. 突发特征分组

设识别出的突发特征为 $B=\{b_0,b_1,\cdots,b_{|B|}\}$。突发事件是由突发特征组成的事件。选择形成突发事件的最小特征数的方法如下。设突发事件 $E_k=\{e_0,e_1,\cdots,e_{|B|}\}$，其中，$e_i=\{0,1\}$。当 $e_i=0$ 时，第 i 个突发特征 b_i 对突发事件 E_k 没有贡献；当 $e_i=1$ 时，选取第 i 个特征 b_i 作为突发事件 E_k 的关键特征。例如，假设 $B=\{$数据库，食物，管理，音乐$\}$。$E_k=\{1,0,1,0\}$ 表示突发事件 E_k 包含两个突发特征，即数据库和管理。在这里，确定突发事件的突发特征的最小集合的问题可以通过找到最优 E_k 来解决，使得突发特征组合在一起的概率对于文本流 $\mathcal{D}$ 是最大的。设 $D=\{D_0,D_1,\cdots,D_{|B|}\}$ 是文档集合的集合，其中 D_i 包含突发特征 b_i 的文档。

$$\max P\left(E_k|D\right)=\frac{P\left(D\,|\,E_k\right)P\left(E_k\right)}{P(D)} \tag{6.48}$$

对式(6.48)取对数，最大化上式等于最小化以下内容：

$$\min -\ln P\left(E_k|D\right)=-\ln P\left(D|E_k\right)-\ln P\left(E_k\right)+\ln P(D) \tag{6.49}$$

$\ln P(D)$ 与 E_k 无关。因此，使式 (6.49) 最小化等价于最小化以下代价函数：

$$\min c(E_k|D) = -\ln P(D|E_k) - \ln P(E_k) \tag{6.50}$$

计算 $P(E_k)$：设时间窗总数为 L，我们认为一个突发特征 b_j 是一个长度为 L 的时间序列，使得该时间序列中的第 i 个值为时间窗 W_i 内的突发概率 $P_b(i, f_j)$。解决计算突发特征被分组在一起的概率 $P(E_k)$ 的问题，以计算相应时间序列被分组在一起的概率，这可以通过计算给定 E_k 的一组时间序列之间的相似性来实现。采用一种简单而高效的方法来计算 $P(E_k)$，即通过计算不同时间序列之间的重叠区域来计算 $P(E_k)$。

$$P(E_k) = \frac{\bigcap_{j=0}^{|B|}\big|_{e_{j=1}} a_j}{\bigcup_{j=0}^{|B|}\big|_{e_{j=1}} a_j} \tag{6.51}$$

其中，a_j 是时间序列中特征 b_j 所覆盖的面积。

计算 $P(D|E_k)$：假设特征分布是独立的，将 $P(D|E_k)$ 表示为

$$\begin{cases} P(D|E_k) = \prod_{j=0}^{|B|} \left(\frac{|D_j|}{|M|}\right)^{e_j} \left(1 - \frac{|D_j|}{|M|}\right)^{1-e_j} \\ M = \bigcup_{\substack{j=0 \\ e_j=1}}^{|B|} D_j \end{cases} \tag{6.52}$$

其中，M 为包含突发事件 E_k 的一组文档。在式 (6.52) 中，第一个分量 (式子) 计算 M 中包含突发特征 b_j 的文档的概率，而第二个分量 (式子) 计算 M 中不包含突发特征 b_j 的文档的概率。换句话说，如果 $e_j = 1$，意味着突发特征 b_j 属于事件 E_k，并且计算第一个分量；如果 $e_j = 0$，我们计算第二个分量。因此，$P(D|E)$ 计算 D 在 M 下的概率，其中 M 由给定的 E_k 构造而成。

成本函数可以计算如下：

$$c(E_k|D) = -\sum_{\substack{j=0 \\ e_j=1}}^{|B|} \ln(|D_j|) - \sum_{\substack{j=0 \\ e_j\neq1}}^{|B|} \ln(|M|-|D_j|) + l \cdot \ln(|M|) - \frac{\bigcap_{j=0}^{|B|}\big|_{e_{j=1}} a_j}{\bigcup_{j=0}^{|B|}\big|_{e_{j=1}} a_j} \tag{6.53}$$

对上述等式进行观察可以看出，如果成本函数 c 变小，则表明所选择的突发性特征 ($e_j=1$) 将与突发性事件 E_k 相关。如果突发性特征非常相似，则成本函数 c 变小，因为第四项变小，这使得这些突发性特征被分组在一起。当两个特征的区域完全重叠时，第四项变为 0。如果文档不具有高度的共同突发特征，则成本函数 c 会变大，因为第三项会变大。如果突发性特征是另一组突发性特征的子集，则成本函数 c 变大，因为两组突发性特征的重叠面积变小导致第四项变大。

下面将进一步讨论对突发事件的突发特性进行分组时的两个重要问题。

第一个问题，如果两个特征在特征分布上具有很高的相似性，那么在一个突发事件 E_k 中，两个突发性特征 f_j 和 f_l 是否会被错误地组合在一起。例如，有两个突发性特征在相应的特征分布中相似，那么这两个特征有可能被分组在同一个突发事件中吗？例如，有两个突发性特征在相应的特征分布中相似，考虑具有两个分量 $P(D|E_k)$ 和 $P(E_k)$ 的成本函

数。如果两个突发性特征在特征分布上具有较高的相似性，则作为时间序列数据，$P(E_k)$会变大，因为两个特征分布的公共面积变大。然而，如果两个突发的特征是与两个不同的故事(事件)相关，它们就不太可能出现在同一个文档中。D_j是包含突发特征f_j的文档集，D_l是包含突发特征f_l的文档集。如果两个突发性特征出现在不同的文档中，$P(D|E_k)$变小，M变得更大，代价变大。因此，不相关的突发特征不太可能被错误地组合在一起。

第二个问题，E_k的突发特征的结果集是否可能包括噪声。由第一个问题的讨论可知，分组在一起的突发特征集的质量得到了保证。再次考虑$P(D|E_k)$。如果突发事件E_k包含出现在不同文档集中的许多特征，则$P(D|E_k)$会变小，这使得不太可能将它们组合在一起。一组突发性特征在它们包含在类似文档中的条件下被分组。

3. 突发事件热周期确定

突发事件E_k的热周期如下所示。设$H_k=\{h_0,h_1,\cdots,h_n\}$，其中$h_i\in\{0,1\}$，$h_i=1$指突发事件$E_k$在时间窗口$W_i$中是热的。由于将突发特征形式化为时间序列，根据属于突发事件E_k的突发特征集计算突发事件的期望概率，从而计算W_i中热突发事件E_k的概率，记为$\mathcal{P}_b$：

$$\mathcal{P}_b(i,E_k)=\frac{1}{|B_k|}\sum_{j=0}^{|B|}e_j\cdot P_b(i,f_j) \tag{6.54}$$

其中，$|B_k|$为E_k中突发性特征的个数。当$\mathcal{P}_b(i,E_k)>\beta$时，一个突发事件$E_k$在$W_i$中是热的，其中$\beta$简单地设置为标准偏差的2倍，该标准偏差高于$i=1,2,\cdots$的情况下$\mathcal{P}_b(i,E_k)$的期望值。

6.9 基于高阶共聚类的社会事件检测

快速增长的内容使社交媒体网站成为社会事件检测的"金矿"，但仍然需要克服处理相关异构元数据的挑战，如时间戳、位置、视觉内容和文本内容。本节介绍一种早期的模型——基于鲁棒高阶协(共)聚类的社会事件检测算法(social event detection with robust high-order co-clustering, SED-RHOCC)[169]，它将社会事件检测作为一个聚类问题，尝试对社交媒体和多种类型的异构元数据进行共聚类。该算法包括两个步骤：①粗事件检测；②聚类和样本细化。在第一步中，通过构建星形结构的K部图上的相互关系和一些元数据集(如时间戳)内的内部关系，分别对社交媒体和相关元数据进行迭代联合聚类，以避免早期/后期融合中的信息丢失。之后，在第二步中，利用后处理来细化聚类和社交媒体样本。

6.9.1 问题定义

共聚类是一种同时对异构且相关的模态进行聚类的好方法，近年来受到了广泛的关注。与传统的单向文档聚类方法不同，共聚类将不同元数据之间的相关性视为联合概率分布，以同时对所有涉及的集合进行聚类。

在对 SED-RHOCC 进行介绍之前，简要介绍一下符号：像 $\mathcal{X}$ 这样的集合在欧拉脚本中用大写字母表示；矩阵用大写字母表示，如 G；向量用小写字母表示，如 $h=[h_1,h_2,\cdots,h_n]^{\mathrm{T}}$；像 X 这样的大写字母用来表示随机变量。

假设有一个从社交媒体网络下载的 n 张图片的集合，例如 $\mathcal{X}=\{x_1,x_2,\cdots,x_n\}$。与 x 相关的元数据有 4 种类型，即时间戳、位置、视觉内容和文本内容。考虑时间戳和位置是连续值，我们按预定义的时间间隔分隔时间戳，按城市分组位置。这样，得到时间集合 $\mathcal{T}=\{t_1,t_2,\cdots,t_{|t|}\}$，位置集合 $\mathcal{L}=\{l_1,l_2,\cdots,l_{|l|}\}$，其中 t_i 表示第 i 个时间间隔，l_i 表示第 i 个城市。对于视觉和文本内容，设视觉词集为 $\mathcal{V}=\{v_1,v_2,\cdots,v_{|v|}\}$，关键字集为 $\mathcal{W}=\{w_1,w_2,\cdots,w_{|w|}\}$。我们的目标是通过同时将 $\mathcal{T}$、$\mathcal{L}$、$\mathcal{V}$、$\mathcal{W}$ 和 $\mathcal{X}$ 共聚类为 $|\hat{t}|$、$|\hat{l}|$、$|\hat{v}|$、$|\hat{w}|$ 和 $|\hat{n}|$ 簇来划分 $\mathcal{X}$。设聚类社交媒体集为 $\hat{\mathcal{X}}=\{\hat{\mathcal{X}}_1,\hat{\mathcal{X}}_2,\cdots,\hat{\mathcal{X}}_{|\hat{n}|}\}$，时间聚类为 $\hat{\mathcal{T}}=\{\hat{\mathcal{T}}_1,\hat{\mathcal{T}}_2,\cdots,\hat{\mathcal{T}}_{|\hat{t}|}\}$，位置聚类为 $\hat{\mathcal{L}}=\{\hat{\mathcal{L}}_1,\hat{\mathcal{L}}_2,\cdots,\hat{\mathcal{L}}_{|\hat{l}|}\}$，视觉聚类为 $\hat{\mathcal{V}}=\{\hat{\mathcal{V}}_1,\hat{\mathcal{V}}_2,\cdots,\hat{\mathcal{V}}_{|\hat{v}|}\}$，关键词聚类为 $\hat{\mathcal{W}}=\{\hat{\mathcal{W}}_1,\hat{\mathcal{W}}_2,\cdots,\hat{\mathcal{W}}_{|\hat{w}|}\}$。设列向量 $h^x=\{h_1^x,\cdots,h_{|n|}^x\}$，$h^t=\{h_1^t,\cdots,h_{|t|}^t\}$，$h^l=\{h_1^l,\cdots,h_{|l|}^l\}$，$h^v=\{h_1^v,\cdots,h_{|v|}^v\}$，$h^w=\{h_1^w,\cdots,h_{|w|}^w\}$ 分别为 $\mathcal{X}$、$\mathcal{T}$、$\mathcal{L}$、$\mathcal{V}$、$\mathcal{W}$ 中元素分配的聚类索引。

定义 X、T、L、V、W 为离散随机变量，分别取集合 $\mathcal{X}$、$\mathcal{T}$、$\mathcal{L}$、$\mathcal{V}$、$\mathcal{W}$ 中的值，则 $X=x$、$T=t$、$L=l$、$V=v$、$W=w$ 的概率分别为 $p(x)$、$p(t)$、$p(l)$、$p(v)$、$p(w)$。$(X,T)=(x,t)$，$(X,L)=(x,l)$，$(X,V)=(x,v)$，$(X,W)=(x,w)$ 的联合概率分别定义为 $p(x,t)$、$p(x,l)$、$p(x,v)$、$p(x,w)$。作为离散随机变量，对于 $\hat{X}$、$\hat{T}$、$\hat{L}$、$\hat{V}$、$\hat{W}$，同样有 $p(\hat{\mathcal{X}})$、$p(\hat{\mathcal{T}})$、$p(\hat{\mathcal{L}})$、$p(\hat{\mathcal{V}})$、$p(\hat{\mathcal{W}})$ 和联合概率 $p(\hat{\mathcal{X}}\hat{\mathcal{T}})$，$p(\hat{\mathcal{X}}\hat{\mathcal{L}})$，$p(\hat{\mathcal{X}}\hat{\mathcal{V}})$，$p(\hat{\mathcal{X}}\hat{\mathcal{W}})$。

6.9.2 SED-RHOCC：基于高阶共聚类的社会事件检测

1. 粗事件检测

将社会事件检测视为一个共聚类问题，它将社交媒体集和所有 4 个元数据集分成几个子组，以描述特定事件的各个方面。考虑 5 个涉及集 $(\mathcal{X},\mathcal{T},\mathcal{L},\mathcal{V},\mathcal{W})$ 的聚类数量不相同，采用信息共聚类[170]对社会事件进行粗检测，因为它约束较少，符合需求。首先用社交媒体集及其关联的元数据集构造星形 K 部图，其次分别给出构建图上的相互关系模型和时间空间上的内部关系模型，最后建立实现粗事件检测的总体目标函数。

1)构造星形结构 K 部图

图中的顶点可以划分为 K 个不相交集，且任意两个不相交集之间存在边的图即为 K 部图。星形结构 K 部图是 K 部图的一种特殊情况，其中有一个中心顶点集连接其他集合，从而形成相互关系的星形结构。在本节内容中，将社交媒体本身作为中心顶点集，将四种元数据作为辅助顶点集，这些辅助顶点集相互独立，但与中心顶点集相关。

将星形结构 K 部图定义为 $(\mathcal{X},\mathcal{T},\mathcal{L},\mathcal{V},\mathcal{W},E_T,E_L,E_V,E_W)$，其中 K = 5，$E_T(i,j)=e(x_i,x_j)$ 表示第 i 个社交媒体样本和第 j 个时间间隔之间的共现时间，$E_L(i,j)=e(x_i,l_j)$ 表示第 i 个社交媒体样本和第 j 个城市之间的位置，$E_V(i,j)=e(x,v)$ 表示第 i 个社交媒体样本与第 j 个视觉词之间的关系，而 $E_W(i,j)=e(x,w)$ 表示第 i 个社交媒体样本与第 j 个关键词之间的

关系。可以通过对相应的共出现时间进行归一化来计算联合概率 $p(x,t)$、$p(x,l)$、$p(x,v)$ 和 $p(x,w)$。例如，$p(x,t)=\dfrac{e(x,t)}{1^\mathrm{T}E_T1}$。

2)K 部图中相互关系的建模

在对星形结构 K 部图的相互关系进行建模之后，进行一致信息理论共聚，将原来的高阶共聚问题划分为若干个子问题：$\mathcal{X}-\mathcal{T}$、$\mathcal{X}-\mathcal{L}$、$\mathcal{X}-\mathcal{V}$ 和 $\mathcal{X}-\mathcal{W}$ 共聚，并以它们在中心集 $\mathcal{X}$ 上的聚类结果完全相同和在某一目标函数下的整体划分最优为约束条件。与基于相互关系的共聚类的另一种解决方案——一致性二部图划分相比，一致信息理论共聚不要求每个社交媒体项目需要与一定的时间间隔、地点、视觉词和关键字聚类相关联。

根据一致信息理论共聚，目标是最小化 K 部图上互信息损失的线性组合，即

$$J_{\text{inter}} = a\Big[I(X;T)-I\big(\hat{X};\hat{T}\big)\Big]+b\Big[I(X;L)-I\big(\hat{X};\hat{L}\big)\Big]+c\Big[I(X;V)-I\big(\hat{X};\hat{V}\big)\Big]$$
$$+d\Big[I(X;W)-I\big(\hat{X};\hat{W}\big)\Big] \tag{6.55}$$

其中，参数 a、b、c、$d(a+b+c+d=1)$ 为决定更信任图中哪一部分的权重因子；$I(X;T)$ 为 X 与 T 之间的互信息，定义为

$$I(X;T)=\sum_x\sum_t p(x)p(t\,|\,x)\log\frac{p(t\,|\,x)}{p(t)} \tag{6.56}$$

式(6.55)中的第一项表示 X–T 共聚子问题，第二项表示 X–L 共聚子问题，第三项表示 X–V 共聚子问题，第四项表示 X–W 共聚子问题。

互信息损失可表示为行分布与行原型分布相对熵的加权和，或为列分布与列原型分布相对熵的加权和，如下所示：

$$I(X;T)-I\big(\hat{X};\hat{T}\big)=\sum_{\hat{\mathcal{X}}}\sum_{x\in\hat{\mathcal{X}}}p(x)D(p(T|x)\,\|\,q(T\,|\,\hat{\mathcal{X}}))$$

$$I(X;T)-I\big(\hat{X};\hat{T}\big)=\sum_{\hat{\mathcal{T}}}\sum_{t\in\hat{\mathcal{T}}}p(t)D(p(X|t)\,\|\,q(X\,|\,\hat{\mathcal{T}}))$$

$$I(X;L)-I\big(\hat{X};\hat{L}\big)=\sum_{\hat{\mathcal{X}}}\sum_{x\in\hat{\mathcal{X}}}p(x)D(p(L|x)\,\|\,q(L\,|\,\hat{\mathcal{X}}))$$

$$I(X;L)-I\big(\hat{X};\hat{L}\big)=\sum_{\hat{\mathcal{L}}}\sum_{l\in\hat{\mathcal{L}}}p(l)D(p(X|l)\,\|\,q(X\,|\,\hat{\mathcal{L}}))$$

$$I(X;T)-I\big(\hat{X};\hat{V}\big)=\sum_{\hat{\mathcal{X}}}\sum_{x\in\hat{\mathcal{X}}}p(x)D(p(V|x)\,\|\,q(V\,|\,\hat{\mathcal{X}}))$$

$$I(X;T)-I\big(\hat{X};\hat{V}\big)=\sum_{\hat{\mathcal{V}}}\sum_{v\in\hat{\mathcal{V}}}p(v)D(p(X|v)\,\|\,q(X\,|\,\hat{\mathcal{V}}))$$

$$I(X;T)-I\big(\hat{X};\hat{W}\big)=\sum_{\hat{\mathcal{X}}}\sum_{x\in\hat{\mathcal{X}}}p(x)D(p(W|x)\,\|\,q(W\,|\,\hat{\mathcal{X}}))$$

$$I(X;T)-I\big(\hat{X};\hat{W}\big)=\sum_{\hat{\mathcal{W}}}\sum_{w\in\hat{\mathcal{W}}}p(w)D(p(X|w)\,\|\,q(X\,|\,\hat{\mathcal{W}}))$$

其中，$q(t|\hat{\mathcal{X}})=p(t\,|\,\hat{T})p(\hat{T}\,|\,\hat{\mathcal{X}})$，类似的还有 $q(x|\hat{T})$、$q(l|\hat{\mathcal{X}})$、$q(x|\hat{\mathcal{L}})$、$q(v|\hat{\mathcal{X}})$ 等。$D(\cdot\,\|\,\cdot)$ 为相对熵，也称为 KL 散度（Kullback-Leibler divergence）。

为了解决整体一致的共聚类问题，我们首先优化每个子问题，然后通过最小化方程来确定中心集 $\mathcal{X}$ 的聚类结果，并需要基于前述的 $\mathcal{T}$、$\mathcal{L}$、$\mathcal{V}$、$\mathcal{W}$ 的聚类结果。

3）基于时空的内部关系建模

除了 K 部图中的相互关系外，我们还要求聚类分配在 $\mathcal{T}$ 上是平滑的。因此，在共聚类任务中应该考虑对 $\mathcal{T}$ 的全局正则化。设 S 为对称权矩阵。$S(i,j)$ 的每个元素度量第 i 个和第 j 个时间间隔之间的相似性，并假定为非负的。将时间值表示为经过的天数。如果两次相隔一周以上，它们的相似度为 0。否则，两个时间戳 t_i 和 t_j 之间的相似度计算为

$$S(i,j) = 1 - \frac{|t_i - t_j|}{\tau} \tag{6.57}$$

其中，$\tau = 7$ 为一周的天数；列向量 h^t 为 $\mathcal{T}$ 中的元素分配的簇索引。对时间空间有如下目标函数：

$$J_{\text{intra}} = \sum_{i \neq j} (h_i^t - h_j^t)^2 S(i,j) \tag{6.58}$$

直观地说，如果 t_i 和 t_j 更相似，即 $S(i,j)$ 更大，那么 $|h_i^t - h_j^t|$ 应该更小。定义拉普拉斯矩阵 G 及其对应的对角矩阵 D 为

$$G = D - S \tag{6.59}$$

其中，$D_{ii} = \sum_{i \neq j} S(i,j) \forall i$。那么 J_{intra} 可以减少到

$$J_{\text{intra}} = (h^t)^{\mathrm{T}} G h^t \tag{6.60}$$

4）粗事件检测的统一问题表述

通过对上述两种折叠进行运算，即对 K 部图上的相互关系和 $\mathcal{T}$ 上的内部关系积分，得到问题的损失函数如下：

$$J = \alpha J_{\text{inter}} + (1 - \alpha) J_{\text{intra}} \tag{6.61}$$

其中，α 为平衡这两层的重量。那么目标就变成了解决以下优化问题：

$$\min_{h^x, h^t, h^l, h^v, h^w} J = \min_{h^x, h^t, h^l, h^v, h^w} \alpha \{ a[I(X;T) - I(\hat{X};\hat{T})] + b[I(X;L) - I(\hat{X};\hat{L})] \\ + c[I(X;V) - I(\hat{X};\hat{V})] + d[I(X;W) - I(\hat{X};\hat{W})] \} + (1 - \alpha)(h^t)^{\mathrm{T}} G h^t \tag{6.62}$$

2. 聚类和样本细化

提供一种启发式方法来修剪和精练得到的聚类及其相应的社交媒体样本。该过程包括两个步骤：①过滤和合并聚类；②修剪和补充社交媒体样本。

对于聚类，由于不知道聚类的最终数量，一些错误值大于预定义的"错误截止值"的聚类将被归档。在这一步中，"最接近"的一对簇(它们之间的距离较小)将被合并成一个新的簇。

对于社交媒体样本，需要修剪嘈杂的样本，补充错误丢弃的样本。假设分配给同一事件的社交媒体样本在给定的 4 种类型元数据中应该是相似的。定义 x 到其聚类中心 $\hat{\mathcal{X}}$ 的总距离为

$$\text{dis} = a\left|t - t_c\right| + b\sigma\left(l - l_c\right) + c\left|v - v_c\right|_2^2 + d\left|w - w_c\right|_2^2 \tag{6.63}$$

其中，若 $l = l_c$，则 $\sigma(l - l_c) = 0$；否则为 1。$|\cdot|_2^2$ 是向量的 ℓ_2 范数；$t_c = \sum\limits_{j:x_j \in \hat{X}} t_j$，$l_c$ 为 $\hat{\mathcal{X}}$ 中关联最紧密的城市（地点），$v_c = \sum\limits_{j:x_j \in \hat{X}} v_j$，$w_c = \sum\limits_{j:x_j \in \hat{X}} w$。对距离大于预定义阈值的样本进行修剪。

目标函数［式（6.62）］可以通过迭代过程进行优化。如果确定了聚类分配 h^t、h^l、h^v、h^w，那么使用以下等式可以得到 x_i 的最佳分配 $(h_i^x)^*$：

$$
\begin{aligned}
(h_i^x)^* = \arg\min_{h_i^x} aD(p(T|x_i) \| q(T|\hat{\mathcal{X}}) + bD(p(L|x_i) \| q(L|\hat{\mathcal{X}}) \\
+ cD(p(V|x_i) \| q(V|\hat{\mathcal{X}}) + dD(p(W|x_i) \| q(W|\hat{\mathcal{X}})
\end{aligned}
\tag{6.64}
$$

同样，$(h_i^t)^*$、$(h_i^l)^*$、$(h_i^v)^*$、$(h_i^w)^*$ 可由下面的式子得出：

$$
\begin{cases}
(h_i^t)^* = \arg\min\limits_{h_i^t} \alpha a D(p(X|t_i) \| q(X|\hat{T})) + (1-\alpha)(h^t)^{\mathrm{T}} G h^t \\
(h_i^l)^* = \arg\min\limits_{h_i^l} b D(p(X|l_i) \| q(X|\hat{L})) \\
(h_i^v)^* = \arg\min\limits_{h_i^v} \alpha a D(p(X|v_i) \| q(X|\hat{V})) \\
(h_i^w)^* = \arg\min\limits_{h_i^w} \alpha a D(p(X|w_i) \| q(X|\hat{W}))
\end{cases}
$$

6.10　本 章 小 结

在深度学习时代到来之前，人们就已经在探讨检测事件的方法了。过去，社会事件检测主要依赖于数据挖掘和规则等方式，这也为之后深度学习时代的社会事件检测开辟了道路，为我们提供了更全面的社交数据分析和决策支持，具有不可替代的作用，促进社会的发展和进步。社会事件检测的研究和应用将继续推动社交媒体分析和信息科学的发展，对推动社会进步和智能化决策具有重要意义。

（1）回顾性事件检测是对语料库中的故事进行分组的任务，其中每个组唯一地标识一个事件。在线事件检测是在每个文档到达时按顺序标记 Near 或 Old 标志的问题，指示当前文档是否为当时讨论新事件的第一个故事。

（2）新事件检测方法使用单次聚类算法和一种新的阈值模型，该模型将事件的属性作为主要组成部分。

（3）原始的 LDA 设置创建单一语言的单词分布，然而，LDA 的一个重要特性是互换性，这意味着主题模型中主题的顺序可以在不影响模型有效性的情况下进行排列。当独立学习两个模型时，不能保证主题表示具有可比性，通过拓展该算法可以同时学习两组不同语言的主题，基于在两种语言的可比性语料库上训练的概率主题模型可以获得语言间信息。

（4）介绍了一种监测推文和检测目标事件的算法。为了检测目标事件，基于推文中的关键字、单词数量及其上下文等特征设计了推文分类器。随后，为目标事件建立了一个概率时空模型，该模型可以找到事件位置的中心和轨迹。将每个 Twitter 用户视为一个传感器，并应用卡尔曼滤波器和粒子滤波器估计事件中心，这两种方法在普适计算中广泛用于位置估计。

(5)考虑一个动态现象，其行为随时间的变化足以被认为是一个重大的质的变化，这一现象被称为变化点检测问题。还介绍了一种迭代算法，该算法将模型拟合到一个时间段，并使用似然准则来确定该时间段是否应该进一步划分，即如果它包含一个新的变化点，则对变化点之间的区间进行曲线拟合并用合成数据和实际数据评估了它们的行为。

(6)EDCoW 通过对单词基于频率的原始信号应用小波分析来构建单个单词的信号。然后，通过查看它们相应的信号自相关来过滤掉琐碎的单词，再使用基于模块化的图划分技术对剩余的单词进行聚类以形成事件。

(7)介绍了一个用于分析随时间变化的社会网络中的社区检测问题的方法，该方法基于动态图离散化和图聚类，旨在有效地可视化演化关系和隐式层次结构。该方法通过可视化来识别社会网络中不断变化的关系,通过观察社会结构中的任何激进变化来发现重要事件，并通过总结社会网络动态来推断角色等级。

(8)介绍了一种无参数概率方法(特征枢轴聚类)。该方法充分利用时间信息，以确定可能出现在不同时间窗口中的一组突发特征。

(9)介绍了一种社会事件检测方法，该方法的优点是：①在共聚类过程中，构建星形结构 K 部图对异构元数据进行融合，避免了融合前期和后期的信息丢失；②考虑时间空间内的相互关系，提高聚类性能；③采用信息论的共聚类框架，对每个元数据集的聚类个数没有限制。

第7章 无监督式的社交网络表示学习及事件检测

社交网络是现代社会中人们交流、分享的重要平台之一。随着社交网络的发展和普及，海量的用户生成的数据被广泛地共享，其中包含着丰富的信息和知识。因此，如何从这些数据中提取有用的信息并进行进一步的分析和应用成为一个热门的研究方向。在实际应用中，由于社交网络的规模和多样性，无法对所有的节点和边进行标注，这限制了监督式方法的应用。为了克服监督式学习的限制，无监督式的社交网络表示学习方法被提出。无监督式方法利用节点和边本身的属性和拓扑结构进行学习，不需要额外的标注信息。传统的事件检测方法通常依赖于关键词匹配、模式挖掘等技术。然而，这些方法往往面临着准确性、实时性和语义理解等挑战。为了克服这些问题，无监督式的社交网络事件检测方法被提出。无监督式的事件检测方法不需要依赖于人工标注的训练数据，而是通过分析社交网络中的内容和用户行为，自动地发现和识别具有时效性和新闻价值的事件。这些方法通常基于社交网络中的信息传播模式和内容特征进行建模，使用机器学习和数据挖掘的技术对事件进行发现和识别。本章将介绍一些基于无监督的表示学习以及事件检测方法。

7.1 基于神经网络的无监督词增量表示学习

主流的无监督神经网络表示学习模型包括连续词袋（continuous bag-of-words，CBOW）模型和 Skip-gram 模型。其中，CBOW 模型是以滑动窗口内训练输出词的同窗口上下文词作为输入，并且以最大化的概率来预测当前输出词作为无监督的目标函数；与 CBOW 模型思路正好相反，Skip-gram 模型的思路是以最大化概率来预测滑动窗口内训练输入词的上下文作为模型目标函数。假设，语料库中词序列 $\{w_1, w_2, \cdots, w_\phi\}$ 的集合为 W，滑动窗口的大小为 $2c$，那么，CBOW 模型和 Skip-gram 模型的目标函数分别可以被形式化为

$$L_{\text{CBOW}} = \sum_{w \in W} \log[P(w \mid \text{Context}(w))] \tag{7.1}$$

$$L_{\text{Skip-gram}} = \sum_{w \in W} \log[P(w \mid \text{Context}(w) \mid w)] \tag{7.2}$$

其中，P 为概率函数；$\text{Context}(\cdot)$ 为上下文融合语义表达函数。当训练的输入是 $w(t-2)$、$w(t-1)$、$w(t+1)$、$w(t+2)$ 时，CBOW 模型的输出是 $w(t)$；当训练的输入是 $w(t)$ 时，Skip-gram 模型的输出是 $w(t-2)$、$w(t-1)$、$w(t+1)$、$w(t+2)$。如何构造上述的 $\text{Context}(\cdot)$ 函数并优化 L_{CBOW} 和 $L_{\text{Skip-gram}}$ 是关键，两类主流方法包括基于哈夫曼树的层次化 softmax 和负采样方法，这两类方法都可以优化 CBOW 模型和 Skip-gram 模型。在层次化 softmax 方法中，哈夫曼树的构建基于语料库集合 W 中每个词的词频分布，树上叶节点即为词，中

间节点即为模型中间参数的节点；在负采样方法中，也需要为每个词计算负采样的概率分布，计算方法为

$$\mathrm{Pro}(w) = \frac{\mathrm{count}(w)^{\frac{3}{4}}}{\sum\limits_{u\in D}\mathrm{count}(u)^{\frac{3}{4}}} \tag{7.3}$$

其中，$\mathrm{count}(w)$ 为词 w 在语料集合 W 中所出现的次数；D 为语料集合中词的集合，即字典集合。

基于 CBOW 模型和 Skip-gram 模型，与层次化 softmax 优化和负采样优化的组合有 4 类，其中应用最为广泛的是基于层次化 softmax 优化的 CBOW 模型和基于负采样优化的 Skip-gram 模型，它们都是经典静态表征计算模型。接下来分别介绍这两类模型。

(1)假设由语料集合 W 的词频分布所构建的哈夫曼树结构是 T，对于任意词 w，其上下文为 $\mathrm{Context}(w)$，并且上下文词向量之和表示为 $X_w = \sum\limits_{-c\le j\le c, j\ne 0} w_j$，$L^w$ 记为哈夫曼树结构上词 w 所对应的路径的长度，p_i^w 表示该哈夫曼路径上从根往下第 i 个节点，$d_i^w \in \{0,1\}$ 表示该哈夫曼路径上第 i 个节点的哈夫曼码值，θ_i^w 表示哈夫曼路径上节点的向量表示，$\theta_{L^w}^w$ 表示词 w 的向量化表示。在 CBOW 模型中，滑动窗口训练输入是上下文 $\mathrm{Context}(w)$ 的所有词，模型使得预测词 w 的概率最大，则基于层次化 softmax 优化的 CBOW 模型的对数似然目标函数可表示为

$$L_{\mathrm{CBOW}} = \sum_{w\in W}\log[P(w\,|\,\mathrm{Context}(w))] = \sum_{w\in W}\sum_{i=2}^{L^w} l(w,i) \tag{7.4}$$

其中，$l(w,i) = (1-d_i^w)\log\Big[\sigma\big(X_w^{\mathrm{T}}\theta_{i-1}^w\big)\Big] + d_i^w\log\Big[1-\sigma\big(X_w^{\mathrm{T}}\theta_{i-1}^w\big)\Big]$，$\sigma = \dfrac{1}{(1-\exp(-x))}$ 为激活函数。按照该目标函数满足概率最大化的原则，采用随机梯度上升的方法，包括参数向量 θ_{i-1}^w 和词向量的迭代公式为

$$\theta_{i-1}^w = \theta_{i-1}^w + \eta\Big[1-d_i^w - \sigma\big(X_w^{\mathrm{T}}\theta_{i-1}^w\big)\Big]X_w \tag{7.5}$$

$$v(w) = v(w) + \eta\sum_{i=2}^{L^w}\frac{\partial l(w,i)}{\partial X_w} \tag{7.6}$$

其中，η 为衰减学习率，其满足衰减函数式：

$$\eta = \eta_0\left(1-\frac{\kappa}{\phi+1}\right) \tag{7.7}$$

其中，η_0 为衰减学习率的初始值；$\dfrac{\kappa}{\phi+1}$ 为语料集合 W 中词的个数；κ 为已经训练的语料。一般衰减学习率在实际迭代过程中是阶梯衰减函数。

(2)负采样是噪声对比估计模型的简化版本，其目的在于提高训练速度并改善所得词向量的质量。基于负采样优化的 Skip-gram 模型在训练每个词时，只需要有相对简单的随机负采样，该方法可大幅提高表征模型计算性能，所以负采样是层次化 softmax 的替代优化方法。对于负采样优化的 Skip-gram 模型，滑动窗口训练的输入是词 w，模型使得预测

该词上下文 Context(w) 中所有词同时出现概率最大。若将上下文 Context(w) 中的词记录为正样本，其他词则为负样本。基于负采样优化的 Skip-gram 模型的目标函数可以表示为

$$L_{\text{Skip-gram}} = \sum_{w \in W} \sum_{\overline{w} \in \text{Context}(w)} \sum_{u \in \{w\} \cup NEG^{\overline{w}}(w)} \left\{ L^w(u) \log\left[\sigma\left(v(\overline{w})^{\text{T}} \theta^u \right) \right] + [1 - L^w(u)] \log\left[1 - \sigma\left(v(\overline{w})^{\text{T}} \theta^u \right) \right] \right\}$$

(7.8)

其中，$L^w(u)$ 标识词 u 是否为正样本，若 u 为正样本，则 $L^w(u) = 1$；若 u 为负样本，则 $L^w(u) = 0$。按照该目标函数满足概率最大化的原则，采用随机梯度上升的方法，包括参数向量 θ^u 和词向量的迭代公式为

$$\theta^u = \theta^u + \eta \left[L^w(u) - \sigma\left(v(\overline{w})^{\text{T}} \theta^u \right) \right] v(\overline{w})$$

(7.9)

$$v(w) = v(w) + \eta \sum_{u \in \{w\} \cup NEG^{\overline{w}}(w)} \frac{\partial l(w, \overline{w}, u)}{\partial v(\overline{w})}$$

(7.10)

其中，η 为衰减学习率，其与 CBOW 模型中衰减函数满足同样的阶梯递减迭代规律。

7.2 基于矩阵分解的无监督词增量表示学习

除了基于 CBOW 和 Skip-gram 的神经网络表示学习模型，还有一类主流模型，即基于共现矩阵分解的 GloVe 模型，其结合了全局特征的矩阵分解方法和局部上下文语义表征的方法，即在滑动窗口内进行词共现矩阵的分解，其目标函数为

$$L_{\text{GloVe}} = \sum_{i,j=1}^{V} f(X_{ij})(W_i^{\text{T}} \overline{W}_j + b_i + \overline{b}_j - \log(X_{ij}))^2$$

(7.11)

其中，V 为词共现矩阵；W_i^{T} 和 $\overline{W}_j$ 为词向量；b_i 和 $\overline{b}_j$ 为词向量和上下文向量的偏置项；X_{ij} 为词共现值；$f(X_{ij})$ 为分段的权重函数：

$$f(X_{ij}) = \begin{cases} (x / x_{\max})^{0.75}, & x < x_{\max} \\ 1, & \text{其他} \end{cases}$$

(7.12)

基于随机梯度优化方法，上述 4 类参数的迭代优化公式如下：

$$W_i^{\text{T}} = W_i^{\text{T}} - \eta f(X_{ij})(W_i^{\text{T}} \overline{W}_j + b_i + \overline{b}_j - \log(X_{ij})) \overline{W}_j$$

(7.13)

$$\overline{W}_j = \overline{W}_j - \eta f(X_{ij})(W_i^{\text{T}} \overline{W}_j + b_i + \overline{b}_j - \log(X_{ij})) W_i^{\text{T}}$$

(7.14)

$$b_i = b_i - \eta f(X_{ij})(W_i^{\text{T}} \overline{W}_j + b_i + \overline{b}_j - \log(X_{ij}))$$

(7.15)

$$\overline{b}_j = \overline{b}_j - \eta f(X_{ij})(W_i^{\text{T}} \overline{W}_j + b_i + \overline{b}_j - \log(X_{ij}))$$

(7.16)

其中，η 为衰减学习率。在增量场景，当语料库从 W 增长到 W' 时，新词共现矩阵中元素可分解为 $X'_{ij} = X_{ij} + X_{ij}$，且 $i, j = 1, 2, \cdots, V$。衰减函数可分解为 $f(X'_{ij}) = f(X_{ij} + \Delta X_{ij}) = f(X_{ij}) + \overline{h}$。同理，目标函数可分解为

$$L'_{\text{GloVe}} = L_{\text{GloVe}} + \sum_{i,j=1}^{V} f(X_{ij})(L^2(X_{ij}) - 2ML(X_{ij})) + \sum_{i,j=1}^{V} \overline{h}(M - L(X_{ij}))^2$$

(7.17)

其中，$M = W_i'^{\mathrm{T}} \bar{W}_j' + b_i + \bar{b}_j - \log(X_{ij})$，$L(X_{ij}) = \log(1 + \Delta X_{ij} / X_{ij})$。采用随机梯度方法，4 类向量迭代表达式为

$$W_i'^{\mathrm{T}} = W_i'^{\mathrm{T}} - \eta' f(X_{ij}) L(X_{ij}) - \bar{h}(X_{ij} - L(X_{ij})) \bar{W}_j' \tag{7.18}$$

$$\bar{W}_j' = \bar{W}_j' - \eta' f(X_{ij}) L(X_{ij}) - \bar{h}(X_{ij} - L(X_{ij})) W_i'^{\mathrm{T}} \tag{7.19}$$

$$b_i' = b_i - \eta' f(X_{ij}) L(X_{ij}) - \bar{h}(X_{ij} - L(X_{ij})) \tag{7.20}$$

$$\bar{b}_j' = \bar{b}_j - \eta' f(X_{ij}) L(X_{ij}) - \bar{h}(X_{ij} - L(X_{ij})) \tag{7.21}$$

接下来从模型收敛性方面证明基于 GloVe 的增量模型的正确性。由于该类模型属于非凸优化问题，对 4 类参数分别求二阶导数：

$$\nabla^2_{W_i'^{\mathrm{T}}} = 2 \sum_{i,j=1}^V f(X_{ij} + \Delta X_{ij})(\bar{W}_i' W_j'^{\mathrm{T}}) \tag{7.22}$$

$$\nabla^2_{W_j'^{\mathrm{T}}} = 2 \sum_{i,j=1}^V f(X_{ij} + \Delta X_{ij})(\bar{W}_j' W_i'^{\mathrm{T}}) \tag{7.23}$$

可得 $\nabla^2_{b_i'} = \nabla^2_{b_j'} = 2$，由于衰减函数 $f \in [0,1]$，且 $\bar{W}_i' W_j'^{\mathrm{T}} \geq 0$ 或 $\bar{W}_j' W_i'^{\mathrm{T}} \geq 0$，增量模型采用的随机梯度优化方法具有收敛性。

7.3　动态社交网络无监督表示学习

在流式社交网络环境，除了有增量的社交文本，大量的社交用户关系网络都是动态更新的。例如，微博用户关系网络都是随着时间不断变化的，包括新的好友关系或关注关系、取消好友或关注关系等。因此，本节介绍网络动态更新的基于随机游走的无监督网络节点表示学习方法，并且应用于主流的 DeepWalk 和 Node2Vec 模型之上。尽管原始的 DeepWalk 采用了基于层次化 softmax 优化的 CBOW 模型，鉴于其与负采样优化的 Skip-gram 模型的等效性，本节均采用基于随机游走和负采样优化的 Skip-gram 网络表示学习模型设计增量网络节点表示学习方法。

假设 t 时刻的网络结构是 W，$t+1$ 时刻的网络结构是 W'，则网络结构可以形式化为

$$W' = W + \Delta W_{\mathrm{inc}} - \Delta W_{\mathrm{dis}} \tag{7.24}$$

其中，ΔW_{inc} 和 ΔW_{dis} 分别为新增加节点与连边的网络子图与消失节点和连边的网络子图。首先，采用节点参数和向量继承的方法完成参数和向量的初始化。

$$v'(u) = \begin{cases} v(u), & u \in W \\ \text{随机值}, & u \notin W \end{cases} \tag{7.25}$$

$$\bar{v}'(u) = \begin{cases} \bar{v}(u), & u \in W \\ \text{随机值}, & u \notin W \end{cases} \tag{7.26}$$

其中，$v(u)$ 与 $v'(u)$、$\bar{v}(u)$ 与 $\bar{v}'(u)$ 分别为新旧网络中节点向量表示和节点参数。由于社交用户网络一般规模较大，在动态的社交用户网络中，假设节点的新增或减少的影响都是局部的。因此，可以根据网络结构的局部性连边的变化采样局部子图的节点序列，实现不

同梯度的模型更新。当 Skip-gram 模型的滑动窗口是 $2c$ 时，可以对每次更新的局部节点构建局部影响子图，并且可根据随机游走的生成节点序列生成负采样节点分布。对于网络结构 W'，无监督表示学习的目标函数可表示为

$$\max_f \sum_{u \in w} \log[\Pr(N_{S'}(u) \mid f(u)] \tag{7.27}$$

其中，f 为网络节点到节点表示的映射函数；$N_{S'}(u)$ 为节点 u 在图邻域内的上下文节点。

对于网络结构 w'，增量的无监督表示学习的目标函数可分解为

$$\max_f \sum_{u \in w} \left[-\log Z_u + \sum_{n_i \in N_S(u)} f(n_i)f(u) \right] + \left(\sum_{u \in W_{inc}} - \sum_{u \in W_{dis}} \right) \left[-\log Z_u + \sum_{n_i \in N_{S'}(u)} f(n_i)f(u) \right] \tag{7.28}$$

其中，$Z_u = \sum_{u \in w'} \exp(f(u)f(v))$，并且该部分计算复杂度较高，故而采用了负采样策略优化目标函数，S 和 S' 分别表示旧网络和新网络的节点采样策略。该增量目标函数的设计理念是：首先从旧网络继承了全部的参数向量和节点向量，并且针对消失子图部分的影响子图和新增子图部分的影响子图分别做随机游走采样；然后将新网络表示学习目标函数按照旧网络、消失子网络和新增子网络做线性划分，并且改变部分子网络训练的采样策略函数为 S'。

当网络结构从 W 演变为 W'，随机采样节点序列即从 n 变化为 N，并且对消失子图部分和新增子图部分的影响子图的影响，随机游走采样节点序列长度分别为 n_{van} 和 n_{add}，则增量目标训练函数可分解为

$$L_{ISGNS}(\theta) = -\left\{ \begin{array}{l} \dfrac{1}{n} \sum_{i=1}^{n} \sum_{|j|<c,\, j>0} \psi^+_{w_i,w_{i+j}} + kE_{v \sim q_n(v)} \left[\psi^-_{w_i,v} \right] + \left(\dfrac{1}{n_{add}} - \dfrac{1}{n_{van}} \right) \\[2mm] \sum_{i=1}^{N} \sum_{|j|<c,\, j\neq 0} \psi^+_{w_i,w_{i+j}} + kE_{v \sim q_N(v)} \left[\psi^-_{w_i,v} \right] \end{array} \right\} \tag{7.29}$$

其中，$\theta = (t_1, t_2, t_3, \cdots, t_{W'}, c_1, c_2, c_3, \cdots, c_{W'})$，为模型的节点向量及其上下文参数向量；$q_n(v) = \dfrac{f_n^{\frac{3}{4}}(v)}{\sum_{v' \in W} f_n^{\frac{3}{4}}(v')}$，为旧网络的误差噪声估计函数；$\psi^+_{w,v} = \log\left[\sigma(t_w, c_v) \right]$，$\psi^-_{w,v} = \log[\sigma(-t_w, c_v)]$，$\sigma(x)$ 为激活函数；k 为采样样本个数。因此，增量训练与批量式训练的目标函数差值可以表示为

$$\Delta L_{DI}(\theta) = \frac{2ck}{n} \sum_{i=1}^{n} \sum_{w,v \in W'} \delta_{w_i,v}(q_N(v), q_n(v)) \psi^-_{w,v} \tag{7.30}$$

下面证明目标函数差值的有界性及收敛性。假设随机变量 $X_{i,w}$ 表示 $\delta_{w_i,w}$，则对任意 i 和 j，有期望 $E[X_{i,w}] = \mu_w$，以及方差 $V[X_{i,w}, X_{j,w}] = \rho_{w,v}$。记随机变量 $Y_{i,w}$ 表示 $q_N(v)$，对于任意的 i 和 $j(i < j)$ 可得

$$\begin{aligned} E\left[X_{i,w}, Y_{j,v} \right] &= E\left[X_{i,w} \frac{1}{j} \sum_{j'}^{j} X_{j',v} \right] = \frac{1}{j} \sum_{j'=1}^{j} E[X_{i,w} X_{j',w}] \\ &= \frac{1}{j} \sum_{j'=1}^{j} E[X_{i,w}] E[X_{j',w}] + V[X_{i,w}, X_{j',w}] \end{aligned} \tag{7.31}$$

因此，$E\left[X_{i,w},Y_{j,v}\right]=\mu_w\mu_v+\dfrac{1}{j}\rho_{w,v}$。则目标函数差值的期望可以被表示为

$$E\left[\Delta L_{DI}(\theta)\right]=\frac{2ck}{n}\left(\frac{1}{N}-\frac{1}{n}\right)\sum_{w,v\in W'}^{j}\rho_{w,v}\psi_{w,v}^{-} \tag{7.32}$$

其中，$\rho_{w,v}$ 为 $X_{i,w}$ 和 $X_{j,w}$ 的协方差，并且 $\sum\limits_{w,v\in W'}^{j}\rho_{w,v}\psi_{w,v}^{-}\ll 1$。因此，$E\left[\Delta L_{DI}(\theta)\right]=O\left(\dfrac{1}{n^2}\right)$，即目标函数差值的期望极限值为 $\lim\limits_{n\to\infty}E\left[\Delta L_{DI}(\theta)\right]=0$。同理，可以证明目标函数差值的二阶矩满足：

$$E\left[\Delta L_{DI}^2(\theta)\right]<\sum_{w,v}\left[\frac{24c^2k^2}{L^2T^2}+O\left(\frac{1}{n}\right)\right]\psi_{w,v}^{-2} \tag{7.33}$$

其中，L 为每一轮的随机游走步长数；T 为以每个节点为起点的随机游走次数。目标函数差值二阶矩的极限 $\lim\limits_{n\to\infty}E\left[\Delta L_{DI}(\theta)\right]=O(1)$。至此，动态网络无监督增量表示学习模型的目标函数差值期望的极限值收敛于零，并且目标函数差值的方差的极限值稳定。由此可见，动态网络节点表示学习在网络节点数量越大时，误差越小。

7.4　无监督主题嵌入故事的社会事件检测

在没有复杂的人工注释的情况下，实时无监督地发现具有相关新闻文章的故事有助于人们处理庞大的新闻流。目前，关于无监督在线故事发现的研究中，一种常见的方法是使用基于符号或图形的嵌入来表示新闻文章，并逐步将其聚类成故事。最近，大规模语言模型的出现有望进一步改进嵌入，但直接采用这些模型对于处理文本丰富且不断发展的新闻流来说是无效的，因为它们会不加区别地编码文章中的所有信息。本节介绍一种新颖的主题嵌入[171]，它使用现成的预训练句子编码器来动态地表示文章和故事。为了实现无监督在线故事发现的想法，我们介绍一个可扩展的框架，即基于可扩展主题嵌入的无监督事件发现（用 USTORY 表示）[171]，其中包含两种主要技术：主题和时间感知动态嵌入和新颖性感知自适应聚类。该技术由轻量级故事摘要推动，并在真实新闻数据集中进行了全面评估，以衡量其性能。

7.4.1　问题定义

令 $a=[s_1,s_2,\cdots,s_{|a|}]$ 是一篇由句子组成的新闻文章，并且 $C=[a_1,a_2,\cdots,a_{|C|}]$ 是一个新闻故事（或简单的故事），由具有独特主题的相关文章组成，如加利福尼亚洪水，并在一定时间内连续发表。我们假设每一篇文章都属于一个故事，每个故事至少有 M 篇文章。新闻流 $\mathcal{A}=(\cdots,a_{i-1},a_i,a_{i+1},\cdots)$ 是连续发布在时间戳 t_{a_i} 上的无界文章序列。

定义 7.1　无监督的在线故事发现：给定一个新闻流 $\mathcal{A}$，无监督的在线故事发现是在没有任何人工监督或故事标签的情况下，从每个滑动窗口 $\mathcal{W}$ 中的文章中递增地更新一组故事 $C_{\mathcal{W}}$。

7.4.2　主题嵌入

USTORY 利用现成的预训练句子编码器(pretrained sentence encoder，PSE)，将句子视为嵌入文章的构建块，其优势在于利用 PSE 嵌入长篇文章(多达数十个句子)可以提供各种设计选择。例如，直接连接或均值池化句子。PSE 可以有效地捕捉文章中各个句子的局部语义，但句子不一定与文章故事的主题相关。因此，USTORY 采用 PSE 进行主题嵌入，首先根据特定的新闻流背景识别文章的时间主题，然后根据文章和故事的主题和时间相关性动态嵌入文章和故事。

1. 时间主题识别

假设语料库是在一段时间内收集的一组文章，每个语料库都必须有一个时间主题，该主题唯一地代表语料库，尤其是在语料库的最新时间上下文中。通过关键词检索过程对时间主题进行建模，因为它是高效的。

用一个简单的标记化管道挖掘关键词，用不同的关键词组合显式地表示主题是有效的。具体来说，通过联合考虑最近性、流行性和关键词的独特性来识别语料库集合中其中一个语料库主题关键词。

为此，自然地将时间衰减特性纳入用于判别信息检索的流行排序函数，以识别主题关键词。

主题词：给定上下文语料库 D 中的一个目标语料库 d，在某一时刻最能描述 d 的时间主题的顶级的主题词集 $\mathcal{K}_d$ 是

$$\mathcal{K}_d = \left\{ \left(k_1, w_{k_1} \right), \left(k_2, w_{k_2} \right), \cdots, \left(k_N, w_{k_N} \right) \right\} \tag{7.34}$$

其中，

$$w_k = \text{rec} - \text{pop}(k, d, t_c) \cdot \text{dist}(k, D) = \sum_{k^j \in \mathcal{T}_d} \exp\left(-\frac{\left| t_{k^j} - t_c \right|}{\delta_k} \right) \cdot \log\left(\frac{\left| d_i \in D \right| + 1}{\left| d_i \in D : k \in \mathcal{T}_{d_i} \right| + 1} + 1 \right)$$

k_i 为在 d 中出现的一个单令牌术语或多令牌术语，按照重要性 w_{ki} 进行排序；$\mathcal{T}_d$ 为在 d 中出现的所有术语的集合。

得分函数 $\text{rec} - \text{pop}(k, d, t_c)$ 为随时间衰减的词频率，其中每个词在时间 t_{k^j} 内的出现次数 k^j 都被计算在内(表示流行度)，同时根据其与 t_c (用于最近度)的时间差指数衰减；得分函数 $\text{dist}(k, D)$ 为反比语料频率，用于衡量 k 在 D 中的独特性(用于独特性)；衰减因子 δ_k 控制衰减的程度，可以设置为 D 的总时间。

2. 主题/时间感知动态嵌入

文章嵌入：时间主题可以作为在文章中嵌入 PSE 的关键指导，通过只关注文章中与主题相关的部分，可以最好地表现文章的主题。给定一定的时间主题，作为主题关键词的一种形式，通过将文章中句子的表示按主题相关性加权，同时考虑每个句子中发现的主题关键词的频率和重要性，动态地表示一篇文章。

文章表示：给定主题关键词集 $\mathcal{K}_d$，该主题关键词集来自上下文语料库 D 中的目标语料库 d，给定 d 的目标文章 a 的表示形式为

$$E_{a|d} = \sum_{s_l} \frac{\sum_{k_i \in \mathcal{K}_d} \left| k_i^j \in \mathcal{T}_{s_l} \right| w_{k_i}}{\sum_{k_i \in \mathcal{K}_d} \left| k_i^j \in \mathcal{T}_a \right| w_{k_i}} \mathrm{enc}(s_l) \tag{7.35}$$

其中，$\mathcal{T}_a$ 和 $\mathcal{T}_s$ 分别为 a 及其句子 s 的术语外观集；$\mathrm{enc}(s)$ 为 s 的 PSE 表示。

故事嵌入：由于一个故事基本上是一组文章，一种典型的表示方法是对所有合并的文章表示进行平均（即集群中心）。然而，这种静态的故事嵌入并不能正确地捕捉故事的时间主题，随着文章的增加，故事的时间主题会逐渐演变。因此，我们需要动态地表示给定目标文章的故事（即在文章的特定时间），通过汇集故事中文章的表示，根据它们与目标文章的时间相关性进行加权。

故事表示：给定目标文章 a 的目标故事的表示 $E_{C|a}$：

$$E_{C|a} = \sum_{a_i \in C} \frac{\exp(-|t_a - t_{a_i}|/\delta_C)}{\sum_{a_j \in C} \exp(-|t_a - t_{a_j}|/\delta_C)} E_{a_i|C} \tag{7.36}$$

当将时间衰减属性应用于时间距离时，可以将衰减因子 δ_C 设定为故事的总时间跨度，即 $\delta_C = \max(t_{a_i}) - \min(t_{a_i}), a_i \in C$。

7.4.3　USTORY：通过可扩展主题嵌入从新闻流中发现无监督故事

使用前文所述的主题嵌入，USTORY 逐步将文章聚类成故事，同时自适应地发现小说故事。对于新闻流中的每个滑动窗口，USTORY 从 PSE 获取新文章的句子表示，并执行两个步骤。首先，在故事发现步骤中，如果当前窗口中没有现有的故事，它将使用自己的主题表示来识别种子故事，并通过集群中心初始化。然后，在基于信心的故事分配步骤中，它会检查未分配的文章（包括新文章），以确定它们是否可以自信地添加到现有故事中。每个文章-故事对都可动态嵌入，并根据它们的主题相似性得出置信度分数。如果得分超过阈值，则将文章分配给最具自信度的故事，并对已有故事进行总结和更新。最后，对剩余未分配的文章采取新故事发现步骤，形成新故事，并报告所有当前发现的故事。USTORY 架构如图 7.1 所示，接下来我们对其进行具体介绍。

1. 故事发现

初始文章嵌入：当没有现有的故事或可信的故事可分配时，使用未分配的文章（例如新发布的或以前未分配的）来寻找新的种子故事。由于没有现成的主题或足够的主题可以考虑，因此确定每篇文章本身的独特主题，以便对文章进行主题嵌入。具体来说，上下文语料库 D 成为滑动窗口 $\mathcal{W}$ 中的所有文章，目标语料库 d 成为目标文章 a。然后，导出文章指示性主题关键词集 K_a，得到文章 a 的表达式 $E_{a|\{a\}}$。

种子故事发现：一旦文章被嵌入以更好地揭示主题，相似主题下的文章比不同主题下的文章更有可能互相接近。因此，典型的聚类中心初始化技术可以应用于未分配文章的主

题嵌入初始表示，以找到新的种子故事。受常用的 k-means++初始化的启发，USTORY 找到惯性最小的种子中心(即每篇文章与其中心之间的余弦相似度之和)，以获得最具主题特色的种子故事。种子的数量可以通过将未分配的文章数除以启动一个故事的最小文章数 M 来确定，这取决于用户偏好和应用程序需求。

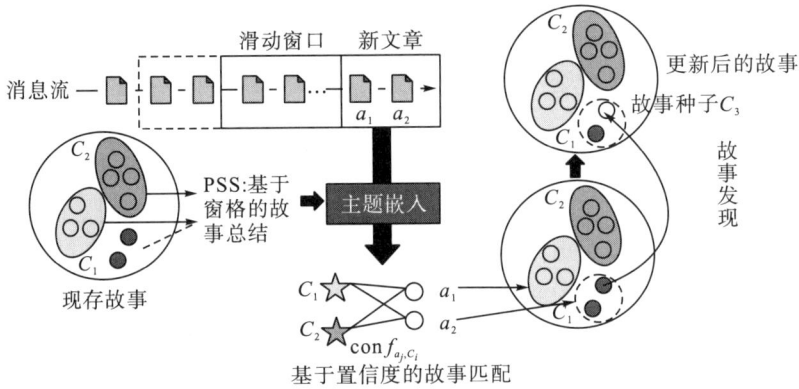

图 7.1   USTORY 架构

2. 基于置信度的故事匹配

当有已存在的故事时，每个未分配的文章被评估并分配给其中一个故事。具体而言，我们通过更新现有故事的唯一时间主题，然后估计每对故事和文章之间的主题相似度，从而获得稳健的文章-故事置信度评分。

主题嵌入：通过将上下文语料库 D 设置为滑动窗口 $\mathcal{W}$ 中故事的集合 $C_{\mathcal{W}}$，将目标语料库 d 设置为故事中文章的集合，导出故事指示性主题关键词集 $\mathcal{K}_C$。然后，对于每对文章 a 和故事 C，分别导出文章表示 $E_{a|C}$ 和故事表示 $E_{C|a}$。

文章-故事主题相似性：给定一对文章和故事，USTORY 通过综合考虑它们的语义主题和符号主题来量化它们的主位相似性。简而言之，前者是通过主题表征之间的余弦相似度来估计的，后者是通过主题关键词分布的发散度来估计的。这两种类型的相似性相互补充，以估计更强大的主题相似性。

主题相似：文章 a 和故事 C 之间的主题相似度计算为

$$\text{sim}_{\text{theme}}(a,C) = \max(0, \cos(E_{a|C}, E_{C|a})) \cdot \text{JSD}(P_{a,\mathcal{K}_C} \| P_{C,\mathcal{K}_C}) \tag{7.37}$$

其中，第一项是余弦相似度，负值截断为零，在 a 和 C 的主题表示之间；第二项是专题关键词概率分布 a 与主题词概率分布之间的詹森-香农散度(Jensen-Shannon divergence, JSD)。关键字概率 $P(k_i | a, \mathcal{K}_C)$ 在 $P_{a,\mathcal{K}_C}$ 估计为 $\dfrac{|k_i \in \mathcal{T}_a|}{\sum\limits_{k_j \in \mathcal{K}_C} |k_j \in \mathcal{T}_a|}$，其中 $\mathcal{T}_a$ 是文章 a 的术语出现集合。

文章-故事任务：USTORY 通过将文章 a 的主题相似度与所有可能的候选分配的其他主题相似度进行比较，得出一个置信度得分 $\text{con} f_{a,C} \in [0,1]$。

文章-故事置信度：给定一篇目标文章 a 和一组候选故事 $C_i \in C_W$ ，a 的文章-故事置信度评分将分配给 C_i 。

$$\text{conf}_{a,C_i} = \frac{\exp(T \cdot \text{sim}_{\text{theme}}(a, C_i))}{\sum_{C_j \in C_W} \exp(T \cdot \text{sim}_{\text{theme}}(a, C_j))} \tag{7.38}$$

其中，T 是缩放分数分布的温度。

3. 具有故事总结的可扩展处理

故事总结：确定时间主题并在每个滑动窗口中从头开始动态嵌入文章和故事会导致相当大的计算开销，这在在线场景中是不实际的。为了实现可扩展的在线处理，USTORY 使用了一种新的数据结构，称为基于窗格的故事总结(pane-based story summary，PSS)，其实质是基于窗格的聚合。

基于窗格的故事总结：设窗格 p_i 序列为新闻流和故事窗格 p_i^C 中后续文章的非重叠子集。基于窗格的故事总结 C：

$$\text{PSS}_C = \{< p_i : < |p_i^C|, tf(\cdot, p_i^C), \sum_{a_j \in p_i^C} E_{a_j|C} >>\} \tag{7.39}$$

将一个窗格映射到由文章数量、术语频率和 p_i^C 中文章表示的总和组成的三元组。

窗格的大小决定了故事总结的粒度。在每个滑动窗口基于置信度的故事分配步骤中，USTORY 使用 PSS 识别时间主题并派生动态文章和故事表示，而不需要访问故事中的所有先前文章。

效率分析：在 PSS 的帮助下，USTORY 保证对指定物品进行单次处理，一旦一篇文章被分配给一个故事，它就可以被丢弃，只有 PSS 被用于后续程序。定理 7.1 和定理 7.2 分别证明了 PSS 对于故事分配的充分性，并展示了使用 PSS 时 USTORY 的时空复杂性。

定理 7.1　PSS 充分性：基于置信度的故事分配步骤需要确定每个故事的主题词 $\mathcal{K}_C$ 和每个未分配的文章 a 的故事表示 $E_{C|a}$ (注意，$E_{a|C}$ 直接来源于 $\mathcal{K}_C$ 和 a)。基于窗格的故事摘要 PSS_C 足够用于推导 $\mathcal{K}_C$ 以及 $E_{C|a}$ 。

证明：仅利用 PSS_C 中的三元组信息，就可以准确地推导出 $\mathcal{K}_C$ 和 $E_{C|a}$ 。首先，在当前时间戳 t_c 的滑动窗口 $\mathcal{W}$ 中，主题关键字 k 与故事 C 的重要性 w_k 根据 $\text{rec} - \text{pop}(k, d, t_c)$ 和 $\text{dist}(k, C_W)$ 计算。

$$\text{rec} - \text{pop}(k, d, t_c) = \sum_{p_i} \left(\exp\left(\frac{|t_{p_i} - t_c|}{\delta_k} \right) \cdot tf\left(k, p_i^C\right) \right) \tag{7.40}$$

$$\text{dist}(k, C_W) = \log\left(\frac{|C_W| + 1}{\sum 1_{\sum_{p_i \in \mathcal{W}} tf(k, p_i^C) > 0} + 1} + 1 \right)$$

那么，$E_{C|a}$ 可以被重新表述为时间衰减的条目表示的总和除以条目的时间衰减计数，在 PSS_C 中可以通过其中的文章数 $|p_i^C|$ 和文章表示之和 $\sum_{a_j \in p_i^C} E_{a_j|C}$ 计算得到 $E_{C|a}$ 。

$$E_{C|a} = \frac{\displaystyle\sum_{p_i \in \mathcal{W}}\left(\exp\left(-\frac{|t_a - t_{p_i}|}{\delta_C}\right) \cdot \sum_{a_j \in p_i^{c}} E_{a_j|C}\right)}{\displaystyle\sum_{p_i \in \mathcal{W}}\left(\exp\left(-\frac{|t_a - t_{p_i}|}{\delta_C}\right) \cdot |\, p_i^{C}\,|\right)} \tag{7.41}$$

定理 7.2 USTORY 的复杂性：N_W 和 N_S 分别是窗口和滑动窗口中的文章数量，N_C 是现有故事的数量。USTORY 的时间和空间复杂度是 $O(N_C N_W + N_S)$ 和 $O\left(N_W + \dfrac{N_W}{N_S} N_C\right)$。

证明：USTORY 的时间复杂度被具体地划分为每个步骤的时间复杂度：$O(N_S)$ 用于在带有 PSE 的每个滑动窗口中嵌入文章，$O(N_C N_W)$ 用于新颖性故事发现步骤，$O(N_C N_W)$ 用于基于置信度的故事分配步骤，$O(N_S)$ 用于更新 PSS。因此，USTORY 的总时间复杂度为 $O(N_C N_W + N_S)$。类似地，USTORY 的空间复杂度也被特别划分为管理故事和文章的空间复杂度：管理 PSS 的空间复杂度为 $O\left(\dfrac{N_W}{N_S} N_C\right)$，其中 $\dfrac{N_W}{N_S}$ 是窗格的数目；管理文章的空间复杂度为 $O(N_W)$。因此，USTORY 的总空间复杂度为 $O\left(N_W + \dfrac{N_W}{N_S} N_C\right)$。

7.4.4 实验结果

数据集：使用 4 个真实的新闻数据集进行评估，总结如表 7.1 所示。Newsfeed 是 2014 年从 Newsfeed Service 搜集的多语言新闻数据集，使用带有故事标签的英文新闻文章。WCEP 是从维基百科当前事件门户和公共爬网档案中搜集的基准新闻数据集（即 WCEP18 和 WCEP19）。对于定性案例研究，通过 NewsAPI 搜集新闻文章，并以"United States"为查询词，收集了一个月的 USNews。通过按时间顺序将文章输入滑动窗口，将每个数据集模拟为新闻流。滑动窗口的窗口大小 W 设置为 7 天，滑动窗口大小 S 设置为 1 天。

表 7.1 数据集设置

数据集	文章 (句子)	故事 (文章/天)
Newsfeed	16136(21.4)	788(8)
WCEP18	47038(26.9)	828(18)
WCEP19	29931(27..6)	519(18)
USNews(case study)	2744(34.9)	—

基线方法：将 USTORY 与 5 种在线故事发现算法(ConStream[172]、NewsLens[173]、StoryForest[174]、Miranda[175] 和 Staykovski[176])进行了比较，比较结果见表 7.2。

表 7.2　性能比较结果

算法	Newfeed			WCEP18			WCEP19		
	B^3-F1	AMI	ARI	B^3-F1	AMI	ARI	B^3-F1	AMI	ARI
ConStream	0.314	0.128	0.069	0.408	0.444	0.222	0.400	0.4997	0.292
NewsLens	0.481	0.309	0.077	0.527	0.490	0.117	0.554	0.529	0.141
StoryForest	0.696	0.725	0.592	0.673	0.765	0.523	0.697	0.798	0.596
Miranda	0.706	0.726	0.572	0.694	0.786	0.571	0.698	0.791	0.574
Staykovski	0.669	0.602	0.358	0.697	0.759	0.487	0.701	0.765	0.487
USTORY-SenT5	0.751	0.763	0.638	0.780	0.846	0.694	0.799	0.861	0.733
提升	↑44.4%	↑136.0%	↑330.1%	↑35.9%	↑38.6%	↑160.5%	↑37.4%	↑33.0%	↑134.4%
USTORY-SenRB	0.789	0.812	0.699	0.810	0.871	0.739	0.825	0.880	0.765
提升	↑51.7%	↑151.2%	↑371.3%	↑41.1%	↑42.7%	↑177.4%	↑41.9%	↑36.0%	↑144.6%

使用 $B-\text{cubed}F1(B^3-F1)$ [177] 来评估文章的聚类质量，并分别使用调整后的互信息（AMI）和调整后的兰德指数（ARI）来评估聚类结果的互信息和相似性，根据偶然性进行调整。对于每个指标，报告所有滑动窗口的平均分数，以评估整个新闻流的整体性能。

实验结果评估：比较各个算法的性能，并在表 7.2 中总结了各算法的总体评价结果。

由表 7.2 可以看出，在所有案例中，USTORY 的评分（B^3-F1、AMI、ARI）均高于基线值（≥0.01）。例如，USTORY-SenRB 中，B^3-F1 实现了 44.9%的增长，AMI 比基线高 76.6%，ARI 比基线高 231.1%。

7.5　无监督结构熵最小化的社会事件检测

基于图神经网络（GNN）的方法作为一种趋势化的社会事件检测方法，能够将自然语言语义与复杂的社会网络结构信息融合在一起，从而表现出现有最优水平的性能。然而，基于 GNN 的方法可能会错过有用的消息相关性。此外，它们需要手动标记训练和预先确定预测事件的数量。本节介绍一个框架——HISEvent，它构建了信息量更大的消息图，是无监督的，并且不需要先验给定的事件数量。HISEvent 通过图结构熵（structural entropy，SE）最小化来进行社会事件检测。具体来说，HISEvent 使用一维 SE 最小化逐步探索图邻域，用语义相关消息之间的边补充现有的消息图。然后，HISEvent 通过分层最小化二维（2D）SE 检测消息图中事件。该框架提出的分层 2D SE 最小化算法是为社会事件检测定制的，并有效地解决了效率问题。

7.5.1　问题定义

结构熵（SE）[178] 被定义为对顶点进行编码的最小位数，该顶点可以在图上随机行走一步。图的 SE 度量底层基本结构的复杂性，并对应于编码树。SE 可以具有不同的维度，其测量不同阶的结构信息并对应于不同高度的编码树。编码树和 SE 的形式化定义如下。

定义 7.2[178]   图 $G = (\mathcal{V}, \mathcal{E})$ 的编码树 $\mathcal{T}$ 是 G 的分层分区。它是一个满足以下条件的树。

(1) 每个节点 α 在 $\mathcal{T}$ 中与一个集合相关联，$T_\alpha \subseteq \mathcal{V}$。对于 $\mathcal{T}$ 中的根节点 λ，$T_\lambda = \mathcal{V}$、任意 $\mathcal{T}$ 中的叶节点 γ 在 G 中与单个节点相关联，即 $T_\gamma = \{v\}, v \in \mathcal{V}$。

(2) 对于 $\mathcal{T}$ 中的每个节点 α，将其所有子节点表示为 $\beta_1, \cdots, \beta_k$，$(T_{\beta_1}, \cdots, T_{\beta_k})$ 是 T_α 的一个分区。

(3) 对于 $\mathcal{T}$ 中的每个节点，将其高度表示为 $h(\alpha)$。令 $h(\gamma) = 0$ 和 $h(\alpha^-) = h(\alpha) + 1$，其中 α^- 为 α 的父节点。高度为 $\mathcal{T}$，$h(\mathcal{T}) = \max\limits_{\alpha \in \mathcal{T}} \{h(\alpha)\}$。

定义 7.3[178]   编码树 $\mathcal{T}$ 上图 G 的结构熵 (SE) 定义为

$$\mathcal{H}^{\mathcal{T}}(G) = -\sum_{\alpha \in \mathcal{T}, \alpha \neq \lambda} \frac{g_\alpha}{\mathrm{vol}(\lambda)} \log \frac{\mathrm{vol}(\alpha)}{\mathrm{vol}(\alpha^-)} \tag{7.42}$$

其中，g_α 为 T_α 的割边的度数 (权重) 总和；$\mathrm{vol}(\alpha)$、$\mathrm{vol}(\alpha^-)$、$\mathrm{vol}(\lambda)$ 为体积，即 T_α、T_{α^-}、T_λ 所有节点的度数的总和。

图 G 的 d 维 SE 定义为 $\mathcal{H}^{\mathcal{T}}(G) = \min\limits_{\forall \mathcal{T}: h(\mathcal{T}) = d} \{\mathcal{H}^{\mathcal{T}}(G)\}$，是通过获取高度为 d 的最优编码树来实现的，其中最小化了由噪声或随机变化引起的干扰。

7.5.2   HISEvent：基于结构熵的无监督社会事件检测

1. 问题的形式化

给定一系列社交信息 $m_1, \cdots, m_N$ 作为输入，通过构造和划分消息图 $G = (\mathcal{V}, \mathcal{E})$ 来完成社会事件检测的任务，节点集 $\mathcal{V} = \{m_1, \cdots, m_N\}$。边集 E 最初是空的，并将通过消息图构建过程进行扩展。分区 G 得到 $\{e_1, \cdots, e_M\}$，$e_i \in \mathcal{V}$，$e_i \bigcap e_j = \varnothing$，它是 $\mathcal{V}$ 的一个分区，包含与 M 个检测到的社会事件相对应的 M 个消息簇 (集)。

2. 增量一维 SE 最小化的消息图构造

理想情况下，消息图中的边应该清楚地反映可靠的消息相关性，同时消除噪声的消息相关性。基于 GNN 的研究，捕获基于公共属性的消息相关性。具体来说，对于每个消息 m_i，提取属性 $A_i = \{u_i\} \bigcup \{um_{i_1}, um_{i_2}, \cdots\} \bigcup \{h_{i_1}, h_{i_2}, \cdots\} \bigcup \{ue_{i_1}, ue_{i_2}, \cdots\}$，其中 RHS 指的是发送者、提及的用户、标签和与 m_i 有关的命名实体的并集。如果 m_i 和 m_j 共享一些共同的属性，即 $\mathcal{E}_a = \{(m_i, m_j) \mid A_i \bigcap A_j \neq \varnothing\}$，我们将边 (m_i, m_j) 添加到 $\mathcal{E}_a$ 中。

然而，$\mathcal{E}_a$ 本身可能会错过有用的相关性，因为有些消息具有相似的语义，但没有共享共同的属性。为了缓解这种情况，我们用基于语义相似性的边来补充消息图，表示为 $\mathcal{E}_s$。两条消息之间的相似性可以通过预训练语言模型 (pre-trained language model，PLM) 嵌入来测量，然后计算它们的表示之间的余弦相似性。HISEvent 将每条消息与其 k-最近的邻居连接，其中 k 需要仔细选择以保持可靠的连接。HISEvent 提出了用于相关邻居选择的增量一维 1D SE 最小化。具体来说，从 $\mathcal{E}_s = \varnothing$ 开始并将边集增量插入 G，其中第 k 个集合 (简

称为 k-NN 边集)包含每个节点与其 k-最近的邻居。最初的 1D SE($k=1$)是

$$\mathcal{H}^{(1)}(G) = -\sum_{i=1}^{|\mathcal{V}|} \frac{d_i}{\mathrm{vol}(\lambda)} \log \frac{d_i}{\mathrm{vol}(\lambda)} \tag{7.43}$$

随后的更新如下：

$$\mathcal{H}^{(1)\prime}(G) = \frac{\mathrm{vol}(\lambda)}{\mathrm{vol}'(\lambda)}\left(\mathcal{H}^{(1)}(G) - \frac{\mathrm{vol}(\lambda)}{\mathrm{vol}'(\lambda)}\right) + \sum_{i=1}^{|a_k|}\left(\frac{d_j}{\mathrm{vol}'(\lambda)}\log\frac{d_j}{\mathrm{vol}'(\lambda)} - \frac{d_j'}{\mathrm{vol}'(\lambda)}\log\frac{d_j'}{\mathrm{vol}'(\lambda)}\right) \tag{7.44}$$

其中，d_i 和 d_i' 分别表示插入 k-NN 边集前后 G 中节点 i 的原始度数和更新后度数(加权)；a_k 为其程度受 k-NN 边集的插入影响的一组节点；$\mathrm{vol}(\lambda)$ 和 $\mathrm{vol}'(\lambda)$ 为插入 k-NN 边集之前和之后 G 的体积；$\mathcal{H}^{(1)}(G)$ 和 $\mathcal{H}^{(1)\prime}(G)$ 分别为原始和更新的 1D SE。利用上述初始化和更新规则选择适当的 k。

最后，设置 $\mathcal{E} = \mathcal{E}_a \bigcup \mathcal{E}_s$。对于每个边 (m_i, m_j)，设置其权重 $w_{ij} = \max(\mathrm{cosine}\,(h_{m_i}, h_{m_j}), 0)$，其中 h_{m_i}、h_{m_j} 表示通过 PLM 学习的 m_i 和 m_j 的嵌入。这就完成了消息图的构建。可以看出，HISEvent 不仅包含了基于公共属性的消息相关性，还包含了基于语义相似性的消息相关性。

3. 基于层次二维 SE 最小化的事件检测

消息图分区将 G 解码为 $\mathcal{P}$，$\mathcal{P}$ 以消息簇的形式包含检测到的事件。对 G 中的消息相关性的忠实解码将相关消息分配给同一集群，将不相关消息分配到不同集群。HISEvent 在 2D SE 最小化的指导下进行无监督分割，消除了噪声，并在不知道事件簇的数量的情况下揭示了原始图下的基本二阶(逐簇)结构。

（1）Vanilla 2D SE 最小化。文献[178]提出了一种贪婪的 2D SE 最小化算法，该算法重复合并编码树 $\mathcal{T}$ 中的任何两个节点，导致 2D SE 的最大值减小，直到达到最小可能值。因此，它在没有监督或预先确定的簇总数的情况下分割图。接下来，我们介绍这种贪婪的 2D SE 最小化过程。首先，定义一个合并(merge)算子。

定义 7.4[178]　给定编码树 $\mathcal{T}$ 及其两个非根节点 α_{o_1} 和 α_{o_2}，$\mathrm{MERGE}(\alpha_{o_1}, \alpha_{o_2})$ 从 $\mathcal{T}$ 中移除 α_{o_1} 和 α_{o_2} 并向 $\mathcal{T}$ 添加新节点 α_n。α_n 满足以下条件：① $\mathcal{T}$ 中 α_n 的子节点是 α_{o_1}、α_{o_2} 的子节点的组合；② $\alpha_n^- = \lambda$。

MERGE 操作改变了 $\mathcal{T}$，因此会导致 2D SE 发生变化。根据定义 7.4，变化如下：

$$\Delta SE_{\alpha_{o_1}, \alpha_{o_2}} = SE_{\mathrm{new}} - SE_{\mathrm{old}}$$

$$= -\frac{g_{\alpha_n}}{\mathrm{vol}(\lambda)}\log\frac{\mathrm{vol}(\alpha_n)}{\mathrm{vol}(\lambda)} - \frac{\mathrm{vol}(\alpha_{o_1})}{\mathrm{vol}(\lambda)}\log\frac{\mathrm{vol}(\alpha_{o_1})}{\mathrm{vol}(\alpha_n)} - \frac{\mathrm{vol}(\alpha_{o_2})}{\mathrm{vol}(\lambda)}\log\frac{\mathrm{vol}(\alpha_{o_2})}{\mathrm{vol}(\alpha_n)} \tag{7.45}$$

$$+ \frac{g_{\alpha_{o_1}}}{\mathrm{vol}(\lambda)}\log\frac{\mathrm{vol}(\alpha_{o_1})}{\mathrm{vol}(\lambda)} + \frac{g_{\alpha_{o_2}}}{\mathrm{vol}(\lambda)}\log\frac{\mathrm{vol}(\alpha_{o_2})}{\mathrm{vol}(\lambda)}$$

上式的推导为

$$\Delta SE_{\alpha_{o_1}, \alpha_{o_2}} = SE_{new} - SE_{old}$$

$$= -\frac{g_{\alpha_n}}{vol(\lambda)} \log \frac{vol(\alpha_n)}{vol(\lambda)} - \sum_{i=1}^{|\Gamma_3|} \frac{d_{\Gamma_{3i}}}{vol(\lambda)} \log \frac{d_{\Gamma_{3i}}}{vol(\alpha_n)} + \frac{g_{\alpha_{o_1}}}{vol(\lambda)} \log \frac{vol(\alpha_{o_1})}{vol(\lambda)} \quad (7.46)$$

$$+ \sum_{i=1}^{|\Gamma_1|} \frac{d_{\Gamma_{1i}}}{vol(\lambda)} \log \frac{d_{\Gamma_{1i}}}{vol(\alpha_{o_1})} + \frac{g_{\alpha_{o_2}}}{vol(\lambda)} \log \frac{vol(\alpha_{o_2})}{vol(\lambda)} + \sum_{i=1}^{|\Gamma_2|} \frac{d_{\Gamma_{2i}}}{vol(\lambda)} \log \frac{d_{\Gamma_{2i}}}{vol(\alpha_{o_2})}$$

其中，$\Gamma_1 = \{\gamma \mid \gamma \in \mathcal{T}, \gamma^- = \alpha_{o_1}\}$，$\Gamma_2 = \{\gamma \mid \gamma \in \mathcal{T}, \gamma^- = \alpha_{o_2}\}$，$\Gamma_3 = \{\gamma \mid \gamma \in \mathcal{T}, \gamma^- = \alpha_n\} = \Gamma_1 \bigcup \Gamma_2$，分别为 α_{o_1}、α_{o_2} 和 α_n 的子节点集。此外，我们有

$$- \sum_{i=1}^{|\Gamma_3|} \frac{d_{\Gamma_{3i}}}{vol(\lambda)} \log \frac{d_{\Gamma_{3i}}}{vol(\alpha_n)} - \sum_{i=1}^{|\Gamma_1|} \frac{d_{\Gamma_{1i}}}{vol(\lambda)} \log \frac{d_{\Gamma_{1i}}}{vol(\alpha_{o_1})} - \sum_{i=1}^{|\Gamma_2|} \frac{d_{\Gamma_{2i}}}{vol(\lambda)} \log \frac{d_{\Gamma_{2i}}}{vol(\alpha_{o_2})}$$
$$(7.47)$$
$$= -\frac{vol(\alpha_{o_1})}{vol(\lambda)} \log \frac{vol(\alpha_{o_1})}{vol(\alpha_n)} - \frac{vol(\alpha_{o_2})}{vol(\lambda)} \log \frac{vol(\alpha_{o_2})}{vol(\alpha_n)}$$

然后，可以通过贪婪地重复合并 $\mathcal{T}$ 中的两个节点来实现 2D SE 最小化，这两个节点将产生最大的 $|\Delta SE|$，直到没有进一步的合并会导致 $\Delta SE < 0$。

(2) 分层二维 SE 最小化。最小化 2D SE，并以分层方式检测事件。具体来说，每个消息最初都在其自己的集群中。将聚类划分为大小为 n 的子集，并使用 Vanilla 贪婪算法合并每个子集中涉及的聚类以获得新的聚类，然后将新的聚类传递到下一次迭代。重复该过程，直到同时考虑包含所有消息的集群。如果在某个点上，任何子集中的聚类都不能合并，增加 n，以便在同一个子集中可以考虑更多的聚类实现合并。当涉及所有消息的 $\mathcal{P}'$ 被确定时，该过程终止。

总之，HISEvent 框架以一种有效且无监督的方式从复杂的消息图中检测社会事件。

7.6 本 章 小 结

无监督式的表示学习和事件检测作为一种具有广泛研究前景的知识挖掘技术，极大程度上模拟了社交网络文本这种天然的在线动态场景。

(1) CBOW 模型以滑动窗口内训练输出词的同窗口上下文词作为输入，以最大化的概率来预测当前输出词。

(2) Skip-gram 模型则以最大化概率来预测滑动窗口内训练输入词的上下文作为模型的目标函数。

(3) 基于词共现矩阵分解的 GloVe 模型(结合全局特征的矩阵分解方法和局部上下文语义表征方法)经数学推理可知其增量模型采用的随机梯度优化方法具有收敛性。

(4) USTORY 包含两种主要技术：主题和时间感知动态嵌入和新颖性感知自适应聚类，由轻量级故事摘要推动。

(5) HISEvent 构建了信息量更大的消息图，是无监督的，并且不需要先验给定的事件数量。通过图结构熵(SE)最小化来实现社会事件检测。

参 考 文 献

[1] Han J W, Jian P, Kamber M. Data Mining: Concepts and Techniques[M]. Morgan: Elsevier Science, 2011.

[2] Hosseini A, Chen T, Wu W J, et al. HeteroMed: Heterogeneous information network for medical diagnosis[C]//Proceedings of the 27th ACM International Conference on Information and Knowledge Management. Torino: ACM, 2018: 763-772.

[3] Shi Y, Zhu Q, Guo F, et al. Easing embedding learning by comprehensive transcription of heterogeneous information networks[C]//Proceedings of the 24th ACM SIGKDD International Conference on Knowledge Discovery & Data Mining. London United Kingdom: ACM, 2018: 2190-2199.

[4] Li X H, Wen L J, Qian C, et al. GAHNE: Graph-aggregated heterogeneous network embedding[C]//2020 IEEE 32nd International Conference on Tools with Artificial Intelligence（ICTAI）. Baltimore, MD, USA: IEEE, 2020: 1012-1019.

[5] Fang Y, Zhao X, Chen Y F, et al. PF-HIN: Pre-training for heterogeneous information networks[J]. IEEE Transactions on Knowledge and Data Engineering, 2022, 35（8）: 8372-8385.

[6] Imran M, Yin H Z, Chen T, et al. DeHIN: A decentralized framework for embedding large-scale heterogeneous information networks[J]. IEEE Transactions on Knowledge and Data Engineering, 2023, 35（4）: 3645-3657.

[7] Sajjadi Z S, Esmaeili M, Ghobaei-Arani M, et al. A hybrid clustering approach for link prediction in heterogeneous information networks[J]. Knowledge and Information Systems, 2023, 65（11）: 4905-4937.

[8] Tan L, Gong D F, Xu J M, et al. Meta-path fusion based neural recommendation in heterogeneous information networks[J]. Neurocomputing, 2023, 529: 236-248.

[9] Schlichtkrull M, Kipf T N, Bloem P, et al. Modeling relational data with graph convolutional networks[C]//European Semantic Web Conference. Cham: Springer, 2018: 593-607.

[10] Vashishth S, Sanyal S, Nitin V, et al. Composition-based multi-relational graph convolutional networks[EB/OL].（2019-11-08）[2024-09-01]. https://arxiv.org/abs/1911.03082.

[11] Peng H, Zhang R T, Dou Y T, et al. Reinforced neighborhood selection guided multi-relational graph neural networks[J]. ACM Transactions on Information Systems, 2021, 40（4）: 1-46.

[12] Wang S, Wei X K, Nogueira dos Santos C N, et al. Mixed-curvature multi-relational graph neural network for knowledge graph completion[C]//Proceedings of the Web Conference 2021. Ljubljana, Slovenia: ACM, 2021: 1761-1771.

[13] Chen Y H, Minervini P, Riedel S, et al. Relation prediction as an auxiliary training objective for improving multi-relational graph representations[EB/OL].（2021-10-06）[2024-09-01]. https://arxiv.org/abs/2110.02834

[14] Dai G Q, Wang X Z, Zou X Y, et al. MRGAT: Multi-relational graph attention network for knowledge graph completion[J]. Neural Networks, 2022, 154: 234-245.

[15] Chen G Z, Fang J Y, Meng Z Q, et al. Multi-relational graph representation learning with Bayesian Gaussian process network[J]. Proceedings of the AAAI Conference on Artificial Intelligence. 2022, 36（5）: 5530-5538.

[16] Cui J J, Chen Z Y, Zhou A M, et al. Fine-grained interaction modeling with multi-relational transformer for knowledge tracing[J]. ACM Transactions on Information Systems, 2023, 41（4）: 1-26.

[17] Fang Y J, Li X, Ye R, et al. Relation-aware graph convolutional networks for multi-relational network alignment[J]. ACM Transactions on Intelligent Systems and Technology, 2023, 14(2): 1-23.

[18] Kipf T N, Welling M. Semi-supervised classification with graph convolutional networks[EB/OL]. (2016-09-09)[2024-09-01]. https://arxiv.org/abs/1609.02907.

[19] Veličković P, Cucurull G, Casanova A, et al. Graph attention networks[EB/OL]. (2017-10-30)[2024-09-01]. https://arxiv.org/abs/1710.10903.

[20] Hamilton W L, Ying Z T, Leskovec J. Inductive representation learning on large graphs[J]. Advances in neural information processing systems, 2017, 30.

[21] Gao H Y, Wang Z Y, Ji S W, et al. Large-scale learnable graph convolutional networks[C]//Proceedings of the 24th ACM SIGKDD International Conference on Knowledge Discovery & Data Mining. London United Kingdom: ACM, 2018: 1416-1424.

[22] Chiang W L, Liu X Q, Si S, et al. Cluster-GCN: An efficient algorithm for training deep and large graph convolutional networks[C]//Proceedings of the 25th ACM SIGKDD International Conference on Knowledge Discovery & Data Mining. Anchorage AK USA: ACM, 2019: 257-266.

[23] Ma Y, Wang S H, Aggarwal C C, et al. Multi-dimensional graph convolutional networks[C]//Proceedings of the 2019 SIAM International Conference on Data Mining. Philadelphia, PA: Society for Industrial and Applied Mathematics, 2019: 657-665.

[24] Pareja A, Domeniconi G, Chen J, et al. EvolveGCN: Evolving graph convolutional networks for dynamic graphs[J]. Proceedings of the AAAI Conference on Artificial Intelligence, 2020, 34(4): 5363-5370.

[25] Liang B, Su H, Gui L, et al. Aspect-based sentiment analysis via affective knowledge enhanced graph convolutional networks[J]. Knowledge-Based Systems, 2022, 235: 107643.

[26] Gao C, Zhu J Y, Zhang F, et al. A novel representation learning for dynamic graphs based on graph convolutional networks[J]. IEEE Transactions on Cybernetics, 2023, 53(6): 3599-3612.

[27] Wang X, Ji H Y, Shi C, et al. Heterogeneous graph attention network[C]//The World Wide Web Conference. San Francisco CA USA: ACM, 2019: 2022-2032.

[28] Song W P, Xiao Z P, Wang Y F, et al. Session-based social recommendation via dynamic graph attention networks[C]//Proceedings of the Twelfth ACM International Conference on Web Search and Data Mining. Melbourne VIC Australia: ACM, 2019: 555-563.

[29] Xie Y, Zhang Y Q, Gong M G, et al. MGAT: Multi-view graph attention networks[J]. Neural Networks, 2020, 132: 180-189.

[30] Jung J W, Heo H S, Tak H, et al. AASIST: Audio anti-spoofing using integrated spectro-temporal graph attention networks[C]//ICASSP 2022 - 2022 IEEE International Conference on Acoustics, Speech and Signal Processing (ICASSP). Singapore: IEEE, 2022: 6367-6371.

[31] Gao H H, Xiao J S, Yin Y Y, et al. A mutually supervised graph attention network for few-shot segmentation: The perspective of fully utilizing limited samples[J]. IEEE Transactions on Neural Networks and Learning Systems, 2022, 35(4): 4826-4838.

[32] Oh J, Cho K, Bruna J. Advancing graphsage with a data-driven node sampling[EB/OL]. (2019-04-29)[2024-09-01]. https://arxiv.org/abs/1904.12935.

[33] Liu J L, Ong G P, Chen X Q. GraphSAGE-based traffic speed forecasting for segment network with sparse data[J]. IEEE Transactions on Intelligent Transportation Systems, 2022, 23(3): 1755-1766.

[34] Zhang T, Shan H R, Little M A. Causal GraphSAGE: A robust graph method for classification based on causal sampling[J]. Pattern Recognition, 2022, 128: 1-11.

[35] Lo W W, Layeghy S, Sarhan M, et al. E-GraphSAGE: A graph neural network based intrusion detection system for IoT[C]//NOMS 2022-2022 IEEE/IFIP Network Operations and Management Symposium. Budapest, Hungary: IEEE, 2022: 1-9.

[36] Murtagh F, Contreras P. Algorithms for hierarchical clustering: An overview[J]. WIREs Data Mining and Knowledge Discovery, 2012, 2(1): 86-97.

[37] MacQueen J. Some methods for classification and analysis of multivariate observations[C]//Proceedings of the Fifth Berkeley Symposium on Mathematical Statistics and Probability, Volume 1: Statistics. University of California press, 1967, 5: 281-298.

[38] Ester M, Kriegel H P, Sander J, et al. A density-based algorithm for discovering clusters in large spatial databases with noise[C]// Knowledge Discovery and Data Mining. Portland, Oregon: AAAI, 1996, 96(34): 226-231.

[39] Zeng K W, Ning M N, Wang Y H, et al. Hierarchical clustering with hard-batch triplet loss for person re-identification[C]//2020 IEEE/CVF Conference on Computer Vision and Pattern Recognition (CVPR). Seattle, WA, USA: IEEE, 2020: 13654-13662.

[40] Briggs C, Fan Z, Andras P. Federated learning with hierarchical clustering of local updates to improve training on non-IID data[C]//2020 International Joint Conference on Neural Networks (IJCNN). Glasgow, UK: IEEE, 2020: 1-9.

[41] Wu C R, Peng Q L, Lee J, et al. Effective hierarchical clustering based on structural similarities in nearest neighbor graphs[J]. Knowledge-Based Systems, 2021, 228: 107295.

[42] Sarfraz M S, Murray N, Sharma V, et al. Temporally-weighted hierarchical clustering for unsupervised action segmentation[C]//2021 IEEE/CVF Conference on Computer Vision and Pattern Recognition (CVPR). Nashville, TN, USA: IEEE, 2021: 11220-11229.

[43] Li T, Rezaeipanah A, Tag El Din E M. An ensemble agglomerative hierarchical clustering algorithm based on clusters clustering technique and the novel similarity measurement[J]. Journal of King Saud University-Computer and Information Sciences, 2022, 34(6): 3828-3842.

[44] Yang M S, Sinaga K P. A feature-reduction multi-view k-means clustering algorithm[J]. IEEE Access, 2019, 7: 114472-114486.

[45] Sinaga K P, Yang M S. Unsupervised k-means clustering algorithm[J]. IEEE Access, 2020, 8: 80716-80727.

[46] Zhao D D, Hu X Y, Xiong S W, et al. k-means clustering and kNN classification based on negative databases[J]. Applied soft computing, 2021, 110: 107732.

[47] Nie F P, Li Z H, Wang R, et al. An effective and efficient algorithm for k-means clustering with new formulation[J]. IEEE Transactions on Knowledge and Data Engineering, 2023, 35(4): 3433-3443.

[48] Chen Y W, Zhou L D, Pei S W, et al. KNN-BLOCK DBSCAN: Fast clustering for large-scale data[J]. IEEE Transactions on Systems, Man, and Cybernetics: Systems, 2019, 51(6): 3939-3953.

[49] Chen Y W, Zhou L D, Bouguila N, et al. BLOCK-DBSCAN: Fast clustering for large scale data[J]. Pattern Recognition, 2021, 109: 107624.

[50] Ouyang T H, Shen X. Online structural clustering based on DBSCAN extension with granular descriptors[J]. Information Sciences, 2022, 607: 688-704.

[51] Aggarwal C C, Han J W, Wang J Y, et al. A framework for clustering evolving data streams[C]//Proceedings 2003 VLDB Conference. Berlin, Germany: VLDB, 2003: 81-92.

[52] Cao F, Estert M, Qian W N, et al. Density-based clustering over an evolving data stream with noise[C]//Proceedings of the 2006 SIAM International Conference on Data Mining. Philadelphia, PA: Society for Industrial and Applied Mathematics, 2006: 328-339.

[53] Grua E M, Hoogendoorn M, Malavolta I, et al. CluStream-GT: Online clustering for personalization in the health domain[C]//IEEE/WIC/ACM International Conference on Web Intelligence. Thessaloniki Greece: ACM, 2019: 270-275.

[54] Friedman R, Goaz O, Rottenstreich O. Clustreams: Data plane clustering[C]//Proceedings of the ACM SIGCOMM Symposium on SDN Research (SOSR). Virtual Event USA: ACM, 2021: 101-107.

[55] Ahsani S, Sanati M Y, Mansoorizadeh M. Improvement of CluStream algorithm using sliding window for the clustering of data streams[C]//2021 11th International Conference on Computer Engineering and Knowledge (ICCKE). Mashhad, Islamic Republic of Iran: IEEE, 2021: 434-440.

[56] Tajalizadeh H, Boostani R. A novel stream clustering framework for spam detection in twitter[J]. IEEE Transactions on Computational Social Systems, 2019, 6(3): 525-534.

[57] Ahmed R, Dalkılıç G, Erten Y. DGStream: High quality and efficiency stream clustering algorithm[J]. Expert Systems with Applications, 2020, 141: 112947.

[58] Li M Q, Croitoru A, Yue S S. GeoDenStream: An improved DenStream clustering method for managing entity data within geographical data streams[J]. Computers & Geosciences, 2020, 144: 104563.

[59] Wang Y H, Li J C, Yang B, et al. Stream-data-clustering based adaptive alarm threshold setting approaches for industrial processes with multiple operating conditions[J]. ISA Transactions, 2022, 129: 594-608.

[60] Watkins C J C H, Dayan P. Q-learning[J]. Machine Learning, 1992, 8(3): 279-292.

[61] Konda V, Tsitsiklis J. Actor-critic algorithms[J]. Advances in Neural Information Processing Systems, The MIT Press ,2000(12): 1008-1014.

[62] Ryu M, Chow Y, Anderson R, et al. CAQL: Continuous action Q-learning[EB/OL]. (2019-09-26)[2024-09-01]. https://arxiv.org/abs/1909.12397.

[63] Fakoor R, Chaudhari P, Soatto S, et al. Meta-q-learning[EB/OL]. (2019-09-30)[2024-09-01]. https://arxiv.org/abs/1910.00125.

[64] Lan Q F, Pan Y C, Fyshe A, et al. Maxmin q-learning: Controlling the estimation bias of q-learning[EB/OL]. (2020-02-16) [2024-09-01]. https://arxiv.org/abs/2002.06487.

[65] Lu F, Mehta P G, Meyn S P, et al. Convex Q-learning[C]//2021 American Control Conference (ACC). New Orleans, LA, USA: IEEE, 2021: 4749-4756.

[66] Chen X Y, Wang C, Zhou Z J, et al. Randomized ensembled double q-learning: Learning fast without a model[EB/OL]. (2021-01-15)[2024-09-01]. https://arxiv.org/abs/2101.05982.

[67] Yan Y L, Li G, Chen Y X, et al. The efficacy of pessimism in asynchronous Q-learning[J]. IEEE Transactions on Information Theory, 2023, 69(11): 7185-7219.

[68] Fan Z, Su R, Zhang W N, et al. Hybrid actor-critic reinforcement learning in parameterized action space[EB/OL]. (2019-03-04) [2024-09-01]. https://arxiv.org/abs/1903.01344.

[69] Xi L, Wu J N, Xu Y C, et al. Automatic generation control based on multiple neural networks with actor-critic strategy[J]. IEEE Transactions on Neural Networks and Learning Systems, 2021, 32(6): 2483-2493.

[70] Wu Y, Zhai S F, Srivastava N, et al. Uncertainty weighted actor-critic for offline reinforcement learning[EB/OL]. (2021-05-17) [2024-09-01].https://arxiv.org/abs/2105.08140.

[71] Cheng C A, Xie T Y, Jiang N, et al. Adversarially trained actor critic for offline reinforcement learning[C]//International Conference on Machine Learning. PMLR, 2022: 3852-3878.

[72] Son K, Kim D, Kang W J, et al. QTRAN: Learning to factorize with transformation for cooperative multi-agent reinforcement learning[EB/OL]. (2019-05-14) [2023-08-23]. https://arxiv.org/abs/1905.05408v1.

[73] Iqbal S, Sha F. Actor-attention-critic for multi-agent reinforcement learning[C]// The 35th International Conference on Machine Learning. Stockholm, Sweden: ICML, 2018: 2961-2970.

[74] Cui J J, Liu Y W, Nallanathan A. Multi-agent reinforcement learning-based resource allocation for UAV networks[J]. IEEE Transactions on Wireless Communications, 2019, 19(2): 729-743.

[75] Wang T H, Dong H, Lesser V, et al. ROMA: Multi-agent reinforcement learning with emergent roles[EB/OL]. (2020-03-18) [2023-08-24]. https://arxiv.org/abs/2003.08039v3.

[76] Kim W, Park J, Sung Y. Communication in multi-agent reinforcement learning: Intention sharing[C]//International Conference on Learning Representations. Vienna, Austria: ICLR, 2021: 1-15.

[77] Su J Y, Huang J, Adams S, et al. Deep multi-agent reinforcement learning for multi-level preventive maintenance in manufacturing systems[J]. Expert Systems with Applications, 2022, 192: 1-14.

[78] Zeng X H, Peng H, Li A S. Effective and stable role-based multi-agent collaboration by structural information principles[EB/OL]. (2023-04-03) [2023-08-24]. https://arxiv.org/abs/2304.00755v1.

[79] Pang T Y, Xu K, Dong Y P, et al. Rethinking softmax cross-entropy loss for adversarial robustness[EB/OL]. (2019-05-25) [2023-08-24]. https://arxiv.org/abs/1905.10626v3.

[80] Martinez M, Stiefelhagen R. Taming the cross entropy loss[C]//Brox T, Bruhn A, Fritz M. Lecture Notes in Computer Science. Cham: Springer International Publishing, 2019: 628-637.

[81] Li L, Doroslovački M, Loew M H. Approximating the gradient of cross-entropy loss function[J]. IEEE Access, 2020, 8: 111626-111635.

[82] Li X L, Zhang X T, Huang W, et al. Truncation cross entropy loss for remote sensing image captioning[J]. IEEE Transactions on Geoscience and Remote Sensing, 2020, 59(6): 5246-5257.

[83] Bruch S. An alternative cross entropy loss for learning-to-rank[C]//Proceedings of the Web Conference 2021. Ljubljana Slovenia: ACM, 2021: 118-126.

[84] Dong Y F, Shen X H, Jiang Z, et al. Recognition of imbalanced underwater acoustic datasets with exponentially weighted cross-entropy loss[J]. Applied Acoustics, 2021, 174: 107740.

[85] Diao Z S, Jiang H Y, Shi T Y. A unified uncertainty network for tumor segmentation using uncertainty cross entropy loss and prototype similarity[J]. Knowledge-Based Systems, 2022, 246: 1-14.

[86] Polat G, Ergenc I, Kani H T, et al. Class distance weighted cross-entropy loss for ulcerative colitis severity estimation[C]//Yang G, Aviles-Rivero A, Roberts M, et al. Annual Conference on Medical Image Understanding and Analysis. Cham: Springer, 2022: 157-171.

[87] Xia Y, Tan X, Tian F, et al. Model-level dual learning[C]//The 35th International Conference on Machine Learning. Stockholm, Sweden: ICML, 2018: 5383-5392.

[88] Cao R S, Zhu S, Liu C, et al. Semantic parsing with dual learning[EB/OL]. (2019-07-10) [2024-09-01]. https://arxiv.org/abs/1907.05343.

[89] Liu Y, Wang X, Yuan Y T, et al. Cross-modal dual learning for sentence-to-video generation[C]//Proceedings of the 27th ACM International Conference on Multimedia. Nice France: ACM, 2019: 1239-1247.

[90] Zhu S, Cao R S, Yu K. Dual learning for semi-supervised natural language understanding[J]. IEEE/ACM Transactions on Audio, Speech, and Language Processing, 2020, 28: 1936-1947.

[91] Saito Y, Morisihta G, Yasui S. Dual learning algorithm for delayed conversions[C]//Proceedings of the 43rd International ACM SIGIR Conference on Research and Development in Information Retrieval. Virtual Event China: ACM, 2020: 1849-1852.

[92] 丛晓峰, 章军, 胡强. 基于对偶学习的图像去雾网络[J]. 应用光学, 2020, 41(1): 94-99.

[93] 曾令贤. 基于对偶学习的密集连接超分辨率网络[J]. 计算机科学与应用, 2022, 12(12): 2844-2852.

[94] Lyu B Y, Du Y J, Jiang J J, et al. Positive public opinion guidance model based on dual learning in social network[J]. Intelligent Data Analysis, 2023, 27(3): 833-853.

[95] Chopra S, Hadsell R, LeCun Y. Learning a similarity metric discriminatively, with application to face verification[C]//2005 IEEE Computer Society Conference on Computer Vision and Pattern Recognition (CVPR' 05). San Diego, CA, USA: IEEE, 2005: 539-546.

[96] Schroff F, Kalenichenko D, Philbin J. FaceNet: A unified embedding for face recognition and clustering[C]//2015 IEEE Conference on Computer Vision and Pattern Recognition (CVPR). Boston, MA, USA: IEEE, 2015: 815-823.

[97] Fujiwara T, Kwon O H, Ma K L. Supporting analysis of dimensionality reduction results with contrastive learning[J]. IEEE Transactions on Visualization and Computer Graphics, 2019, 26(1): 45-55.

[98] Kipf T, Van der Pol E, Welling M. Contrastive learning of structured world models[EB/OL]. (2019-11-27)[2024-09-01]. https://arxiv.org/abs/1911.12247.

[99] Li J N, Zhou P, Xiong C M, et al. Prototypical contrastive learning of unsupervised representations[EB/OL]. (2020-05-11)[2024-09-01]. https://arxiv.org/abs/2005.04966.

[100] Chen T, Kornblith S, Norouzi M, et al. A simple framework for contrastive learning of visual representations[C]//International conference on machine learning. PMLR, 2020: 1597-1607.

[101] Cui J Q, Zhong Z S, Liu S, et al. Parametric contrastive learning[C]//2021 IEEE/CVF International Conference on Computer Vision (ICCV). Montreal, QC, Canada: IEEE, 2021: 695-704.

[102] Wang X, Qi G J. Contrastive learning with stronger augmentations[J]. IEEE Transactions on Pattern Analysis and Machine Intelligence, 2022, 45(5): 5549-5560.

[103] Yeh C H, Hong C Y, Hsu Y C, et al. Decoupled contrastive learning[C]//Lecture Notes in Computer Science. Cham: Springer Nature Switzerland, 2022: 668-684.

[104] Xu X L, Chen W, Sun Y F. Over-sampling algorithm for imbalanced data classification[J]. Journal of Systems Engineering and Electronics, 2019, 30(6): 1182-1191.

[105] Bahadir C D, Dalca A V, Sabuncu M R. Learning-based optimization of the under-sampling pattern in MRI[C]//Chung A, Gee J, Yushkevich P, et al. International Conference on Information Processing in Medical Imaging. Cham: Springer, 2019: 780-792.

[106] Letteri I, Di Cecco A, Dyoub A, et al. A novel resampling technique for imbalanced dataset optimization[EB/OL]. (2020-12-30)[2024-09-01]. https://arxiv.org/abs/2012.15231.

[107] Liu Z N, Wei P F, Jiang J, et al. MESA: Boost ensemble imbalanced learning with MEta-SAmpler[EB/OL]. (2020-10-17)[2023-9-12]. https://arxiv.org/abs/2010.08830v1.

[108] Li M C, Zhang X C, Thrampoulidis C, et al. AutoBalance: Optimized loss functions for imbalanced data[EB/OL]. (2022-01-04)[2023-9-12]. https://arxiv.org/abs/2201.01212v1.

[109] Zhang R, Zhang Z Q, Wang D. RFCL: A new under-sampling method of reducing the degree of imbalance and overlap[J]. Pattern Analysis and Applications, 2021, 24(2): 641-654.

[110] Dai Q, Liu J W, Liu Y. Multi-granularity relabeled under-sampling algorithm for imbalanced data[J]. Applied Soft Computing, 2022, 124: 1-16.

[111] Sun L, Li M M, Ding W P, et al. AFNFS: Adaptive fuzzy neighborhood-based feature selection with adaptive synthetic over-sampling for imbalanced data[J]. Information Sciences, 2022, 612: 724-744.

[112] Veličković P, Cucurull G, Casanova A, et al. Graph attention networks[EB/OL]. (2017-10-30)[2024-09-01]. https://arxiv.org/abs/1710.10903

[113] Fu X Y, Zhang J N, Meng Z Q, et al. MAGNN: Metapath aggregated graph neural network for heterogeneous graph embedding[C]//Proceedings of The Web Conference 2020. Taipei Taiwan, China: ACM, 2020: 2331-2341.

[114] Wang X, Ji H Y, Shi C, et al. Heterogeneous graph attention network[C]//The World Wide Web Conference. San Francisco CA USA: ACM, 2019: 2022-2032.

[115] Yun S, Jeong M, Kim R, et al. Graph transformer networks[J]. Advances in neural information processing systems, 2019, 32.

[116] Sun Y Z, Han J W, Yan X F, et al. PathSim: Meta path-based top-K similarity search in heterogeneous information networks[J]. Proceedings of the VLDB Endowment, 2011, 4(11): 992-1003.

[117] Dempster A P. Upper and lower probabilities induced by a multivalued mapping[C]//Yager R R, Liu L. Classic Works of the Dempster-Shafer Theory of Belief Functions. Berlin, Heidelberg: Springer, 2008: 57-72.

[118] Schlichtkrull M, Kipf T N, Bloem P, et al. Modeling relational data with graph convolutional networks[C]//European Semantic Web Conference. Cham: Springer, 2018: 593-607.

[119] Vashishth S, Bhandari M, Yadav P, et al. Incorporating syntactic and semantic information in word embeddings using graph convolutional networks[EB/OL]. (2018-09-12) [2024-09-01]. https://arxiv.org/abs/1809.04283.

[120] Ren J Q, Jiang L, Peng H, et al. From known to unknown: Quality-aware self-improving graph neural network for open set social event detection[C]//Proceedings of the 31st ACM International Conference on Information & Knowledge Management. Atlanta GA USA: ACM, 2022: 1696-1705.

[121] McMinn A, Moshfeghi Y, Jose J. Building a large-scale corpus for evaluating event detection on twitter[C]//Proceedings of the 22nd ACM International Conference on Information & Knowledge Management. San Francisco, California, USA: ACM, 2013: 409-418.

[122] Mazoyer B, Cagé J, Hervé N, et al. A french corpus for event detection on twitter[C]//Twelfth Language Resources and Evaluation Conference. European Language Resources Association (ELRA), 2020: 6220‐6227.

[123] Zhao W X, Jiang J, Weng J S, et al. Comparing twitter and traditional media using topic models[C]//European Conference on Information Retrieval. Berlin, Heidelberg: Springer, 2011: 338-349.

[124] Mikolov T, Chen K, Corrado G, et al. Efficient estimation of word representations in vector space[EB/OL]. 2013: 1301. 3781. https://arxiv.org/abs/1301.3781.

[125] Devlin J, Chang M W, Lee K, et al. BERT: Pre-training of deep bidirectional transformers for language understanding[EB/OL]. (2018-10-11) [2023-10-03]. https://arxiv.org/abs/1810.04805v2.

[126] Liu B, Han F X, Niu D, et al. Story forest[J]. ACM Transactions on Knowledge Discovery from Data, 2020, 14(3): 1-28.

[127] Peng H, Li J X, Gong Q R, et al. Fine-grained event categorization with heterogeneous graph convolutional networks[EB/OL]. (2019-06-09) [2023-10-03]. https://arxiv.org/abs/1906.04580v1.

[128] Cao Y W, Peng H, Wu J, et al. Knowledge-preserving incremental social event detection via heterogeneous GNNs[C]//Proceedings of the Web Conference 2021. Ljubljana Slovenia: ACM, 2021: 3383-3395.

[129] Estévez P A, Tesmer M, Perez C A, et al. Normalized mutual information feature selection[J]. IEEE Transactions on Neural Networks, 2009, 20(2): 189-201.

[130] Vinh N X, Epps J, Bailey J. Information theoretic measures for clusterings comparison: Variants, properties, normalization and correction for chance[J]. Journal of Machine Learning Research, 2010, 11: 2837-2854.

[131] Blei D M, Ng A Y, Jordan M I. Latent dirichlet allocation[J]. The Journal of Machine Learning Research, 2003, 3: 993-1022.

[132] Kusner M J, Sun Y, Kolkin N I, et al. From word embeddings to document distances[C]//Proceedings of the 32nd International Conference on Machine Learning. Lille, France: JMLR. 2015, 37: 957-966.

[133] Graves A, Schmidhuber J. Framewise phoneme classification with bidirectional LSTM and other neural network architectures[J]. Neural Networks, 2005, 18(5/6): 602-610.

[134] Cho K, Van Merriënboer B V, Gulcehre C, et al. Learning phrase representations using RNN encoder-decoder for statistical machine translation[EB/OL]. (2014-06-03)[2024-09-01].https://arxiv.org/abs/1406.1078.

[135] Hochreiter S, Schmidhuber J. Long short-term memory[J]. Neural Computation, 1997, 9(8): 1735-1780.

[136] Hu H, Wang L Q, Qi G J. Learning to adaptively scale recurrent neural networks[J]. Proceedings of the AAAI Conference on Artificial Intelligence, 2019, 33(1): 3822-3829.

[137] Maddison C J, Mnih A, Teh Y W. The concrete distribution: A continuous relaxation of discrete random variables[EB/OL]. (2016-11-02)[2024-09-01].https://arxiv.org/abs/1611.00712.

[138] Chen L, Chen D H, Shang Z J, et al. Multi-scale adaptive graph neural network for multivariate time series forecasting[J]. IEEE Transactions on Knowledge and Data Engineering, 2023, 35(10): 10748-10761.

[139] Orr J W, Tadepalli P, Fern X. Event detection with neural networks: A rigorous empirical evaluation[EB/OL]. (2018-08-26) [2024-09-01]. https://arxiv.org/abs/1808.08504.

[140] McMinn A J, Jose J M. Real-time entity-based event detection for twitter[C]//International Conference of the Cross-Language Evaluation Forum for European Languages. Cham: Springer, 2015: 65-77.

[141] Fung G P C, Yu J X, Yu P S, et al. Parameter free bursty events detection in text streams[J]. VLDB 2005 - Proceedings of 31st International Conference on Very Large Data Bases, 2005, 1: 181-192.

[142] Mathioudakis M, Koudas N. TwitterMonitor: Trend detection over the twitter stream[C]//Proceedings of the 2010 ACM SIGMOD International Conference on Management of data. Indianapolis Indiana USA: ACM, 2010: 1155-1158.

[143] Weng J, Lee B S. Event detection in twitter[C]//Proceedings of the International AAAI Conference on Web and Social Media. Barcelona, Spain: AAAI, 2011, 5(1): 401-408.

[144] Sakaki T, Okazaki M, Matsuo Y. Earthquake shakes Twitter users: Real-time event detection by social sensors[C]//Proceedings of the 19th International Conference on World Wide Web. Raleigh North Carolina USA: ACM, 2010: 851-860.

[145] Ganti R, Srivatsa M, Liu H C, et al. Spatio-temporal spread of events in social networks: A gas shortage case study[C]//MILCOM 2013 - 2013 IEEE Military Communications Conference. San Diego, CA, USA: IEEE, 2013: 713-718.

[146] Luo T Y, Cao Z D, Zeng D. Research on information dissemination of public health events based on WeChat: A case study of avian influenza[C]//2019 IEEE International Conference on Intelligence and Security Informatics (ISI). Shenzhen, China: IEEE, 2019: 221.

[147] Walther M, Kaisser M. Geo-spatial event detection in the twitter stream[C]// The 35th European Conference on Information Retrieval. Moscow, Russia: ACM, 2013: 356-367.

[148] Sidorov S P, Faizliev A R, Levshunov M, et al. Graph-based clustering approach for economic and financial event detection using news analytics data[C]//Staab S, Koltsova O, Ignatov D. International Conference on Social Informatics. Cham: Springer, 2018: 271-280.

[149] Mei Q Z, Liu C, Su H, et al. A probabilistic approach to spatiotemporal theme pattern mining on weblogs[C]//Proceedings of the 15th international conference on World Wide Web. Edinburgh Scotland. ACM, 2006: 533-542.

[150] Xie W, Zhu F D, Jiang J, et al. TopicSketch: Real-time bursty topic detection from twitter[C]//2013 IEEE 13th International Conference on Data Mining. Dallas, TX, USA: IEEE, 2013: 837-846.

[151] Yu W R, Li J X, Bhuiyan M Z A, et al. Ring: Real-time emerging anomaly monitoring system over text streams[J]. IEEE Transactions on Big Data, 2019, 5(4): 506-519.

[152] Fedoryszak M, Frederick B, Rajaram V, et al. Real-time event detection on social data streams[C]//Proceedings of the 25th ACM SIGKDD International Conference on Knowledge Discovery & Data Mining. Anchorage AK USA: ACM, 2019: 2774-2782.

[153] Liu L L, Nguyen T H, Joty S, et al. Towards multi-sense cross-lingual alignment of contextual embeddings[EB/OL]. (2021-03-11)[2024-09-01]. https://arxiv.org/abs/2103.06459.

[154] Conneau A, Lample G, Ranzato M A, et al. Word translation without parallel data[EB/OL]. (2017-10-11)[2024-09-01]. https://arxiv.org/abs/1710.04087.

[155] Mohiuddin T, Bari M S, Joty S. LNMap: Departures from isomorphic assumption in bilingual lexicon induction through non-linear mapping in latent space[EB/OL]. (2020-04-28)[2024-09-01].https://arxiv.org/abs/2004.13889.

[156] Cui W Q, Du J P, Wang D W, et al. MVGAN: Multi-view graph attention network for social event detection[J]. ACM Transactions on Intelligent Systems and Technology, 2021, 12(3): 1-24.

[157] Peng H, Zhang R T, Li S N, et al. Reinforced, incremental and cross-lingual event detection from social messages[J]. IEEE Transactions on Pattern Analysis and Machine Intelligence, 2023, 45(1): 980-998.

[158] Yue Z R, Zeng H M, Lan M F, et al. Zero-and few-shot event detection via prompt-based meta learning[EB/OL]. (2023-05-27)[2024-09-01].https://arxiv.org/abs/2305.17373.

[159] Yang Y, Pierce T, Carbonell J. A study of retrospective and on-line event detection[C]//Proceedings of the 21st annual international ACM SIGIR conference on Research and development in information retrieval. Melbourne, Australia: ACM, 1998: 28-36.

[160] Allan J, Papka R, Lavrenko V. On-line new event detection and tracking[C]//Proceedings of the 21st Annual International ACM SIGIR Conference on Research and Development in Information Retrieval. Melbourne Australia: ACM, 1998: 37-45.

[161] Allan J, Ballesteros L, Callan J P, et al. Recent experiments with INQUERY[C]//Proceedings of the 4th Text Retrieval Conference. Maryland, USA: NIST, 1995: 49-64.

[162] Callan J. Document filtering with inference networks[C]//Proceedings of the 19th Annual International ACM SIGIR Conference on Research and Development in Information Retrieval. Zurich, Switzerland: ACM, 1996: 262-269.

[163] De Smet W, Moens M F. Cross-language linking of news stories on the web using interlingual topic modelling[C]//Proceedings of the 2nd ACM Workshop on Social Web Search and Mining. Hong Kong, China: ACM, 2009: 57-64.

[164] Sakaki T, Okazaki M, Matsuo Y. Earthquake shakes twitter users: Real-time event detection by social sensors[C]//Proceedings of the 19th International Conference on World Wide Web. Raleigh North Carolina, USA: ACM, 2010: 851-860.

[165] Guralnik V, Srivastava J. Event detection from time series data[C]//Proceedings of the Fifth ACM SIGKDD International Conference on Knowledge Discovery and Data Mining. San Diego California, USA: ACM, 1999: 33-42.

[166] Adelson E H, Bergen J R. Spatiotemporal energy models for the perception of motion[J]. Journal of Optical Society of America, 1985, 2(2): 284-299.

[167] Bourqui R, Gilbert F, Simonetto P, et al. Detecting structural changes and command hierarchies in dynamic social networks[C]//2009 International Conference on Advances in Social Network Analysis and Mining. Athens, Greece: IEEE, 2009: 83-88.

[168] Fung G P C, Yu J X, Yu P S, et al. Parameter free bursty events detection in text streams[J]. VLDB 2005 - Proceedings of 31st International Conference on Very Large Data Bases, 2005, 1: 181-192.

[169] Bao B K, Min W Q, Lu K, et al. Social event detection with robust high-order co-clustering[C]//Proceedings of the 3rd ACM Conference on International Conference on Multimedia Retrieval. Dallas Texas USA: ACM, 2013: 135-142.

[170] Dhillon I S, Mallela S, Modha D S. Information-theoretic co-clustering[C]//Proceedings of the Ninth ACM SIGKDD International Conference on Knowledge Discovery and Data Mining - KDD'03. August 24-27, 2003. Washington, D. C: ACM, 2003: 89-98.

[171] Yoon S, Lee D H, Zhang Y Y, et al. Unsupervised story discovery from continuous news streams via scalable thematic embedding[C]//Proceedings of the 46th International ACM SIGIR Conference on Research and Development in Information Retrieval. 2023: 802-811.

[172] Aggarwal C C, Yu P S. On clustering massive text and categorical data streams[J]. Knowledge and Information Systems, 2010, 24(2): 171-196.

[173] Laban P, Hearst M. newsLens: building and visualizing long-ranging news stories[C]//Proceedings of the Events and Stories in the News Workshop. Vancouver, Canada. Stroudsburg, PA, USA: Association for Computational Linguistics, 2017: 1-9.

[174] Liu B, Han F X, Niu D, et al. Story forest[J]. ACM Transactions on Knowledge Discovery from Data, 2020, 14(3): 1-28.

[175] Miranda S, Znotinš A, Cohen S B, et al. Multilingual clustering of streaming news[C]//Proceedings of the 2018 Conference on Empirical Methods in Natural Language Processing. Brussels, Belgium. Stroudsburg, PA, USA: Association for Computational Linguistics, 2018: 4535-4544.

[176] Staykovski T, Barrón-Cedeño A, Da San Martino G, et al. Dense vs. sparse representations for news stream clustering[C]// CEUR Workshop Proceedings. California, USA: CEUR-WS, 2019, 2342: 47-52.

[177] Bagga A, Baldwin B. Entity-based cross-document coreferencing using the vector space model[C]//Proceedings of the 36th Annual Meeting on Association for Computational Linguistics -. August 10-14, 1998. Montreal, Quebec, Canada. Morristown, NJ, USA: Association for Computational Linguistics, 1998: 79-85.

[178] Li A S, Pan Y C. Structural information and dynamical complexity of networks[J]. IEEE Transactions on Information Theory, 2016, 62(6): 3290-3339.

后　记

在本书中，我们介绍了多种网络舆情事件检测技术，深入探讨了网络舆情事件检测领域的关键技术、方法和应用。通过讨论，旨在为读者提供一个全面的视角，全面了解网络舆情事件检测领域的理论基础和实际应用。

第 1 章绪论部分，我们引出了网络舆情事件检测的概念和意义。随着社交媒体的兴起，舆情事件对社会、组织和个人产生了深远的影响。因此，准确地检测和分析舆情事件变得愈发重要。我们还概述了网络舆情事件检测目前面临的一些挑战，为读者建立了初步的阅读框架。

第 2 章内容奠定了探讨网络舆情事件检测技术的基础。我们详细介绍了舆情事件的特点和分类，从社交媒体、新闻报道到在线论坛，不同类型的舆情事件在内容和情感上存在差异，因此需要不同的检测方法进行检测。此外，我们还探讨了数据建模、基础模型和优化技术等基础技术，为后续章节的讨论打下基础。

第 3 章事件建模与表示深入研究了如何对网络舆情事件进行建模和表示。我们介绍了不同的事件表示方法，如 D-S 证据性理论、质量自感知图学习等。这些方法可以帮助我们更好地理解事件的结构和内容，从而更准确地进行事件检测和分析。

第 4 章流式事件检测聚焦于如何在流式数据中检测事件。我们讨论了流式数据处理的技术，如多尺度学习和知识增量学习，以及如何将这些技术应用于网络舆情事件检测中。这些方法可以使我们实时地捕捉到突发事件，为实时决策提供支持。

第 5 章社会事件检测探讨了如何在社会事件检测平台上检测社会事件。我们介绍了社会事件检测的特点和挑战，然后详细介绍了基于多视图图注意网络、GCN 和元学习的社会事件检测等方法，用于在社交媒体数据中识别社会事件。

第 6 章特征驱动的事件检测则探讨了如何利用特征进行事件检测。我们详细介绍了不同的特征提取方法，如图分解和聚类等。这些非深度学习方法可以帮助我们更好地了解事件检测的类型以及捕捉事件的关键信息，加深对事件检测的印象。

第 7 章无监督的社交网络表示学习及事件检测则探讨了如何利用无监督的学习方法对社交网络进行表示学习，以及如何将这些表示应用于事件检测。我们介绍了神经网络、矩阵分解和结构熵等方法，用于发现社交网络中的社会事件。

在本书的各个章节中，我们还介绍了多种技术模型，展示了如何将不同的技术用于网络舆情事件检测中。通过这些模型案例，读者可以更好地理解网络舆情事件检测技术的应用和效果，为自身的工作和决策提供指导。

　　在本书中，我们从理论到实践，从基础到前沿，从方法到应用，全面地探讨了网络舆情事件检测技术。衷心希望本书能够为读者提供有价值的知识和见解，使读者对网络舆情事件检测领域有更深入的理解。网络舆情事件检测是一个不断演化的领域，我们期待与您一起见证其未来的发展，共同创造更美好的信息社会。